教育部人文社会科学研究规划基金项目资助
浙江理工大学人文社科学术专著出版资金资助（2013 年度）

追寻自由民主的理路：

哈罗德·拉斯基政治思想研究

徐木兴 著

ZHEJIANG UNIVERSITY PRESS
浙江大学出版社

图书在版编目(CIP)数据

追寻自由民主的理路:哈罗德·拉斯基政治思想研
究 / 徐木兴著. —杭州:浙江大学出版社,2015.6
ISBN 978-7-308-14030-0

Ⅰ.①追… Ⅱ.①徐… Ⅲ.①拉斯基,H.—政治思想
—思想评论 Ⅳ.①D095.61

中国版本图书馆 CIP 数据核字(2014)第 255149 号

追寻自由民主的理路:哈罗德·拉斯基政治思想研究
徐木兴 著

责任编辑	殷 尧(yinyao@ymail.com)
封面设计	项梦怡
出版发行	浙江大学出版社
	(杭州市天目山路 148 号 邮政编码 310007)
	(网址:http://www.zjupress.com)
排 版	杭州中大图文设计有限公司
印 刷	浙江云广印业有限公司
开 本	710mm×960mm 1/16
印 张	14
字 数	221 千
版 印 次	2015 年 6 月第 1 版 2015 年 6 月第 1 次印刷
书 号	ISBN 978-7-308-14030-0
定 价	48.00 元

目　录

导　论

第一节　研究缘由与意义

思想是时代的产物,亦是环境的产物,是对特定时代存在境遇的观念性反应。对于思想史研究,著名思想史家昆汀·斯金纳教授(Quentin Skinner)曾如是说:"如果我们希望去解释为什么在特定时间会选择特定的政治,并以特定的方式去追求与表达,我们就不可避免地要去研究这些原则。"[①]沿着这一理路,回溯现代西方文明进程,我们将会看到,西方率先完成从专制集权制度向自由民主制度的历史性转化。毋庸置疑,在此历史性转化过程中,"作为政治原则和政治行动的政治观念起了极其重要的作用。"[②]因此,我们若要探究此种制度的话,就需要对蕴含此制度背后的政治观念予以研究,而此种政治观念在思想上的表达即为自由主义思想,其关键词可概括为"自由"与"民主"。从某种程度上说,自由民主不仅主导着西方文明的发展,也是众多哲人、思想家孜孜追求的目标,他们希冀在自由、民主的追寻中找到人类社会发展的"理想国"。"自由"与"民主"也由此成为现代政治观念谱系中对现代社会影响最为深远的理论范畴。福

---

① 昆汀·斯金纳:《自由主义之前的自由》,李宏图译,上海:三联书店,2004 年,第 74 页。

② 李宏图:《从"权力"走向"权利"——西欧近代自由主义思潮研究》,上海:上海人民出版社,2007 年,第 1 页。

山在《历史的终结》中就曾满怀豪情地宣称："自由民主可能形成'人类意识形态进步的终点'与'人类统治的最后形态，因此，也构成'历史的终结'。"[①]但是，自由民主在现实世界面临着诸多危机与挑战，依然是一个不争的事实。换言之，"自由""民主"依然是一个尚未实现的现代性命题。深入研究与诠释自由民主理论真谛的方法之一，就是走近自由民主理论代表思想家，理解他们的历史语境，追问他们的关怀与意旨，挖掘他们超越历史情境的经得起时间考验的理论遗产，以阐明自由民主理论的内在理路，把握自由民主理论所遇难题的实质，探寻出挽救自由民主危机的应对之策。

19 世纪中后期以降，西方社会经数百年快速发展，在为人类创造了巨大物质财富的同时，其本身潜在的矛盾和发展所带来的负面效应也开始日趋凸显：社会财富日益集中到少数寡头手中，劳动者孤苦无助，疾病、伤残、失业、养老等均无保障，整个社会弱肉强食，拥有强大经济力量的垄断组织和少数寡头主宰了社会生活，他们的自由与多数人的自由形成了尖锐对立；而且，伴随着社会形势的持续恶化，现代西方社会倡导的资本主义文明陷入了一种失控状态，人们对工业文明的前途感到迷茫和悲观，法西斯主义和苏联共产主义的迅速蔓延，在某种意义上说，是人们在困境中寻求出路的尝试。由欧洲启蒙时代开创的、以人类自身为行动主体、以人的自由和解放为目标的自由民主制度，正面临着深刻的危机和重大转折。他们往何处去，业已成为摆在世人面前一个亟须解决的时代难题。

面对这一极具挑战性的时代难题，作为 20 世纪上半叶对西方自由民主危机和发展弊端进行反思与评判的重要思想家，哈罗德·约瑟夫·拉斯基（Harold Joseph Laski，1893—1950）展开了极富建设性的理论研究与政治实践。当然，拉斯基政治思想不在于构建一种封闭的、严密的理论体系，而是将重点放在如何解决时代难题，即如何对自由民主理论进行调整、修正与革新，使之能更好地适应现实的社会政治生活，以期在理论探索与实践中充分彰显自由民主思想的宗旨与价值。拉斯基以其独特视域审视、研读与探寻自由民主理论，无疑是对传统自由民主理论的一种修正与超越，具有重要的理论意义与现实价值。

---

①　弗朗西斯·福山：《历史的终结》，黄胜强等译，呼和浩特：远方出版社，1998 年，第 1 页。

对拉斯基政治思想进行系统阐释与研究,不仅仅是为了重现他,还在于探究他在对人类共同难题的阐释中所蕴含的恒久因素,并借鉴其对时代难题的理解与阐释,来思考与研究我们所面临的相关难题。因此,深入研究拉斯基政治思想,发掘其政治思想遗产的合理内核无疑具有重要的理论意义和现实价值:第一,立足于拉斯基政治思想的总体研究,力求提供一个尽可能接近真实的、完整的拉斯基思想肖像,力争撰写出一部全面研究拉斯基政治思想的高质量论著,最终为进一步丰富和完善拉斯基政治思想贡献一分力量。第二,以多维视角全面解读拉斯基政治思想的思想渊源、理论观点、方法论及现实政治主张,摆脱以往拉斯基思想研究中意识形态过浓的状况,恢复其作为自由主义理论政治思想家的地位,肯定其政治思想在欧洲政治思想史上的独特贡献。第三,通过对拉斯基对自由民主理论的追寻,认识到自由民主理论的丰富性与多样性,从而克服对自由民主理论平面化、脸谱化的认识。第四,明确拉斯基政治思想在当代政治发展中的适用性,力求其政治思想能对转型时期国家探索如何建设自由、民主、公正的社会提供重要借鉴和参考价值。

第二节　研究文献梳理

一、国外研究文献概览

哈罗德·约瑟夫·拉斯基,20 世纪上半叶英国著名的政治理论家,政治活动家,政治多元主义、费边社会主义、民主社会主义思想的重要代表,是"英语世界最知名的学术知识分子之一"[①]和"首屈一指的政治思想家"[②],是对现代自由民主危机和发展弊端进行反思与评判的重要思想家。拉斯基曾在西方学术界享有盛名,有人把拉斯基誉为与罗素(Bertrand Russell,1872—1970)、林赛(A. D. Lindsay,1879—1952)并列的英国三大思想领袖之一,有人把拉斯基理论地

①　Shils Edward. The career of Harold Laski. *The New Criterion*,1994,12(8):24-31.

②　Martin Peretz. Laski Redivivus. *Journal of Contemporary History*,1966,1(2):87-101.

位达到顶峰时期的 1920—1950 年称作"拉斯基时代"[1]，有人认为拉基斯"既是
社会主义的灯塔，又是自由主义的一盏明灯"[2]，有人强调拉斯基是"英国左翼不
朽的良心"[3]。不管这些说法的权威性如何，拉斯基政治思想在 20 世纪上半叶
英国知识分子、青年人乃至政界领导人中发生过重大影响并且盛名远播世界众
多国家确是不容置疑的事实，但是拉斯基"永远是一个有争议性的人物"[4]，国外
学术界对拉斯基政治思想的认知与研究既有与其声誉成正相关的一面，也有不
协调的地方，大致可以分为以下几个阶段：

（1）1950 年以前。拉斯基去世之前，已经有人从学术角度对其思想进行研
究和批判。例如，Jacobson 的《拉斯基的多元主义思想》（*The pluralistic
teachings of Harold J. Laski*，1926）、W. Y. Elliott 的《拉斯基实用主义政治
学》（*The Pragmatic Politics of Mr. H. J. Laski*，1927）、萧公权的博士论文
《政治多元论》（*Political Pluralism: A Study in Contemporary Political
Theory*，1927）、Dominador Guerrero Pascua 和 Leonard Wigon 的《拉斯基的政
治多元主义》（*The Political Pluralism of Mr. Harold J. Laski*，1938）、Ralph
Fox 的《共产主义思想的辩护：对拉斯基的回应》（*A Defence of Communism:
in Reply to H. J. Laski*，1927）、Edmund Nash 的《拉斯基的政治哲学》（*The
Political Philosophy of Harold J. Laski*，1938）、Henry Meyer Magid 的《英
国政治多元主义：自由与组织问题》（*English Political Pluralism: The
Problem of Freedom and Organization*，1941）等论著对拉斯基多元主义思想、
共产主义思想、政治哲学等进行了较为深入的研究和批评。如 Magid 认为，拉
斯基多元主义是一种个人主义多元主义，拉斯基多元主义特质在于对个体自主
性的强调，认为，"任何个体都是具有道德自主性的个体"，"人们能够自主决定
自我实现的内容与目的"[5]。萧公权则在肯定拉斯基是最为知名的多元主义者

---

① Max Beloff. The Age of Laski. *The Fortnightly*，1950，CLXVII(New Series)：378-384.

② 拉斯基：《思想的阐释》，张振成、王亦兵译，贵阳：贵州人民出版社，2001 年，第 4 页。

③ Marc Karson. Complicated Man. *Progressive*，1994，58(3)：41-45.

④ Michael Newman. Reputations：Harold Laski Today. *Political Quarterly*，1996，67（3）：
229-238.

⑤ Henry Meyer Magid. *English Political Pluralism: The Problem of Freedom and
Organization*. New York：Columbia University Press，1941：61-62.

之一的同时,对拉斯基多元主义思想也予以了一定的批评,他明确指出:"我们一定不能认为,拉斯基先生的理论全然没有一元论的意蕴……拉斯基认为,国家在某种方式上处在所有联合体之上;实际上,它'支配着人应当作为人而生活的那个层次',并且'必须在这样一种程度上控制其他联合体,即确保从他们那里获得这样的需求(也就是人的共同需求)所要求的服务'。'作为人的人'这一表述的伦理色彩,对他们的共同需求之有限性的强调,以及对国家作为所有社会价值之终局裁断者的隐含的承认——所有这一切可以很容易地使拉斯基先生的理论,同关于社会意志的这个极受厌恶的一元论观念相接近。"①总体说来,此阶段的研究还相对比较零散,尚未形成系统。

(2)20 世纪 50—60 年代。拉斯基政治思想遭受了激烈批评。拉斯基晚年,尤其是其逝世后,冷战格局加剧,意识形态对峙日重,"在大部分内阁成员参加过的讣告和葬礼之后,拉斯基就正好从公开讨论中消失"②,人们对拉斯基作品的兴趣迅速消退,并对其政治思想予以了激烈的抨击。主要作品有:马克(Mark Dewolfe Howe)编辑的两卷本《福尔摩斯—拉斯基通信集 1916—1935》(Holmes-Laski Letters:The correspondence of Mr. Justice Holmes and Harold J. Laski:1916—1935,1953)、Carroll Hawkins 的《拉斯基:一种基本的分析》(Harold Laski:A Preliminary Analysis,1950)、迪恩(H. A. Deane)的《哈罗德 · 拉斯基的政治思想》(The political ideas of Harold J. Laski,1955),等等。他们大都对拉斯基抱有偏见甚至敌视,刻意凸现拉斯基思想中对共产主义的同情和支持,强调拉斯基作品中过激的言辞和主张,甚至认为拉斯基政治思想混乱,"没有大的哲学意义和深度"③,还认为"拉斯基对自由和权威问题的阐释威胁到宪政政府的真实存在,而且因此永远使自由民主失去作用"④,企图把拉斯基描绘成一个危害资本主义现有体制的鼓动家和阴谋家。当然,拉斯基政治思想之所以没有引起人们强烈回应还有另一个重要原因是知识

---

① 萧公权:《政治多元论:当代政治理论研究》,周林刚译,北京:中国法制出版社,2012 年,第 127 页。

② Martin Peretz. Laski Redivivus. *Journal of Contemporary History*,1966,1(2):87-101.

③ H. A. Deane. *The Political Ideals of Harold J. Laski*. New York:Columbia University Press,1955:344.

④ Carroll Hawkins. Harold Laski:A Preliminary Analysis. *Political Science Quarterly*,1950,65(3):376-392.

范式发生了巨大变化。20 世纪 50 年代以后，行为主义政治学成为美国甚至整个西方政治学的主导范式，他们对传统政治学研究范式提出了激烈的批评，主张用社会学、心理学和统计学的方法来研究政治问题，排除妨碍政治分析的价值判断，使政治研究科学化。作为一位依据历史方法和法律方法阐明政治理论的代表人物，其实早在 1945 年，Zerby 对拉斯基作品的规范性、描述性和意识形态原则就予以了阐释与批评。Peter Laslett 则在 1956 年就曾明确承认，在一个有影响力的论文里，拉斯基是对许多人而言在实证主义者的掌握下似乎已经死去的规范式传统的最后的承担人。总之，多方猛攻的结果是，拉斯基逐渐被看作是似乎来自遥远过去的诸多平庸的思想家之一。

（3）20 世纪 60—80 年代。伴随西方社会政治、经济情况的新变化，人们开始重新评价拉斯基的地位和影响，拉斯基的研究进入新阶段，出版了许多论文和专著，如罗斯玛丽·汤姆森的《拉斯基对英国工党的影响：1945—1951》（*The Influence of Harold Laski on the British Labour Government*，1945—1951，1965）、1966 年马丁·帕里兹（Martin Peretz）的《拉斯基的复活》（*Laski Redivivus*，1966）、1974 年费弗（G. Feaver）的《知识分子和政治：拉斯基的品行》（*Intellectuals and Politics：the Moral of Harold Laski*，1975）、1985 年萨姆（Sharme）的《拉斯基国际政治思想的起源和本质》（*Laski on International Politics：Origin and Nature of this Opinion*，1985）、1988 年帕提尔（Patil）的《现代西方政治思想：从霍布斯到拉斯基》（*Modern Western Political Thought：from Hobbes to Laski*，1988）、1989 年 Arun Bhattacharjee 的《政治思想史：从柏拉图到拉斯基：古代、中世纪和现代》（*History of Political Thought：from Plato to Laski：Ancient，Medieval and Modern*，1989）等，这些论著都力图改变人们对拉斯基的误解和偏见。马丁·帕里兹（Martin Peretz）在《拉斯基的复活》中承认"，在 1950 年他去世时哈罗德拉斯基是英国首屈一指的政治思想家"，并对英国左派和政治科学家对哈罗德拉斯基的漠视感到"非常不安"，认为拉斯基政治思想尤其是早期多元主义思想，也许能为解决"现代社会所面临的政治问题，提供新的方案和新的思路"[①]。S. DK. Sharma 在《拉斯基论国际政治

---

① Martin Peretz, Laski Redivivus, Journal of Contemporary History，Apr(1966)，Vol. 1 Issue2，P87－101.

思想的起源与本质》中，认为拉斯基作为一位学者，"他的影响是巨大的——这不仅是英国而是在整个世界，在某些圈子里，实际上他的观点，或多或少地作为教义、明显的真理而被接受——这在其本国或国外都是如此；这些观点的影响力在亚洲和非洲的一些新兴的自由国家里，当今与过去一样强大。"①S. H. Pall 在《现代西方政治思想：从霍布斯到拉斯基》中认为："尽管拉斯基相信马克思主义，但他没有接受马克思主义专政思想……他企图把西方政治民主和马克思主义的经济民主联系在一起。正如他重视个体自由一样，他支持在多种多样政治和经济体制中政治权力的分立和公民参与。因而，他是马克思主义者、民主主义者、多元主义者和个人主义者。""拉斯基钟爱个体自由和平等。他攻击绝对国家主权是由渴望保护个体自由和使团体能在促进公民利益中扮演重要而有效作用所激发。他呼吁经济平等导致了马克思主义。尽管他支持国家所有制和国家对重要工业和商业的公共管理，他并没有忽视个体自由和希望人们用他自己的消费标准进行试验。""拉斯基的政治思想不是静态的，而是根据变化的条件进行修正的。根据变化的社会经济条件他不断地修正着他的国家理论。"②

　　(4)1993 年以后。自从 1990 年苏联解体，尤其是 1993 年拉斯基的百年诞辰之后，欧美学术界对于拉斯基研究兴趣有适度的复活，对其政治思想的研究出现一个新高峰，刊发了一批新论著。1993 年米歇尔·纽曼（Newman Michael）的《哈罗德·拉斯基：政治传略》（Harold Laski：A political Biography，1993）以及艾萨克·克拉姆尼克（Isaac Kramnick）与巴瑞·舍尔曼（Barry Sheerman）合著的《哈罗德·拉斯基：左翼的一生》（Harold Laski：A Life on the Left，1993）、1995 年拉尔夫·密里班德（Ralph Miliband）的《拉斯基社会主义思想研究》（Harold Laski's Socialism，1995）、1997 年保罗·赫斯特《哈罗德·拉斯基著作选集》（Collected Works of Harold Laski，1997）、1997 年皮特·莱姆（Peter Lamb）的《拉斯基论平等、民主与自由》（Laski on Egalitarian Democracy and Freedom，1997）、G N·沙尔玛（G N Sarma）的《哈

---

　　①　S. K. Sharma，Laski on International Politics：Origin and Nature of This Opinion，Meerut：Sarup & Sons，1949. P. 1.

　　②　S. H. Patil，Modern Western Political Thought：From Hobbes to Laski，Jaipur（India）：Printwell Publishers，1988，P. 333－334.

罗德·拉斯基政治思想》(*Political thought of Harold J. Laski*,1997)、1997
年年 K. 钱德拉·谢卡尔(K. Chandra Shekhar)《哈罗德·拉斯基：国家和意识
形态》(*Harold J. Laski: State and Ldeology*,1997)、2004 年皮特·莱姆
(Peter Lamb)的《哈罗德·拉斯基：民主问题，主权国家和国际社会》(*Harold
Laski: Problems of Democracy, the Sovereign State, and International
Society*,2004)、2005 年加里·迪安·贝斯特(Gary Dean Best)的《哈罗德·拉
斯基与美国自由主义》(*Harold Laski and American Liberalism*,2005)，等等。
这些论著对冷战期间对拉斯基的诽谤和批评提出异议，认为拉斯基实际上成了
维护西方社会正统和权威的牺牲品。纽曼在《哈罗德·拉斯基：政治传略》中写
道，粉碎了赫伯特迪恩在《哈罗德拉斯基政治思想》(1955 年出版)中的人格损
毁，认为拉斯基成为"坚持美国意识形态必要"，实际成为冷战的牺牲品。拉斯
基是"英国左翼不朽的良心"；工人运动中其他人会为权力牺牲原则，但是……
拉斯基著作和行为始终强调这些社会主义原则的重要性；如果说我们现在生活
于人们称之为的社会主义衰落期，那么可以说拉斯基一生都在与社会主义兴盛
期对话；拉斯基绝对不是一位象牙塔的学者，拉斯基既被看作是"公共知识分
子"又被当作是"公共哲学家"。[1] Peter Lamb 在《拉斯基论权利与自由民主理
论问题》(*Laski on Rights and the Problem of Liberal Democratic Theory*,
1999)中指出，从 1919 年到 20 世纪 20 年代中期，拉斯基阐释了令人信服的平
等主义的民主权利理论，他对民主权利的独特偏护对当下讨论权利、自治和民
主等问题具有十分重要的意义。[2] Jr. Sidney A. Perrson 在拉斯基《国家的理论
与实际》新版序言中倡言，拉斯基的作品对 20 世纪总体思想，尤其是左翼政治
思想产生过广泛影响；拉斯基在其整个一生中都是一位值得考虑的左翼知识分
子重要人物，他欣然接受马克思主义是作为现代政治分析的最好模式和欣然接
受俄国革命作为实现政治理论与政治实践真正结合的最好案例；当代许多人对
拉斯基的兴趣，是为了寻求使早期拉斯基的多元主义议会论据与晚期拉斯基马
克思主义相分离。拉斯基持续的吸引力也依赖于他政治科学的精细方面，即在

---

　　[1]　Bernard Crick. Two Laskis. *The Political Quarterly*, 1993,64(4):474.

　　[2]　Peter Lamb. Laski on Rights and the Problem of Liberal Democratic Theory. *Politics*,1999,19
(1):15-20.

全部含义被充分理解之前要求更多的细节研究。拉斯基是"二战"时期以前被称为"老左翼"和20世纪60年代及以后的"新左翼"之间的联系之一。拉斯基值得研究，是因为他有助于发展和阐释跨越两个时期的左翼政治学的基本论据。[1] A. Ekirch 在《拉斯基：自由主义理想落空还是失落的自由主义》(*Harold J. Laski：The Liberal Manque' or Lost Libertarian*,1980)中明确指出，杰出的政治科学家、社会主义者、英国工党领袖拉斯基终极关怀的问题是自由与平等问题、个人主义与权威问题，这些问题在重要性方面甚至超越了他关于共产主义、资本主义、战争、法西斯主义等问题的多产的政治评论，他始终保留一定怀旧的自由主义。[2] Noel Annan 在《绅士与社会主义者》(*A Gentleman and a Socialist*,1993)中指出，许多优秀的学者把拉斯基看作是一位相信只言片语就可以打破政治模式的学童和爱炫耀的人⋯⋯但即使他是一个学童，他有一颗金子般的心，从来没有偏离他帮助穷人过上更好的生活的目的。[3] 皮特·莱姆(Peter Lamb)在《哈罗德·拉斯基：民主问题，主权国家和国际社会》中认为："拉斯基作品对理解政治、国家和国际社会问题具有永久的重要性；拉斯基对使社会主义、民主和自由的融合没有提出结论性和清晰的答案。但是也许拉斯基作品最为重要的地方在于阐明了这些问题的本质。"[4] 加里·迪安·贝斯特(Gary Dean Best)在《哈罗德·拉斯基与美国自由主义》(*Harold Laski and American liberalism*,2005)中则主要探讨了美国自由主义与拉斯基之间的相互影响，同时就拉斯基对美国"新政"、美国总统制、美国民主制及"二战"前后美国道路等问题做了细致的研究。总之，20世纪90年代以来，"拉斯基又以一个20世纪重要的政治理论家的形象，重新回到了当代政治讨论的视野之中"[5]。

此外，亚非拉国家对拉斯基也有较多研究。如因拉斯基对印度民族独立运

[1] Jr. Sidney, A. Perrson. Harold Laski's The State：The Perils and Attractions of Social Science As A Predictive Science. *The State in Theory and Practice*. London：Taylor & Francis, 1997, Introduction To The Transaction Edition, P. Xiii.

[2] A. Ekirch, Jr., Harold J. Laski：The Liberal Manque or Lost Libertarian? *The Journal of Libertarian Studies*,1980,IV(2)：139-150.

[3] Noel Annan. *A Gentleman and a Socialist*, New York Times Book Review,1993,11(7)：22.

[4] Peterb Lamb. *Harold Laski：Problems of Democracy, The Sovereign State, and International Society*. New York：Palgrave Macmillan,2004：16.

[5] 翁贺凯：《拉斯基与现代中国：研究概况与前景展望》,《政治思想史》,2012年第1期,第85—96页。

动的关注及与甘地、尼赫鲁等的亲密关系，印度学者在 Ahmedabad 建立了"拉
斯基政治学研究协会"(Harold Laski Institute of Political Science)并出版《拉
斯基协会评论》，展开了对拉斯基思想的系统研究。此外在墨西哥和日本等地
也有对拉斯基的研究专著。

二、国内研究文献回顾

　　拉斯基政治思想在中国的研究也在不同的历史时期呈现出不尽相同的特
征，具体而言，大致可分为几个时期。

　　20 世纪三四十年代，拉斯基及其政治思想"在我国学术界流传颇广"[①]，享
有盛誉。尽管拉斯基未像杜威、萧伯纳、罗素、泰戈尔那样亲自来到中国游历、
讲学，但他在中国却拥有众多信徒，是"对 20 世纪上半叶中国自由主义者影响
最大的思想家"[②]，其政治思想"几乎成为现代中国自由主义之主流"[③]。据孙宏
云研究，"20 世纪 10 年代在美国听拉斯基讲课的有雷沛鸿、林葆、张奚若、金岳
霖、徐志摩、蒋廷黻等；20 世纪 20 年代在伦敦政治经济学院受拉斯基指导的中
国学生有钱昌照、陈源、徐志摩、杭立武、罗隆基、王造时等；20 世纪 30 年代进入
伦敦政治经济学院学习的有程沧波、储安平、王赣愚、龚祥瑞、吴恩裕、楼邦彦、
邹文海、王铁崖、樊德芬、费孝通、萧乾等，其中程沧波、王赣愚、龚祥瑞、邹文海
和吴恩裕直接师从拉斯基写作论文。"[④]徐志摩曾评价"拉斯基教授为现代政治
学学者中最卓绝的一人"[⑤]，黄肇年推崇他为"新派政治学家中的第一流人
物"[⑥]，张君劢盛赞"他集各派之长，而汇成一系统，非他人所能及也"[⑦]，庐锡荣
更是认为："拉斯基是现代欧洲政治思想的一个怪杰，一个前不见古人，后不见
来者的怪杰……研究它的政治思想对于过去旧时代的旧政治思想可以得到许

---

　　① 何兆武：《沉钟亦悠扬》，《中国图书商报》，2002 年 2 月 28 日。
　　② 郑大华：《中国近代史上的激进与保守》，北京：社会科学文献出版社，2011 年，第 42 页。
　　③ 许纪霖：《现代中国的自由主义传统》，http://www.aisixiang.com/data/12730.html? page=1.
　　④ 孙宏云：《民主社会主义与民国政治——拉斯基在中国的影响》，《政治思想史》，2012 年第 1 期，
第 97－109 页。
　　⑤ 孙宏云：《拉斯基与中国——关于拉斯基和他的中国学生的初步研究》，《中山大学学报》(社会科
学版)，2001 年第 2 期，第 87－92 页。
　　⑥ 拉斯基：《共产主义的历史的研究》，黄肇年译，《新月》，1929 年第 2 号，第 63－84 页。
　　⑦ 拉斯基：《政治典范》，张士林(张君劢)译，商务印书馆，1931 年，第 1－2 页。

多正确见解。对于未来新时代的新政治思想,可以得到许多光明的暗示。"①总之,从 1930 年到 1949 年,拉斯基重要作品大多被广泛译介,其中较为重要的有:1930 年 5 月由新月书店出版的由黄肇年翻译的《共产主义论》,1930 年 6、7 月由罗隆基翻译并发表在《新月》上的《服从的危险》《平等的呼吁》,1930 年 10 月上海商务印书馆出版的由张君劢翻译的《政治典范》,1930 年 12 月新月书店出版的由胡毅翻译的《教师与学生》,1931 年 12 月新月书店出版的由邱辛白翻译的《政治》,1932 年 12 月上海商务印书馆出版的由何子恒翻译的《现代国家自由论》,1934 年上海世界书局出版的由庐锡荣翻译的《拉斯基政治思想》,1935 年 7 月天津新民学会营业部出版的由张虹君翻译的《国家往何处去》,1936 年 5 月上海商务印书馆出版的由黄肇年翻译的《共产主义的批评》,1937 年 3 月上海商务印书馆出版的由王造时翻译的《国家的理论与实际》,1940 年 6 月上海商务印书馆出版的由王造时翻译的《民主政治在危机中》,1948 年 10 月上海中国文化服务社出版的由潘一德翻译的《美国的总统制》等。同时,像《新月》《再生》《拓报》《文摘》《时与潮》《东方杂志》《政治学报》《国闻周报》《民族杂志》《民钟季刊》《改造评论》《新闻周报》《中美周报》《时事类编》《行健月刊》等在当时很有影响的报纸杂志大量刊登拉斯基学术论著和研究论文,在大成老旧刊全文数据库能搜索到的就多达 46 篇论文。其中,代表性论著有:张维桢的《读拉斯基的现代国家中的自由问题》(《国立武汉大学社会科学季刊》,第 2 卷 3 期,1931 年)、萧公权的《拉斯基政治思想之背景》(《清华学报》,第 7 卷 2 号,1932 年)、张国仁的《拉斯基的社会思想述评》(《三民主义月刊》,第 1 卷 1 期,1933 年)、楼邦彦的《拉斯基之自由学说》(《民族杂志》,第 2 卷 1—6 期,1934 年)、陈春圻的《拉斯基之政治思想》(《民族杂志》,第 2 卷 1—6 期,1935 年)、孙斯鸣的《拉斯基的多元主义论》(《东方杂志》,第 28 卷 18 号,1931 年)、张明时的《拉斯基的国家权力论》(《东方杂志》,第 33 卷 3 号,1936 年)、叶真一的《拉斯基的国家论》(《民钟季刊》,第 2 卷 2 期,1936 年)。可以说,当时对拉斯基的研究已成为一个潮流,一门显学。但在对拉斯基的研究中,大多数人仅仅停留在介绍传播、学理分析层面,而真正运用他的理论考察中国实际,作为行动指南的并不多。然而,自 20

---

① 庐锡荣:《拉斯基政治思想》,上海:上海世界书局,1934 年,第 2 页。

世纪 20 年代末之后这种状况有了较大改观，此时，"胡适、罗隆基、张君劢等一大批自由主义知识分子云集上海，以《新月》杂志为中心，组织了一个费边社式的小团体'平社'，翻译拉斯基的著作，研讨费边主义的理论，并以此为借鉴，探求改造中国的自由主义方案。30 年代以后，拉斯基在中国的风头虽然有所减弱，但其理论已经渗透到中国自由主义者的精神深处，无论是他们的政治思想，还是其社会改造方案，随处可见费边主义的深刻痕迹"①。1949 年以后，尤其是 20 世纪五六十年代，拉斯基的一些主要著作作为内部发行的批判材料，被陆续译为中文出版。

改革开放后特别是 20 世纪 80 年代以来，随着思想开放和"第三条道路"在西方日渐盛行，人们开始重新审视拉斯基的思想和观点，出现了一些新译著：《思想的阐释》（贵州人民出版社，2001 年）、《我们时代的难题》（商务印书馆，2001 年）、《欧洲自由主义的兴起》（中国人民大学出版社，2012 年）等；对拉斯基政治思想进行过较为深入研究的论文则主要有：俞可平的《拉斯基国家思想演变初探》（《厦门大学学报》，1985 年第 3 期）、谢宗范的《拉斯基民主社会主义政治理论剖析》（《江西社会科学版》，1989 年第 1 期）、薛刚的《拉斯基的社会改良思想述评》（《南京师大学报》社会科学版，1989 年第 2 期）、孙宏云的《拉斯基与中国：关于拉斯基和他的中国学生的初步研究》（《中山大学学报》社会科学版，2000 年第 5 期）、井建斌的《拉斯基的美国政治体制变革观》（《史学月刊》，2004 年第 4 期）、殷叙彝的《拉斯基的多元主义国家观评述》（《当代世界社会主义问题》，2004 年第 2 期）、陈永忠的《拉斯基的国家观》（《学海》，2008 年第 3 期），这些论文分别从政治学、拉斯基与中国关系的角度进行了分析研究。俞可平在《拉斯基国家思想演变初探》中倡言，"拉斯基既是政治多元主义的主要创始人之一，也是民主社会主义在前期的主要政治思想代表"；"拉斯基国家思想的发展大致经历了政治多元主义、费边社会主义、'拉斯基—马克思主义'和民主社会主义等四个阶段，从拉斯基国家思想的整个发展过程可以看到，改良主义是拉斯基国家理论的基本内容，机会主义是拉斯基国家思想的主要特征，国家垄

---

① 许纪霖：《现代中国的自由主义传统》，http://www.aisixiang.com/data/12730.html? page=1.

断资本主义的发展则是其国家学说的现实基础"①。殷叙彝在《拉斯基的多元主义国家观评述》中认为:"拉斯基的多元主义国家理论是他的激进的民主主义和自由主义思想的表现;他的理论中的积极因素是他的坚定的民主社会主义立场和在一定程度上受马克思主义影响;其主要缺陷是他完全否认国家拥有支配在它范围内的所有社会组织的至高无上的权力这一事实,把其他社会组织的地位抬高到与国家完全平等的程度;从拉斯基的多元主义国家理论可以得出革命的结论,但他的思想主流是社会改良主义,属于费边社会主义的范畴。"②谢宗范在《拉斯基民主社会主义政治理论剖析》中指出:"拉斯基民主社会主义思想是激烈的社会历史矛盾运动的产物,是一种按照理性原则和用折中主义方法制定的革新纲领的方案,是一条适应社会民主主义发展需要的政治纲领。"③薛刚在其博士论文《从多元主义到民主社会主义:拉斯基政治观研究》中指出:"拉斯基信奉多元主义、费边主义、马克思主义、民主社会主义,为传播和深化这四种理论起了重要作用;拉斯基构建政治理论的特点是站在自由主义和社会主义两大思潮之间,以优选方式把二者糅合一起,形成他的政治理想,即无产阶级与资产阶级、社会主义与资本主义以合作方式,使人类趋同于社会主义。"④孙宏云、卢毅、刘志强、刘是今等从拉斯基与中国关系的角度进行了分析研究。孙宏云认为,若回溯现代中国知识分子的思想源流,则不可忽视拉斯基与民国知识界的关联,拉斯基的思想学说对 20 世纪三四十年代中国的部分知识分子尤其他的学生有一定的影响;卢毅则坚称,拉斯基学说中的自由主义"因子"对"后平社"时代的中国自由主义者仍然具有相当的影响力,原因在于拉斯基的政治思想虽然一变再变,但万变不离其宗,其理论始终是建立在与自由主义有着千丝万缕联系的改良主义基础之上的,正所谓"继承陆克、边沁、穆勒之正统",因而也才能大受中国自由主义者的青睐;刘志强认为拉斯基对罗隆基产生过重大影响,"罗隆基发表的文章多引用拉斯基的学说,从其人权思想来源看,很大部分来源

---

① 俞可平:《拉斯基国家思想演变初探》,《厦门大学学报》(哲学社会科学版),1985 年第 3 期,第 66—74 页。

② 殷叙彝:《拉斯基的多元主义国家观评述》,《当代世界社会主义问题》,2004 年第 2 期,第 3—27 页。

③ 谢宗范:《拉斯基民主社会主义政治理论剖析》,《江西社会科学》,1989 年第 1 期,第 101—105 页。

④ 薛刚:《从多元主义到民主社会主义:拉斯基政治观研究》,中国人民大学博士学位论文,第 13—15 页。

于拉斯基的学说,从他政治实践层面来看,受拉斯基学说的影响也是非常巨大,罗隆基在20世纪40年代所领导的中国民主同盟走'第三条道路',就是拉斯基的民主社会主义理论在中国实践中的尝试"①,从而在某种意义上说,"拉斯基的民主社会主义理论正是现代中国自由主义的主流,而拉斯基则是现代中国自由主义知识分子的思想灵魂"②;刘是今以罗隆基、王造时为例研究拉斯基对20世纪30年代中国思想界的影响,认为拉斯基思想尤其是其前期的费边社会主义思想是20世纪40年代中国资产阶级中间路线形成的直接理论来源。

此外,一些介绍西方民主社会主义思潮的论著也提及拉斯基政治思想,如殷叙彝的《当代西欧社会党人物传》(黑龙江人民出版社,1988年),重点阐释了拉斯基的民主社会主义国家思想;叶立煊的《当代西方政治思潮评价》(华东师范大学出版社,1991年),从多元政治论、"政治不服从"论、"同意革命论"、"民主的社会主义"等四个方面考察了拉斯基社会改良主义政治思想;邹永贤的《现代西方国家学说》(福建人民出版社,1993年),对拉斯基的早期国家理论、晚期代表性国家理论及理想国家及其实现途径作了全面阐述;杨晓青的《社会民主主义法学思想研究》(知识产权出版社,2007年),对拉斯基的社会民主主义的民主观和法律观做了较为深入的研究;阎照祥的《英国政治思想史》认为,两次世界大战之间的英国被称为"社会主义的一代",多种流派并存,其中影响较大的有托尼、拉斯基和柯尔,从而对拉斯基政治思想予以了详细探讨。一些近代自由主义思想史研究论著中对拉斯基政治思想也有提及,如许纪霖的《社会民主主义的历史遗产——现代中国自由主义的回顾》(《开放时代》,1998年第4期)、《上半个世纪的自由主义》(《读书》,2000年第1期)、《现代中国的自由主义传统》(http://www.aisixiang.com/data/12730.html),卫春回的《理想与现实的抉择:中国自由主义学人与"中间道路"研究(1945—1949)》(中国社会科学出版社,2010年1月)、《20世纪40年代后期自由主义学人思想源流与历史语境探究》(《山东大学学报》哲学社会科学版,2007年第4期),闫润鱼的《自由主义与近代中国》(新星出版社,2007年5月),张连国的《在理想与现实之间:中国自由主义知识分子的历史命运(1917—1937)》(红旗出版社,2011年7月),石毕凡的

---

① 刘志强:《试论拉斯基对罗隆基的影响》,《广东省社会主义学院学报》,2003年第4期,第47—50页。
② 刘志强:《试论拉斯基对罗隆基的影响》,《广东省社会主义学院学报》,2003年第4期,第47—50页。

《近代中国自由主义宪政思潮研究》（山东人民出版社，2004 年 9 月），欧阳哲生的《自由主义之累：胡适思想的现代阐释》（江西教育出版社，2007 年 8 月）等。如许纪霖将拉斯基及其在中国的影响置于自由主义思想谱系之下进行考察，认为："拉斯基，虽然没有来过中国，但他对中国自由主义思潮的实际影响要远远超过杜威和罗素。现代不少著名的自由主义者罗隆基、陈源、王造时、储安平、将廷黻、吴文藻、杭立武等留学英、美期间，都是受拉斯基亲炙的学生；张君劢虽然留学的是德国，但他自认政治思想是英国的，对拉斯基最为崇拜，将他看作是洛克、边沁和密尔之后英国自由主义政治哲学的正宗传人。在 20 世纪二三十年代，中国影响最大的商务印书馆先后翻译出版了拉斯基的三部重要代作：《政治典范》《国家的理论与实际》和《共产主义的批评》，分别由张君劢、王造时和黄肇年翻译。此外，新月书店在 1931 年还出版了丘辛白所译的拉氏《政治》一书。40 年代以后，自由主义的各种杂志如《观察》等介绍翻译拉斯基的新作依然不断。作为英国费边社和英国工党的主要领袖和思想家，拉斯基一生致力于糅合自由主义与社会主义两大理论体系，他的社会民主主义理论对中国自由主义思潮产生了巨大影响。"[①] 卫春回则强调："拉斯基对中国 20—40 年代自由主义学人的影响力几乎无人能及……20 世纪三四十年代活跃的自由主义学人中有相当一部分与拉斯基有教育背景上的渊源关系。"[②] 这些著作大多从政治学的观点出发，分析归纳了拉斯基的多元主义、自由主义、集权主义等观点，对拉斯基政治思想作了较为深入的研究与阐释。

　　综观国内外对拉斯基政治思想的研究状况，虽取得了一定成果，但长期以来，对于拉斯基政治思想和政治主张，国内外学术界研究中却存在着两种倾向：一种倾向是百般美化拉斯基，把拉斯基看成 30 年代初以后马克思主义者的代表人物；另一种倾向是对拉斯基的政治思想和政治主张采取全盘否定的态度，认为拉斯基的政治思想是改良主义，是资本主义或社会主义最凶恶的敌人。这些不足与偏差可以归纳为三条：(1) 以特定的意识形态为前提炼取拉斯基政治思想为我所用之处，将拉斯基作为意识形态斗争的工具与符号；(2) 在特定的学

---

①　许纪霖：《上半个世纪的自由主义》，《读书》，2000 年第 1 期，第 38—47 页。
②　卫春回：《理想与现实的抉择：中国自由主义学人与"中间道路"研究(1945—1949)》，北京：中国社会科学出版社，2010 年，第 20—31 页。

术思潮与氛围中解读拉斯基，将拉斯基的思想作为自己的特定的学术偏好与标准的传声筒；（3）即使在拉斯基的专门研究中，不少学者也走向了类型化与反类型化两种极端。也就是说，或者将拉斯基的思想简单化、片面化、定型化，或者将其复杂化、模糊化、离散化，不能全面、公正地把握拉斯基政治思想中的基本要素、总体特色及其政治思想的开放性、灵活性并由此导致的他在自由主义发展史中的特殊地位，难以科学提炼拉斯基自由主义政治思想的合理内核。

然而，不可否认的是，虽然拉斯基政治思想的研究已经有了相当的积累，这为本文研究提供了较为翔实的参考资料、有力的论点支持和厚实的学术基础。但总体而言，上述学术成就，与全面纠正学术界对拉斯基诸多片面甚至错误的认识、准确解读拉斯基政治思想、科学吸收其思想合理内核等要求依然存在较大差距。因此，为了清晰再现拉斯基政治思想的原本含义，准确评价拉斯基思想的历史地位，充分展示拉斯基在政治思想史上的独特地位以及对自由主义思想的重要贡献，并为民主化进程蓬勃开展的当代中国科学吸收其自由主义思想的合理内核提供一定借鉴和参考，研究拉斯基政治思想不仅显得可能，而且殊为必要，它本身就是对现代政治思想发展的一次理性回顾，以及一次政治思想的新探索。

第三节　研究方法

一、类型化研究方法与非类型化研究方法相结合

以类型化方法将拉斯基政治思想置于某种特定的政治光谱（political spectrum）或理想类型（ideal-type）之中，以便从宏观视域揭示拉斯基政治思想的基色。但为克服类型化研究方法抽象化、模式化与绝对化的不足，非类型化研究方法的运用就成为必然，它拒绝将拉斯基置于某一特定的政治光谱或理想类型之中，而是把拉斯基政治思想作为一种个案予以研究，着眼于拉斯基政治思想的个别性与特殊性，以便对拉斯基政治思想进行深入而全面的考察，从而

有利于全面、深刻地把握拉斯基政治思想的原创性、特殊性,使拉斯基政治思想成为一位鲜活的、丰富的、独特的存在。两种研究方法的结合,一方面能准确界定拉斯基政治思想的类型与基色,另一方面可全面把握拉斯基政治思想特质与贡献,以恢复拉斯基作为自由主义政治思想家的整体形象。

二、思想史与政治史研究方法相结合

思想史解读着重在特定历史情境中系统探讨拉斯基政治思想对以往政治思想的承续、发展与创新,阐明拉斯基政治思想的渊源、内涵与基本脉络,但其缺陷是无法清晰诠释拉斯基政治思想的流变性与矛盾性。政治史解读则重点讲拉斯基政治思想之于政治学的知识体系与观念体系,对拉斯基政治思想予以纵向延伸与横向拓展,以消解拉斯基政治思想的流变性与矛盾性,但若仅有政治史研究方法而无思想史研究方法将难以对拉斯基政治思想予以合理解释。而且拉斯基政治思想的务实性、流变性与调适性等特征也要求我们在研究中必须把两种研究方法有机结合起来。

三、正式文本研究与非正式文本研究并采

拉斯基学术论著是拉斯基政治思想研究的最为重要的文献,建立在论著基础上的文本解读极为重要。正式文本研究与非正式文本都是拉斯基政治思想研究的资料载体。在充分占有第一手资料的前提下,正式文本研究与非正式文本研究并采,不仅关注拉斯基日记、回忆录、传记、档案等相关文本,更把拉斯基的论著至于特定历史语境予以解读,从而既读懂拉斯基政治思想的弦外之音,又把握住拉基斯政治思想的完整性。也就是说,通过文本互证,两者研究方法并采,实现两种文本既读懂拉斯基政治思想的"形",又读懂拉斯基政治思想的"神"。当然,在采用文本研究方式的过程中,我们必须时刻注意斯金纳对政治思想史研究提出的两条规则:"第一条是不要仅仅关注于需要解释的文本,而是要关注决定了该文本所论及的问题及论题主导的(语言)习惯。第二条是关注于作者的精神世界即他由经验决定的观念世界。"①唯有如此,我们才能克服"文

---

① 唐士其:《西方政治思想史》,北京:北京大学出版社,2002 年,第 562 页。

本中心主义"，在特定历史语境和情境下对拉斯基政治思想予以合理阐释。

总之，论文在充分占有文献资料的前提下，在众多学术成果的基础上，综合运用类型化研究方法与非类型化研究方法相结合，思想史解读与政治史解读相补充，正式文本研究与非正式文本研究并采等研究方式和策略，对拉斯基自由主义政治思想进行全面、系统、深入的研究。

第四节　研究思路与谋篇布局

哈罗德·约瑟夫·拉斯基，20世纪上半叶英国著名的政治理论家，政治活动家，政治多元主义、费边社会主义、民主社会主义思想的重要代表，是对现代自由民主危机和发展弊端进行反思与评判的重要政治思想家。作为对自由民主危机一种回应，拉斯基政治思想是在现代性语境下对自由民主政治的一种新审视与再思考。尽管拉斯基的著述颇丰、思想庞杂，但"尊崇自由、捍卫民主、守护公正"始终是贯穿拉斯基政治思想的逻辑主线。本书紧紧围绕这一逻辑主线，对拉斯基政治思想予以全面考察与阐释，旨在清晰再现拉斯基政治思想的基本内涵、准确评价拉斯基政治思想的历史贡献、深入挖掘拉斯基政治思想的合理内核。具体而言，希望通过导论、本论和结论三大部分达成研究目的。

导论部分主要阐述论文选题的背景、研究的目的、意义、路径和主要创新点，并对国内外的研究状况作了综合述评。

本论部分分为5章（第1～5章）。第1章主要概述拉斯基的生平与思想历程。结合"大灾难时期"的时代背景阐述拉斯基的学习、生活与工作历程，简述拉斯基政治思想的流变，并扼要分析拉斯基政治思想每个阶段的基本内涵。本章旨在提供一个客观而全面的拉斯基形象。

第2章主要探寻拉斯基政治思想理论源流。拉斯基政治思想理论源流以庞杂著称，除了受英国传统文化的影响外，自由主义、费边社会主义、经验主义、马克思主义等是其政治思想的主要理论源流。

第3～5章阐释拉斯基政治思想的基本内涵。本论著重点从自由思想、民主思想、国家思想和民主社会主义思想等四个方面考察拉斯基政治思想的逻辑原点与价值基础、拉斯基政治思想的现实构建、拉斯基政治思想的"理想国"等内涵,旨在展现拉斯基政治思想的多重面相与重要价值。

自由与民主是拉斯基政治思想的逻辑原点与价值基础。自由思想是拉斯基政治思想基本原则。拉斯基自由思想秉承"密尔逆转"以来新自由主义传统,具有自身特质:批判原子式个人主义,强调个人自由与社会权力的平衡;强调平等公正,倡导自由与民主相结合;提倡积极国家,认为国家干预是自由的必要保障;注重个人与社会共生,关切公民权利和社会福利。拉斯基新自由思想为其政治思想确立了自由主义基色。

民主思想是拉斯基政治思想另一个基本原则。拉斯基所阐述的民主是广义的民主,认为,民主不仅意味着人人有着同等的政治经济权利,有着同等满足自己政治要求、利益的机会和条件;同时民主原则的承认、民主制度的建立,也意味着民众有权力、有能力、有条件利用政治手段,去增进物质福利、去干预经济生活。拉斯基对民主思想内涵的拓展,尤其对兼顾政治民主与经济民主的"新路"的求索,标志着民主向前、向深发展了一步,也为其建构"理想国"——自由与公正型社会奠定了扎实基础。

国家思想是拉斯基政治思想的理论建构与现实选择。拉斯基国家思想的独特性在于其国家理论的出发点和归宿都是现代国家实际。拉斯基国家思想经历了多次嬗变,但改良主义始终是其国家学说的基本内容。多元主权国家思想时期,拉斯基着重批判了传统一元主权国家观,强调国家绝不是一切社会团体都必须顶礼膜拜的最高联合体,它只是人类社会众多形式的团体之一,联治性是国家的重要特征。修正后国家思想时期,拉斯基转而认为国家是为全人类服务的必需和永恒的组织,是"社会的基本工具",国家的职能和目的是运用其权力最大限度满足人们的需要,理想的国家形态是能够融汇自由主义和社会主义特长的"计划化民主国家"。这种既顺应时代潮流,又符合"现代国家实际"的构想,对当代国家建设具有启示性。

民主社会主义是拉斯基致力构建的"理想国"。拉斯基民主社会主义思想是其渐进主义社会改革观与十月革命以来的激烈的社会历史矛盾运动相结合的产物,是按照理性原则和用折中主义方法进行探索与阐释的社会主义思想,抓住了时代的脉搏，顺应了"二战"前后英国社会和其他国家"左倾"潮流，为民主社会主义的传播与发展做出重要贡献。

结论部分(第6章、结语)评价拉基斯政治思想，主要对拉斯基政治思想的特征与价值进行了重点分析与评述。论文认为，虽然拉斯基思想庞杂、无明显体系，但有一条不变的主线，即始终追寻自由民主的理路。务实性、流变性、调适性是其政治思想的三大特征。在自由民主深陷危机的特殊历史时期，拉斯基政治思想发挥了不可替代的桥梁作用。

第一章
拉斯基的生平与思想历程

　　思想是个人生活与个人经验的升华与结晶。拉斯基政治思想是其所处历史语境与生活环境等的产物,具体而言,是 20 世纪上半叶世界政治发展尤其是英国政治发展的反映。拉斯基政治思想与所处时代可谓交换作用,同时,亦深受其人生经历及他人思想的影响。因此,要想阐明拉斯基政治思想,就必须知晓拉斯基所处时代的特征、理智氛围及其独特人生经历与思想发展历程。

第一节　历史语境:"大灾难时期"

　　19 世纪末期至 20 世纪上半叶,西方资本主义文明在创造出巨大物质财富的同时,其内在矛盾与危机也日益激化与显现。资本主义在积累财富的同时,也积累着贫困,用 19 世纪中期英国首相本杰明·迪斯累利(Benjamin Disraeli)的话说,国家成了"两个民族的国家"。工业扩张渐趋饱和,殖民主义国家对海外市场的争夺日趋激烈,再加上资本主义经济实力增长的不平衡,工业革命和殖民体系发展已走到了尽头,资本主义进入了一个普遍危机时期。尤其是两次世界大战时期,可以说是现代文明史上的"大灾难时期"(age of catastrophe)①,西方资本主义文明,跌跌撞撞,灾难连绵,严重威胁着资本主义国家的政治稳定

---

① 霍布斯鲍姆:《极端的年代》(上),郑明萱译,南京:江苏人民出版社,1998 年,第 8 页。

和社会安定。甚至连当时最优秀的人士，也不敢肯定它能否继续存活下去，诸如汤因比（Arnold J. Toynbee）就曾明确指出："全世界男男女女都在认真思考与坦率谈论这样一个可能性，即西方社会制度或许会垮台，再也行不通了。"①社会现实亦证明，在世界经济大危机的影响下，世界上没有一个民主国家的状况是令人满意的，"对民主制度的怀疑已经深入到民主国家本身"②，"自由派民主政体的建构也等于从 1917—1942 年间的地表上一扫而空"③，"从 20 世纪 20 年代至 1944 年，世界上奉行民主宪政的国家由 35 个锐减至 12 个左右"④。上述情况表明西方资本主义文明已深陷危机，资本主义文明往何处去，业已成为摆在西方各国面前一个迫切需要解决的时代难题。

毫无疑问，1929—1933 年席卷资本主义世界的经济大危机是人类历史上的一场大灾难，震撼了世界，摧毁了人们的希望：世界经济与社会，再也无法重返旧日美好时光，自由民主理论处境维艰，已经难以适应新形势的需要。经历大危机的西方知识分子，特别是当激进主义、法西斯主义和社会主义日益发展壮大甚或占据主流时，"经常感到自己被夹在纳粹主义和社会主义这两种相互冲突的'极权主义'意识形态中间"⑤，从而疏离了自由主义，而徘徊于社会主义和法西斯主义之间。这种对自由主义的反动成为一种时代潮流，"即使在自由主义'核心国'的英国，反自由主义的思想现在也成了知识分子的信条"⑥。自由主义者虽然提出了种种拯救自由主义的方案，但均无法真正解决资本主义社会的基本矛盾，自然也就无法阻止自由主义的"退却与衰落"。在大灾难时期，随着政治思想界集体主义浪潮的高涨，人们日益意识到："在这个大动乱的年代，随风而逝的不只是和平、社会的安定以及经济体系；甚至连作为 19 世纪资本主义社会基石的政治制度和价值观也日暮途穷。自由主义在法西斯主义、社会主义

<hr />

① 莫里森：《美利坚共和国的成长》（下），南开大学历史系美国史研究室译，天津：天津人民出版社，1989 年，第 623 页。

② 拉斯基：《论当代革命》，朱曾汶译，北京：商务印书馆，1965 年，138 页。

③ 霍布斯鲍姆：《极端的年代》（上），郑明萱译，南京：江苏人民出版社，1998 年，第 10—11 页。

④ 霍布斯鲍姆：《极端的年代》（上），郑明萱译，南京：江苏人民出版社，1998 年，第 160 页。

⑤ 斯特龙伯格：《西方现代思想史》，刘北成、赵国新译，北京：中央编译出版社，2005 年，第 473 页。

⑥ 弗雷德里希·奥古斯特·冯·哈耶克：《通往奴役之路》，王明毅等译，北京：中国社会科学出版社，1997 年，第 2 页。

等政治思潮的冲击与挑战之下,正日益失去昔日的辉煌。"①

　　作为一种反自由主义思潮,法西斯主义的出现绝非偶然,它是资本主义深陷危机的产物。经济大危机使法西斯主义产生并迅速成为一场威胁自由世界的世界性运动。法西斯主义核心思想就是,坚持国家和领袖权力至上,认为,"全部人类组织的基本原则必须是自然的贵族原则和个性原则……也就是说强者将永远征服和统治弱者。"②因此,他们认为,多数决定的民主政治与议会政治是政治中的最坏与最庸俗的形态,主张权力必须由一小撮人掌握,并以领袖的专制及英明的领导来替代民主政治的运作。他们敌视自由民主理论,认为:自由民主理论的发展结果,使得任何荒谬的蠢事都成为可能,容许最下流无耻的人领导国家,国会中也充斥着一批卑鄙而又无能的小人。他们认为自由民主政治的荒谬即在于任何愚夫及社会的寄生虫都有批评的权利及从政的资格,因而政治就变成与低能者进行妥协的活动,结果,"代议民主只不过是代表了大多数人的愚蠢与怯懦而已",使得社会根本无正义与公道可言,最后造成社会的无政府状态:人们卖弄谎言,摧毁传统道德价值,并模糊了好坏的界限;经济上的自由则任由人们成为拜金主义的奴隶,为私利而破坏社会整体利益。法西斯主义者对人道主义政策也极力谴责,认为小气过火到根本无力承担其咎蓄的程度,只是推行有如照顾动物般的福力政策而已。法西斯主义上述主张,对自由民主理论而言,无疑是一种极大的冲击与挑战。拉斯基多次重申,法西斯是衰败后资本主义的政治形态,"乃人类历史上最大之灾难,亦为现代人类最大之不幸"③;人们接受法西斯主义,表明人们对自由民主理论的失望、对利己的资本主义的生产体系的排斥,也表明"资产阶级用民主和自由、平等、博爱等观念建造起来的神圣宫殿,已处于风雨飘摇之中"④。

　　社会主义的勃兴是危机时代人们寻求出路的另一种求索。与自由主义一样,社会主义也源于对所处时代政治社会现实的批判与抗争。社会主义反对资本特权,主张取消私有制,铲除滋生社会不平等的一切土壤,消除两极分化,消

①　霍布斯鲍姆:《极端的年代》(上),郑明萱译,南京:江苏人民出版社,1998年,第155页。
②　桑德福斯:《尼采与希特勒》,周新建等译,西安:陕西人民出版社,1988年,第211页。
③　杭立武、陈少廷:《拉斯基政治多元论》,台北:台湾"商务印书馆",1987年,第61页。
④　柳文超、李培湘:《西方自由民主研究》,重庆:重庆出版社,1990年,第162页。

灭政党、阶级与国家，最终实现人人平等自由的大同世界；作为一种理想，社会主义对人类解放具有重要的宣示意义，社会主义强调共性和集体主义，主张为最大多数的劳工阶层代言，谋求最大多数民众的自由、平等与幸福。俄国十月社会主义革命，是人类历史上第一次取得胜利的社会主义革命。社会主义第一次由理想变为现实，显示出强大生命力。十月革命所建立的消灭人剥削人的现象、工农当家做主、体现社会公正的制度为陷入危机的资本主义世界体系打开第一个缺口。尤其是苏联高度集中的计划体制在经济上取得的成功，使苏联从一个以农业为主的国家迅速上升为世界第二大工业强国，这种成功立刻引起了全世界的关注，"它如此突然和尖锐地加强了对现有制度的挑战，以致既引起了极端的希望，也引起了极端的恐惧"[1]。急于求索自由主义新希望的人们，对于俄国革命几乎放弃了理智批评的做法，纷纷赞叹苏联体制的强大生命力，"努力使自己相信，一个新的时代（公民自由的新时代）正在这个陌生和充斥暴力的东方国家诞生"[2]，美国新闻记者林肯·斯蒂芬斯承认："我看到了未来，它行得通。"[3]苏联的成功，一时掩盖了其在政治体制上的专制与强权，获得了国际社会某种程度的认可与赞同；而且为一些西方国家的工人运动和落后殖民地的民族斗争提供了一种成功范式，共产主义已经成长为西方社会发展中一股不可忽视的力量。

总之，大灾难时期，法西斯主义、苏联社会主义等思潮的兴起无疑是对西方思想界的当头棒喝。伯林就曾明确指出 20 世纪是"有史以来最糟糕的一个世纪"[4]：在这个世纪里，世界发生了两次世界大战，出现了资本主义有史以来最严重的经济危机以及人类最黑暗的政治现象法西斯主义；同时也兴起了以俄国十月革命和第三国际为旗帜的共产主义运动。面对自由民主理论的困境与危机，形形色色的思想家、政治家，纷纷为摆脱困境和危机寻找出路，提出了各种各样的救治方案和改革措施。虽然人们的救治方案和改革举措，有的保守，有的激

---

① 拉斯基：《论当代革命》，朱曾汶译，北京：商务印书馆，1965 年，第 82 页。

② 斯特龙伯格：《西方现代思想史》，刘北成、赵国新译，北京：中央编译出版社，2005 年，第 482－383 页。

③ 斯塔夫里阿诺斯：《全球通史：1500 年以后的世界》，上海：上海社会科学院出版社，1992 年，第 690 页。

④ 伊格纳季耶夫：《伯林传》，罗妍莉译，南京：译林出版社，2003 年，第 418 页。

进,有的调和折中,但是不可否认的是,他们都是为了挽救危机、摆脱困境,希望为社会的革新与发展找到一条可行道路。拉斯基作为其中一员,其政治理论正是围绕着如何使世界走出危机这个忧患主题而展开的,他"希望使它走上正轨"[①]。

第二节　多重面孔:拉斯基的生平与思想历程

　　1893 年 6 月 30 日,拉斯基出生在英国曼彻斯特一个颇具政治影响力的波兰籍犹太富商家庭。早在其父亲内森·拉斯基(Nathan Laski)(曼彻斯特犹太人的领袖人物)积极参与自由党的自由主义政治活动之时,年轻的拉斯基就开始受到政治活动的熏陶并时常在政治生活中崭露头角。拉斯基早年生活的回忆之一就是"看到年轻的、崇尚自由的温斯顿·丘吉尔(Winston Churchill)在拉斯基父亲的家里面对镜子练习演讲"[②]。拉斯基早熟且睿智,中学时代就在《威斯敏斯特评论》上发表论文《论优生学的范围》,也由此得到过当时英国生物学权威弗朗西斯·高尔顿(Francis Galton)的高度称赞。1910 年 12 月,拉斯基以优异成绩考入牛津大学新学院,第一年学习自然学科,以后转学历史,著名政治思想家欧内斯特·巴克(Ernest Barker)是其指导导师。在牛津大学,尽管他是费边社成员,但当时他政治活动的主要关注点却是女权运动(the suffragette movement)和工团主义(syndicalist)。1914 年,他以优等生和贝特奖(the beit eassay prize)获得者的称号毕业于牛津大学。1914 年夏天,拉斯基应工党著名活动家乔治·兰斯伯里(George Lansbury)之邀,成为工党机关报《每日先驱报》(Daily Herald)的反战社论撰稿人,由此与工党发生了联系。1914 年 9 月至1916 年,他受聘为加拿大蒙特利尔麦吉尔大学(McGill University)历史学讲师。正是在麦吉尔大学,拉斯基结识了哈佛法学院才华出众的年轻教授、后来出任美国最高法院大法官的费利克斯·弗兰克福特(Felix Frankfurter)。弗兰

---

① 　Granville Eastwood. *Harold Laski*. London:Mowbrays,1977:77.

② 　拉斯基:《欧洲自由主义的兴起》,林岗、郑忠义译,北京:中国人民大学出版社,2012 年,第 3 页。

克福特是拉斯基的终生挚友，正是通过弗兰克福特的关系，拉斯基才得以在1916年进入哈佛大学执教，讲授西方政治思想史。在哈佛大学，他倾倒了他的学生和同事，并在美国政治集团众多新崛起的杰出人物中建立了一个由其广大仰慕者构成的崇拜网络，其中包括庞德(Pound)、布兰代斯(Brandeis)，以及同拉斯基交往甚密的《新共和》(New Republic)的编辑赫伯特·克罗利(Herbet Croly)。后来，他又结识了富兰克林·罗斯福(Franklin Roosevelt)、埃莉诺·罗斯福(Eleanor Roosevelt)、爱德华·默罗(Edward R. Murrow)、马克斯·勒纳(Max Lerner)等，当然还有霍姆斯(Oliver wendel Holmes)，"正是霍姆斯与拉基斯书信交流的观点，成为日后拉斯基作品中最具永久影响力的部分"①。1919年，拉斯基因支持波士顿警察罢工而引起当局的不满并招致哈佛大学保守势力的攻击，1920年他愤而辞职，返回英国担任伦敦政治经济学院(London School of Economic and Political Science)讲师，1922—1925年还兼任剑桥大学讲师，他从1926年到去世一直担任伦敦政治经济学院政治学教授。作为左翼社会主义思想的倡导者与自由民主思想的追寻者，拉斯基的"声望吸引了英美及世界各国的众多杰出青年前来就读，他的学识和成就为这所学院增添了炫目的光彩"。

拉斯基的一生充满着叛逆和斗争。青年时代，拉斯基勇于追求自己的爱情与幸福，18岁时为了与非犹太人弗丽达(Kerry Frida)结婚，不惜牺牲家庭的温暖、父母的亲情，丧失生活来源，甚或背上宗教叛逆的罪名。尤其是20世纪30年代的"粉色十年"(pink decade)，即马克斯·贝洛夫(Max Beloff)所说的"拉斯基时代"，拉斯基成为"英国和美国左派的代言人"②，他参加了工党左翼激进分子的左翼读书俱乐部(the left book club)，力图唤醒民众关心社会和政治问题，特别是在面临法西斯主义威胁时，大声疾呼用社会主义方法救治资本主义社会的弊病、挽救自由民主的危机。第二次世界大战爆发以后，拉斯基不辞劳苦，又积极为政府面临的种种难题献计献策。然而，拉斯基的努力并没有得到应有的回报，由于坚持社会主义纲领和路线，他经常遭到敌对势力甚至工党内部温和

---

① 拉斯基：《欧洲自由主义的兴起》，林岗、郑忠义译，北京：中国人民大学出版社，2012年，第4页。
② Isaac Kramnick & Barry Sheerman. *Harold Laski：A Life on the Left.* New York and Harmondsworth：Allen Lane，Penguin Press，1993：291.

派的污蔑和打击。但是所有这一切并未摧毁拉斯基的信念，反而锤炼了拉斯基的意志，深信自己的努力都是追寻自由民主理念和服务于公众利益，正是在这种信念的支持下，拉斯基在诸多领域都取得了重大成就。

拉斯基是一位勤奋的学者，一生中的大部分时间都在从事理论研究。1914—1950 年，拉斯基写了大量著作、小册子和论文，他们的内容涉及所处时代的难题：自由与平等，权威与服从，国家的本质及国家与个人和团体之间的关系，民主主义、社会主义、共产主义、法西斯主义等。他的大部分著作一经发表就立即引起轰动，并很快被翻译成多种文字，有的更是一版再版，成为经典之作。例如，1925 年出版的《政治典范》，是拉斯基最重要、最系统的政治理论著作，被誉为"自柏拉图以来的一座里程碑"，它出版不久即成为欧美许多大学的教科书，至今仍是欧美国家学习政治学的大学生的必读参考书。又如他在第二次世界大战中所写的《论当代革命》一书，更是现代民主社会主义理论的奠基之作，在该书中，拉斯基以开阔恢宏的视野论述了时代的特征、前途和社会变革的道路问题，提出了"同意的革命"和"计划化民主"的重要思想。这些经典论著所拥有的读者要远远多于同代的任何普通的政治学教授的读者，奠定了拉斯基作为重要思想家的地位。

拉斯基是一位极具感染力的教师，1914—1950 年，他从未间断在伦敦政治经济学院以及英美许多学校讲授政治学和政治理论。他的讲授获得极大成功，课堂和讲座会造成教室的拥挤，学生一谈到他的课总是记忆犹新、津津乐道。从 20 世纪 20 年代到 50 年代，对于许多在伦敦政治经济学院就读的学生，特别是那些来自国外的学生来说，"伦敦政治经济学院和拉斯基实际上是同义词"[①]。许多杰出青年慕拉斯基之名不远万里来此求学，甚或 30 年代美国大使、百万富翁约瑟夫·肯尼迪也特地把他的两个儿子，包括后来成为美国总统的约翰·肯尼迪送到拉斯基门下学习。用他的话来说，这样做是为了让他的儿子了解拉斯基这样的杰出挑战者是怎样向资本主义挑战的。几十年来，拉斯基以其渊博的学识、进步的思想、正直的品德，影响了一大批未来的学者和世界的领导人。难怪，霍尔姆斯在致波洛克的信中就曾说："拉斯基是我所知道的自古以来学识最

---

①　H. A. Deane. *The Political Ideals of Harold J. Laski*. New York: Columbia University Press, 1955:3.

为渊博的才子之一。"哈佛大学的杰出学者 J. F. 富尔顿教授在悼念拉斯基去世而给《泰晤士报》写的信中亦指出："尽管我俩在政治思想上可谓南辕北辙，但我认为拉斯基是我结交的人中最富有创见的和最催人奋进的人士之一。"①

　　当然，拉斯基并非象牙塔型的学者，其声望和地位亦与英国工党紧密相连，他也是著名的工党理论家、政论家和政治活动家。他把研究政治与参与政治融为一体。在某种意义上，他的一生，是把自己的智力、学识投入政治活动，特别是投入工党社会主义运动的一生。早在 1914 年他就是工党党报《每日先驱报》的积极撰稿人；在工党历次大选中，为众多工党候选人准备过竞选讲演稿；工党的许多政策声明，直接地出自他手。作为工党左翼知识分子的思想领袖，他以自己的政治哲学锻造了工党左翼知识分子党员和年轻一代的政治见解。作为工党的政治活动家，拉斯基以极大的热情为工党的竞选、执政等政治活动效力，从 1922 年到 1936 年担任费边执行委员会委员，并从 1936 年起长期担任工党全国执行委员会委员，期间于 1945—1946 年担任该执委会主席。拉斯基虽因自己多次拒绝而从未在任何一届工党政府中任职，但他生前对历届工党政府的政策有着直接的影响。他与麦克唐纳、艾得礼等工党领导人关系密切，经常就政治纲领、政策决定、内阁人选等重要事宜与他们交换意见，为之出谋划策。拉斯基一生与国内外各阶层人士，上至国家领导人，下至一般百姓保持着广泛的接触和联系，为他了解政治形势、宣传自己理论、影响他人思想开辟了众多渠道。如与拉斯基保持密切联系的政界和思想界的名流就有：美国的罗斯福总统、"二战"时驻英大使约翰·怀南特、联邦法院大法官霍姆斯和菲利克斯·法兰克福特等，法国的社会党领袖列昂·布鲁姆，印度的甘地、尼赫鲁，中国的民主同盟领导人，英国的两党领袖及众多政界、知识界精英。从拉斯基与他们之间的通信中可看出，拉斯基的各种看法使他们受到启发，拉斯基的各种建议为他们所尊重。拉斯基利用一切机会去工厂、兵营，就社会的紧迫问题向工人做演讲、做宣传。拉斯基广泛参与政治，使他在及时了解和深刻理解政治现象的方面，获得了许多无可匹敌的机会，也使他的著述、他的研究能摆脱书斋里的讨论、经院式的论证，紧扣时代脉搏，与社会主题息息相关。

---

① 　金斯利·马丁：《拉斯基评传》，奚博铨译，北京：商务印书馆，1995 年，第 292—293 页。

　　拉斯基积极参与政治的行为,颇遭非议。曾有人指责拉斯基重政治轻学术,因过于直接、过于频繁地卷入了政治活动而牺牲了他的学术事业。在他们看来,拉斯基最优秀的政治著作写于 35 岁以前,即"四大著作"(《主权问题研究》《现代国家中的权威》《主权的基础》《政治典范》)时期,以后由于积极参与政治活动,特别是卷入党派政治,其理论著作具有较为浓厚的实用主义色彩,再未达到"四大著作"的水平。其实,对于研究政治的知识分子是否应参与实际政治,拉斯基有着自己的坚定看法。他对所谓知识分子应当超脱一切的观点持反对意见,认为,要研究政治,就必须掌握关于政治的第一手资料,而这离不开参与实际政治活动。他在《我的信仰》一文中明确指出,"政治学学者只有参与政治活动,才能根据不断变化的政治现实,及时调整和纠正自己过时的或错误的理论观点;而那些守在象牙塔中的学者由于接触不到必要的生活检验和经验评判,往往始终握住过时的、错误的见解不放。"①拉斯基之所以坚持知识分子必须投身现实政治,因为在他看来,知识分子远离生活、逃避责任的行为其实是一种不折不扣"背叛知识"的行为,他们"没有认识到,拒绝选择本身就是一种选择。他们更没有认识到,拒绝非常容易成为一种惰性,这种惰性或许比其他任何一种生命特质更有助于不法之徒犯下非正义的罪行"②。他曾举例说,正是由于意大利知识分子逃避现实的错误做法,"墨索里尼才得以窃取政权;正是由于德国知识分子的失误,希特勒才得以建立起他万恶的帝国;1919 年以后,又正是法国知识分子的失误,才形成了 1940 年导致法国覆亡的条件。我们别再自己欺骗自己,相信什么英国和美国情况不同的鬼话了"③。因而,拉斯基倡言:"知识分子的责任是使自己顺应平民百姓的需要,建立有如杰斐逊与美国早期共和党人,马克思、恩格斯与诞生第一国际的早期社会主义运动,流放中的列宁与俄国布尔什维克党,韦伯夫妇 1931 年前那 30 年间的英国劳工运动那样的关系,领导他们前进,给他们解释和指明未来,使他们掌握最切合实际的表现方式。"④事

　　① 薛刚:《从多元主义到民主社会主义:拉斯基政治观研究》,中国人民大学博士学位论文,第 10 页。
　　② Harod J. Laski. Clifton Fadiman, ed. , *I Believe: The Personal Philosophies of Twenty Three Eminent Men and Women of Our Time*. L. New York: Simon and Schuster, 1939: 151.
　　③ 金斯利·马丁:《拉斯基评传》,奚博铨译,北京:商务印书馆,1995 年,第 296 页。
　　④ 金斯利·马丁:《拉斯基评传》,奚博铨译,北京:商务印书馆,1995 年,第 295 页。

实亦证明，拉斯基是"公共知识分子的典范"①，其所追求的目标，不是成为一位纯学究式的思想家，而是希望成为一位具有政治活动实践经验的理论家，使"所知道的东西成为知识所能实现的世界的活的一部分"②。正因如此，拉斯基政治思想才具有浓郁的时代色彩；也正因如此，其政治思想才在深受社会危机折磨、急于找到出路的民众中产生强烈的反响与回应。为"致力于需求一个新世界"③，拉斯基依据现实政治的发展变化不断地调整、修正与革新自己的政治思想，从而使自己的政治思想具有鲜明的阶段性与流变性。总体而言，拉斯基政治思想大致可分为四个时期：多元主义时期、费边主义时期、马克思主义时期、民主社会主义时期。④

1910—1919年，多元主义时期。基于对第一次世界大战和战后动荡的实际局势的分析，拉斯基断定世界面临深刻危机的根源是不合理的以主权国家为轴心的社会政治结构。于是，他对传统的主权理论和全权国家制度进行了激烈抨击，并在此基础上提出了自己的多元主义理论和社会革新方案，具体内容为：取消国家主权，将国家权力分割给各职能团体和地域团体，建立一种最终价值不在秩序和统一，而在于充分发展公民个性与福利的国家。

1920—1930年，费边主义时期。此时拉斯基不再认为国家是人类社会形式众多的团体之一，而认为国家地位与职能高于其他团体，并要求国家承担更大的责任。他基于费边社会主义思想而提出的社会变革方案是：在经济生活领域，实现重要生产资料的国有化，促进经济权力的民主化；在政治生活领域，通过强化、完善权力约束与监督机制，推进政治权力的民主化。在社会变革路径问题上，反对暴力革命，主张在宪政制度范围内，利用现存资本主义民主制度，以和平、民主、非暴力的方式进行社会变革。

1931—1939年，马克思主义时期。资本主义经济大危机的震荡和法西斯主

---

① 拉尔夫·米利班德：《哈罗德·拉斯基：公共知识分子的典范》，翁贺凯译，《政治思想史》，2012年第1期，第110—117页。

② 拉斯基：《论当代革命》，朱曾汶译，北京：商务印书馆，1965年，第407页。

③ H. A. Deane. *The Political Ideals of Harold J. Laski*. New York: Columbia University Press, 1955:6.

④ 薛刚：《从多元主义到民主社会主义：拉斯基政治观研究》，中国人民大学博士学位论文，第13—15页。

义的上台执政,促使拉斯基政治思想日趋激进,曾一度公开宣称"信奉马克思主义"。此时,拉斯基坚信,伴随资本主义进入萎缩阶段,自由民主制也深陷危机。此时,费边主义的渐进变革道路已无济于事,必须对通过变革资本主义经济基础以挽救社会危机。当然,此时,拉斯基虽然警告,资产阶级若障碍社会变革,有爆发暴力革命的可能,但其依然明确反对通过暴力革命和无产阶级专政进行社会变革。

1940—1950年,民主社会主义时期。第二次世界大战爆发使世界政治形势发生了重大变化,国际及各国国内社会力量重新组合。于是,拉斯基认为时代面临新的转机,社会各阶级应抓住时机,进行一场"同意的革命",把资本主义推进到"计划化民主"社会,即把资本主义宪政民主和社会主义经济平等融为一体的社会。到此,拉斯基推出了挽救社会危机、重新组织社会的最佳方案:建立一种将西方传统民主与社会主义计划经济进行优选组合的自由与公道型社会。

作为多元主义、费边主义、马克思主义、民主社会主义的信奉者,拉斯基为这四种理论的深化和传播,做出了重要贡献。正如薛刚所言:"他不是多元主义的创始人,但是他对多元主义作了最系统的论述和最激进的阐释;他接受了费边社会主义,但融入了自己独到见解与思想,丰富并深化了费边社会主义理论;他虽然并未完全接受马克思主义,但却是公认的工党内部最激进的'马克思主义理论家'之一,他对马克思主义的阐扬,推动了马克思主义在英国、在工党内的传播。他不是'民主社会主义'思想的始作俑者,但他是率先清晰阐释民主社会主义内涵,提出民主社会主义理论的先驱者之一,他的民主社会主义思想在很大程度上为工党1945年执政后在英国推行民主社会主义政策奠定了理论基础和策略基础。"[①]

总之,拉斯基正是通过对多元主义、费边主义、马克思主义、民主社会主义等理论的阐扬,确立了其作为重要政治思想家的声望与地位。虽然人们对拉斯基作为政治思想家、公共知识分子和教师的地位普遍认同,然而,对于拉斯基政治思想是否具有持久重要性却存在着很大的争议。有许多人认为,拉斯基早期的作品是严谨而深刻的,后期作品则由于以论战取代严肃分析而流于肤浅。同

---

① 薛刚:《从多元主义到民主社会主义:拉斯基政治观研究》,中国人民大学博士学位论文,第15页。

时，还有许多人认为，他对影响力的渴望促使他夸大他自己的重要性，甚至沉迷于幻想。这些批评有一些是正确的，但它们也有所夸大，特别是在冷战时代，人们因对拉斯基个性的关注而转移了对他的政治思想信息的注意力。对他后期作品的一些批评也可归因于这一事实，即对主流思想而言，他的马克思主义时期相比多元主义时期更难以接受。但不可否认的是，他的作品最引人入胜的地方就是，试图把他思想的不同时期——多元主义、费边主义、马克思主义、民主社会主义——合并为单一视角。其结果当然是矛盾的，拉斯基不可能把他一生的作品糅合成一个总体上连贯的学说。然而，很少有人愿意致力于这一真诚的企图，即从理论上把自由、平等与民主结合起来，并通过教学和参与公共生活推进这些理想。因为这些，拉斯基也许应该值得我们充分肯定和进行深入研究。

第二章
拉斯基政治思想的理论渊源

人类思想薪火相传的过程构成了人类思想发展演进的历程。人类思想发展虽然会有反动、逆流和断裂，但是思想唯有在和已有思想的互镜、互动中才能诞生与显现。在这个意义上，思想的阐释都需要回到它的诞生地，回到它的渊源中。因此，重释"拉斯基政治思想"就应该"回问"其政治思想的理论渊源。拉斯基政治思想理论渊源虽然较为庞杂，除了受英国传统文化的影响外，自由主义、费边社会主义、经验主义、马克思主义等无疑是其政治思想的主要渊源。

第一节　自由主义

自由主义是西方社会近代以降影响最为深远的政治思潮之一。自由主义并非恒定而一直处于不停流变之中，从某种意义上说，它是一个多样化的、不断发展的诸多学说的集合体。具体而言，在自由主义漫长演进历程中，自由主义不仅流派众多，而且随着时代的变迁、社会的发展，其主题也在不断地转换。因此，很难用一种单一而刚性的手段去阐释自由主义。当然，这并不意味着自由主义难窥全貌、无从把握。"自由主义学说的多样性并不完全抹杀自由主义理论的内在一致性"①，正如约翰·格雷所言："尽管存在着历史的变动性，但自由

---

① 李强:《自由主义》,长春:吉林出版集团,2007 年,第 139 页。

主义仍然保持着一个其主要组成成分不难辨明的形象"①。换言之，自由主义多样性并不拒斥自由主义内在一致性。"有一些基本原则是所有自由主义者共享的，或者至少说是典型的自由主义者一般会主张的。这些原则构成自由主义的基本内涵，构成自由主义内在统一性的基础，构成自由主义区别于其他形形色色政治意识形态的根本特征。"②

　　自由主义，作为西方的一种政治思想传统，尊崇个人为本位，视个人利益为完善自我和推动社会发展的基石。它强调个人自由，重视个人发展，主张个人权利至高无上，把个人权利看成是"不证自明的根据"，将个人自由和权利作为解决一切政治问题的出发点；国家只是维护个人自由和权利的工具，是一种"必需的罪恶"；为捍卫个人自由和权利，主张以宪政民主制衡国家权力，以法律捍卫公共秩序，坚持理性妥协，反对暴力革命，强调以改良的办法实施社会变革；在经济上，它强调自由竞争机制和私有财产权对维护自由的重要性；此外，它还特别强调宽容原则、思想自由、言论自由、结社自由等自由主义实现的重要性。总之，自由主义作为一种延绵不断的政治文化传统和政治思潮，具有以下基本特性和共同旨趣：

　　"第一，以个人的自由与幸福为终极关怀。主张放任者认为，只有个人对自己的自由权利最在意，因此，只有个人完全不受限制，个人的幸福与自由因操纵在自己手中而得到保障；主张适度干预的人则认为，若国家不在政治上适度限制个人的无节制的行为，在经济上进行适度的干预，个人的自由和幸福最终将会落空，因为无节制的行为会导致社会的动荡乃至解体，而没有秩序，自由权利将失去基本的保障。这两种看似不同的主张，却都以个人幸福和自由为终极关怀，区别仅在于哪种方式更能有效地保障个人权利。第二，以市场经济和宪法法律作为个人自由的基本保障。亚当·斯密曾经讲过，自由就是允许所有人把他所拥有的知识用于自己的目的。斯密的这个观点在西方很有影响，如若这个界定能成立的话，那么，市场经济和宪法法律无疑是'所有人把他所拥有的知识用于自己的目的'，即实现自由的最佳途径和保障。因为市场经济才能最大限度地调动和发挥每个人的聪明才智；只有宪法法律才能为人们的竞争提供公平

　　①　约翰·格雷：《自由主义》，曹海军、刘训练译，长春：吉林人民出版社，2005年，第4页。
　　②　张旺：《自由主义与社群主义国家观比较》，《江淮论坛》，2002年第2期，第64—68页。

的保障,使自己拥有的知识运用于自己的目的时不受侵害。在这一点上,要说有分歧的话,也是在认可市场经济和宪法法律对个人自由和幸福的无可替代的保障作用的前提下,提出与亚当·斯密的放任经济政策,即靠无形的手来调控市场不完全相同的观点,即主张国家力量适度干预经济生活,宪法法律应对个人享有的权利进行限制等。第三,主张以渐进的方式推进社会的改良。这种主张是基于自由主义者对秩序的看重而生发的。在一种非常态的社会状况下,个人的自由和幸福是无保障的,非常态意味着暴力和战争,意味着市场经济将被战时或国家垄断经济所取代,意味着制度化操作的失灵。因此,主张维持现状,在有序的社会条件下推进社会政治的改良是自由主义的一个基本特征。第四,视宽容或容忍为处事待人的重要价值。自由主义者认为,如若一个人的内心被怨恨、恐惧和复仇所占据,这个人就不会成为一个幸福的人;他的精力和智慧就会因此而不可能全部投放在扩大自己对社会财富的占有上,就会触及法律,最终导致个人幸福的丧失。所以对他人宽容是保障自己自由权利实现的基本条件"[1]。这些特性,实际上是围绕着个人与社会的关系进行的,人们亦正是在对这一关系的认识过程中,赋予了自由主义区别于其他理论的特质。

　　作为英国著名自由主义政治思想家,拉斯基在承续自由主义传统的基础上,立足于时代特征与时代难题,对自由予以独特阐释:"所谓自由权,就是在现代文明中,保障个人幸福所必需的那些社会条件的存在,不受任何限制的意思。"[2]但是,仅"将自由权解释为没有约束……只说到它的纯消极的条件"[3]。其实,自由是积极的事务。拉斯基反对把个人与社会完全对立起来,强调个人对国家和社会的依赖,重视国家的能动作用。拉斯基在坚决维护个人自由的同时,也非常重视平等对自由的意义与价值,强调自由和平等"非唯不相反对,而且相助相成","没有经济安全,就配不上有自由",任何社会如若不平等地分配经济活动的果实,"就会被迫否认自由,这是他存在的规律"。拉斯基反对原子式的个人主义,强调"个人和社会之间有一种互相责任",认为自由必须与民主连襟,民主政府是维护自由的工具和实现自由的手段,其最核心价值即在于限

---

①　闫润鱼:《自由主义与近代中国》,北京:新星出版社,2007年,第39—40页。
②　拉斯基:《现代国家中的自由权》,何子恒译,北京:商务印书馆,1959年,第33页。
③　拉斯基:《现代国家中的自由权》,何子恒译,北京:商务印书馆,1959年,第33页。

制政府的权力、保障公民的权利与自由。而要做到这一点，国家就必须推行民主政治，使人民拥有充分的思想、言论、出版、结社、集会等一系列的自由权，"保障个人人格不受侵犯的条件"①。同时，拉斯基还力倡权力应受限制，认为，权力具有严重的腐蚀性，不加制约与监督的权力始终是自由的敌人，必然会侵犯人们的自由与权利，"在任何国家里，一部分人假使握有无限制的权力，那末受他们统治的人决不会是自由的。因为历史研究的一个确实的结果所昭示我们的教训是：不受约束的权力必然会毒害握有这种权力的人。他们总想将他们自己的道德规范强加在他人的身上，后来便自认为社会得全靠他们继续当权。自由权始终要求限制政治的权力；要达到这一点，就必须使一国的统治者可在必要时被召受质询"②。总之，拉斯基所述自由主义对"个人与社会相辅相成""自由必须与民主连襟""自由必须关注平等""权力必须受到制约与监督"等论点的阐释与弘扬，突破了古典自由主义理论藩篱，通过理论修正把握住时代脉搏，对后世产生了深远的影响。

第二节　费边社会主义

英国是社会主义思想的重要发源地。英国社会主义与自由主义和保守主义等意识形态一样，植根于英国社会和文化传统，具有自身独特的思考理路与理论特质。英国社会主义多种流派并存，从未发展成一种单一的学说，但不可否认的是，费边社会主义是英国社会主义最重要的思想流派。费边社会主义又称费边主义，是英国社会主义团体费边社（Fabin Society）的社会主义思想体系与政治主张。费边社成立于1884年，主要是由具有社会理想的青年知识分子组成的社会主义团体。1883年，托马斯·戴维逊（1840—1900）倡导建立的"新生活同志会"（the fellowship of the new life）是其前身，该组织宗旨是"使每个人都培养成具有十全十美的品德"，并希望按照宗教和伦理的原则实现一种博

---

① 拉斯基：《现代国家中的自由权》，何子恒译，北京：商务印书馆，1959年，第44页。
② 拉斯基：《现代国家中的自由权》，何子恒译，北京：商务印书馆，1959年，第33页。

爱、理智的新生活。弗兰克·波德莫尔(Frank Podmore)等人认为"新生活同志会"的主张既脱离工人群众，也不切社会实际，因而于1884年与"新生活同志会"分离并成立了费边社。费边社以古罗马著名大将费边·马克西姆(Fabius Maximus)名字命名，其实已表明费边社是以"渐进主义"(gradualism)为其核心哲学。费边社的"社铭"是："要像费边与汉尼拔作战那样，尽管许多人指责他拖延时日，他还是极其耐心地在等待时机；一旦时机来到，就得像费边那样，全力出击，否则就白等了一场，徒劳无功"①。费边社在19世纪末曾鼎盛一时，成员超过1000人，多为英国社会上层较为激进的知识分子，其中核心人物有萧伯纳(Bernard Shaw，1856—1950)、悉尼·韦伯(Sidney Webb，1857—1947)、格雷厄姆·华莱士(Graham Walls，1858—1932)、悉尼·奥利威尔(Sydey Olivier)等人。费边社知识分子在深入考察和研究英国政治与经济发展的特点，吸取古典政治经济学、功利主义、自由主义、进化论历史观、社会有机体论和马克思主义等各家学说的基础上，构建了费边社会主义理论的基本框架，提出了一系列费边社会主义的基本主张。

费边社会主义者坚信，社会主义是人类社会更高级的形式，是资本主义发展不可避免的、合乎逻辑的必然结果，是社会进化进程的下一个阶梯，是未来的潮流。他们从"社会有机体论"出发，认为社会处于永恒动态之中，社会有机体的进化过程如同生命有机体的细胞新陈代谢一样，是不停地、逐渐地改变的。在从旧制度渐进地进化为新制度的过程中，"任何时候都无须破坏整个社会组织的连续性或者把整个社会组织突然地加以改变"，"在历史上还找不到乌托邦式的和革命的突变例子"②。鉴于此，费边社会主义反对将社会变革诉诸阶级斗争和暴力革命，而提出了"渐进变革""民主主义的变革""合乎道德的变革""合乎宪法的与和平的变革"等社会变革四项原则。③ 由此，他们公开声称社会主义的实现是逐渐到来的，每天接近一点，而不是通过一场大革命一蹴而就的。虽然拉斯基并不完全否认暴力革命在社会变革中的作用，但正是在费边社会主义的影响下，他主张进行社会改革不仅要符合宪法、符合道德，同时还要争取统治

①　玛格丽特·柯尔：《费边社史》，杜安夏等译，北京：商务印书馆，1984年，第4页。
②　肖伯纳：《费边论丛》，袁绩藩等译，北京：生活·读书·新知三联书店，1958年，第83页。
③　肖伯纳：《费边论丛》，袁绩藩等译，北京：生活·读书·新知三联书店，1958年，第87页。

阶级的同意与合作，从而"在现行的政治和社会制度的基地上建立社会主义大厦"①。

　　费边社会主义对和平渐进式社会改造方案的强调，决定了他们推动社会向社会主义过渡的方法与策略。费边社一方面接受集体主义精神，却又反对过于依靠无产阶级和其他下层群众，认为他们缺少理智和教养，容易走极端，故而"他们不肯把社会改革这个艰巨的事业交给粗鲁的无产阶级单独去做"②，而是希望通过改良的道路，在资产阶级的领导下，在民主的、宪政的框架下完成社会变革的重任。于是，在政治策略上，费边社会主义者认为，"社会主义者"的当务之急是实施"内部穿孔""渗透政策"（permcation），按萧伯纳的定义，就是"在幕后操纵政府，以使社会主义的政策得以通过"。当选议员和争取社会多数，以和平注入社会主义。其含义主要有两点：第一，尽力宣传费边主义，向社会成员和社会团体"注入"费边主义，使一些"重要人物"和政治团体接受他们的社会改革理论，以"改变选举人的信仰"，并争取选票，"夺取州会"。③ 第二，动员和鼓励费边社成员加入工会和其他激进团体，特别要不遗余力地把"社会主义思想与社会主义计划"渗透到自由党人、激进主义者和保守党人等重要人物中去，并争取内阁首领"转向拥护社会主义"，从而使资产阶级国家变成"社会主义性质"的机构。他们还设想，经过长期努力，英国会出现这样的情况：在每个诸如内阁大臣、高级行政官员、大工业家、大学校长等重要人物的身旁，都有一个费边社成员；他们将保证每个要人小心而稳定地沿着费边主义所规定的方向前进。④ 对此，韦伯在理论上进行了详尽的阐述："我们坚定不移地相信我们所谓的渗透政策——那就是说，把社会主义思想与社会主义计划，不仅要注入完全信奉社会主义的人们的思想里，同时也要注入与我们见解不同的人们的思想里——我们不遗余力地不仅在自由党人或激进主义者中进行宣传，也要在保守党人中进行这种宣传；不仅在工会运动者和合作主义者中进行这种宣传，也在雇主们及金融家们中进行宣传。只要有机会，我们就用符合于我们方向的观念和计划向他

　　① 玛格丽特·柯尔：《社会主义思想史》（第3卷上），何瑞丰译，北京：商务印书馆，1981年，第121页。
　　② 中共中央马克思、恩格斯、列宁、斯大林著作编译局编：《马克思恩格斯选集》（第4卷），北京：人民出版社，1995年，第718页。
　　③ 肖伯纳：《费边论丛》，袁绩藩等译，北京：生活·读书·新知三联书店，1958年，第220页。
　　④ 玛格丽特·柯尔：《费边社史》，杜安夏等译，北京：商务印书馆，1984年，第89页。

们进攻。"①针对资本主义社会的种种罪恶和弊端——多数人贫穷、怠惰阶级、人身自由不平等,以及无效率的生产和不公平的分配,费边社会主义提出了"生产资料国有化""分配社会化""管理民主化"的社会改造目标。在生产资料国有化方面,他们深信,生产资料国有化是向社会主义过渡的主要问题,工业组织和生产资料归国家所有,可以消除贫困,缓和社会冲突,实现社会公平与正义。针对资本主义社会分配的不公平,费边社会主义提出了"分配社会化"观点,主张遵循公平分配、机会均等的原则建立新的分配制度,给国民最低生活标准保障必要,以有效消解社会各阶级之间的矛盾和对抗。对费边社会主义者而言,社会主义社会仅有"生产资料国有化"和"分配社会化"是不够的,因为生产与分配问题都需要由适当的机关来管理,否则不仅生产和分配问题难以彻底解决,社会主义经济平等的理想也将成为泡影。因而,"管理民主化"就成为费边社会主义另一改造社会的目标。在他们看来,通过英国传统的政治制度——代议制的不断民主化可以加强社会控制的趋势,使生产、分配、交换纳入有计划的经济体制,从而使国家在民主的前提下对社会经济事务进行统一管理。这样一来,国家的性质就发生了根本的变化,国家不是一个抽象的东西,它是一个执行某些工作的机器,是积极改善人民生活最有利的机构,是人民的代表和委托人。

归纳起来,费边社会主义最基本的思想是把西方社会传统的自由民主政治与社会主义相结合,反对阶级斗争、暴力革命学说,主张在宪政民主的前提下,通过和平渐进的逐步改良方式实现以公有制为基础的社会主义。拉斯基作为费边社会主义后期重要代表,在就读牛津大学时就参与了费边社,在费边社50周年之际还特撰《费边社之沿革》一文以兹纪念。可见,费边社会主义对拉斯基政治思想影响是相当深刻的,可以在某种程度上说,费边社会主义,尤其是其和平渐进式社会变革路径和国有化的国家社会主义思想,事实上成了拉基斯民主社会主义思想的基石。拉斯基承袭了费边社会主义思想的传统与特质,提出了一系列费边社会主义式的政治思想。在社会主义与资本主义的关系问题上,拉斯基认为社会主义是在经济形态、政治形态和文化形态上力图超越资本主义的一种社会形态,社会主义社会唯有确保经济平等和增进人民福利,才能完成对

---

① 肖伯纳:《费边论丛》,袁绩藩等译,北京:生活·读书·新知三联书店,1958年,第32页。

资本主义社会的超越与替代。在社会变革的路径问题上,拉斯基认为实现社会变革的路径有多种,社会主义者应以各自的方式努力为社会主义寻找一条非暴力的、合法渐进的理性路径完成由资本主义向社会主义的过渡;在拉斯基看来,既然社会主义是符合多数人利益的,就应进行一场基于社会各阶级、各阶层普遍同意基础上的"同意的革命",以避免"一种暴政代替另一种暴政"的残酷的流血暴力革命。在社会改造目标上,拉斯基十分关注"生产资料国有化""分配社会化""管理民主化"等问题,他认为,理想的社会主义社会是一种"计划化民主社会",这种社会既不同于传统的资本主义,又有别于现实的社会主义,是介于资本主义(包括法西斯主义)和苏联社会主义之间,试图将西方传统民主与社会主义计划经济相互融合的第三种选择,也可以说是一种把资本主义宪政民主和社会主义经济平等调和起来的新制度;这种新制度既可以保留资本主义的政治"民主",又可以摈弃社会主义的"专制",是一种自由、平等与公正的民主社会主义制度。这些思想不仅发展了费边社会主义理论,也为民主社会主义思想奠定了扎实基础。

第三节　经验主义

经验主义(empiricism)是一种建立在将经验作为知识来源基础上的哲学思维和方法。经验主义的特征是以观察所得的事实为基础,做出对事物的判断,认为人的一切知识都来源于感性经验。对于社会政治问题,经验主义重视现实中的经验、传统,主张以客观现实与历史经验为出发点渐行渐近,"一寸一寸地前进""螺旋式上升",注重传统,尊重经验,关注行为结果,偏重现实主义道路。哈耶克就曾倡言:"如果对于业已发展起来的各种制度没有真正的尊重,对于习惯、习俗以及'所有那些产生于悠久传统和习惯做法的保障自由的措施。缺乏真正的尊重,那么就很可能永远不会存在什么真正的对自由的信奉,也肯定不会有建设一自由社会的成功努力在,这似乎很矛盾,但事实可能确实如此,因为一个成功的自由社会,在很大程度上将永远是一个与传统紧密相连并受传统制约的社会"①。也就是说,在经验主义政治思想家看来,"经验主义政治思想认为在实际的政治生活中不应该脱离现实,应注重对现实信息的反馈和对现实材料的归纳运用,注重人类的经验传统,如若忽视经验的累积与传承,就有可能断裂人类文明的进程,导致人类社会的专制与暴政,从而把人类推向奴役之路;反之,如若只注重经验,忽视理论的创新与运用,则会由于缺乏对于人的自尊和抱负的诉求,使人类社会缺乏激情,使政治理论黯然失色,从而使其传播变得举步维艰"②。

　　"经验主义深深扎根于中世纪以来的英国思想传统中,实践的或经验的理性主义一直是英国理性思想发展的主流。"③正是这种经验理性,使英国人的思维特质和观念氛围由于其内在的多元兼容性质而独具特色。正如罗素评价的那样:"他们的金字塔基底落在观测事实的大地上,塔尖不是朝下,而是朝上的,因此是稳定的,什么地方出个裂口可以修缮而不至于全盘遭殃。"④埃德蒙·金亦明确指出:"从历史上讲,英国的经验主义是一次进步的运动。经验主义强调的是以变应变,鼓励人们自愿开展实验,也能够容忍其他人的实验。因此,英国人的政治观点和教育观点并不像一些宣言那样,今天由这次革命强行公布,明天则由反革命强行撕毁。但这些观点往往是一些有待实证的短期的和实际的试验,如果行不通,则注定要被抛弃。"⑤同时,"英国人对任何未被经验证明的事物,都习惯于用一种冷淡的、漠然的态度对待,决不像有些民族那样轻易地热烈拥抱一种新理论或扑向一种新事物"⑥。正是这种经验主义传统,使得英国人在考虑和处理问题时,首先想到的不是经典或权威,而是面向实际需要,从对事物本身的研究中寻找答案,他们的经验主义思维方式具有以下特点:"(1)崇尚经验,注重实证;(2)富于怀疑精神,即不轻易接受新异的理论或方法,因为它们未经实践验证;(3)讲求效用,即凡事注重实际效果,反对空洞的观念;(4)注重审

①　弗里德利希·冯·哈耶克:《自由秩序原理》(上),北京:生活·读书·新知三联书店,1997年,第71页。

②　焦霞:《经验主义政治观与理性主义政治观》,《安顺学院学报》,2011年第3期,第78—81页。

③　钱乘旦:《在传统与变革之间——英国文化模式溯源》,杭州:浙江人民出版社,1996年,第240页。

④　伯兰特·罗素:《西方哲学史》(下),马元德译,北京:商务印书馆,2004年,第177页。

⑤　埃德蒙·金:《别国的学校和我们的学校——今日比较教育》,王承绪、邵珊等译,北京:人民教育出版社,2001年,第176页。

⑥　钱乘旦:《在传统与变革之间——英国文化模式溯源》,杭州:浙江人民出版社,1996年,第345页。

慎的试验,反对剧烈变革。"①

正是在经验主义思维模式和思想传统影响下,拉斯基政治思想具有明显的经验主义倾向,拉斯基也由此成为一位注重实际的政治思想家。拉斯基"奉洛克派之'经验论'与詹姆斯(William James)之'实验论'为圭臬"②,推崇经验主义的研究方法,注重现实、尊重历史、持重传统,反对把理论原则作为研究的出发点。拉斯基认为:"人生行为中并无先天之真理;一切厉害、甘苦、是非皆由自身之经验中体会得来。且生活之现状与环境,随时变迁;吾人欲图生存,亦中有取一前后一致之实验态度,承认一切社会组织之原则,不能于吾人认为具有先天绝对真理之逻辑中得之,而当于个人经验中求之也。"③因此,拉斯基常常呼吁建立一种新的归纳性政治哲学,不断重申"政治哲学,按其本性,是实用主义的"④;并告诫人们,在从事科学研究与调查工作时"不要形成教条主义世界观,对事物的判断要以他们在社会生活中的有用性为依据"⑤。对于拉斯基而言,没有停滞的思想,没有稳定的理论,没有脱离于行动与历史的政治理论,他愿意使他的思想适应不断变化的政治危机与时代嬗变。所以,拉斯基不是一个空想主义思想家,而是一个不折不扣的实用主义者。他总是愿意承认自己的错误和根据变化了的政治和经济状况修改他的政治思想,而且这种态度贯穿于拉斯基一生的政治思想和现实活动,至死不渝。

---

①　易红郡:《经验主义传统对英国教育的影响》,《贵州师范大学学报》(社会科学版),2009 年第 3期,第 106—109 页。

②　萧公权:《拉斯基政治思想之背景》,《清华学报》,1932 年第 2 期,第 1—18 页。

③　萧公权:《拉斯基政治思想之背景》,《清华学报》,1932 年第 2 期,第 1—18 页。

④　Michael Newman. Reputation: Harold Laski Today. *Political Quarterly*, 1996, 67(3): 229-238.

⑤　http://yabaluri.org/TRIVENI/CDWEB/political philosophy of h j laski jan63.htm.

第三章
自由与民主:拉斯基政治思想的逻辑原点与价值基础

拉斯基并非书斋式的政治思想家,他秉持了英国人遵循经验主义、务实重行的特质,具有强烈的入世情怀,其政治思想不落抽象理论的窠臼,总是设法寻求理论阐释与社会现实的契合点,具有强烈的务实色彩,一直处于不停变革与修正之中。这种与时推移或曰流变性的特点告诫我们,评价一位政治思想家的标准必须是多维的。但是要客观、公正而务实地评价其政治思想,又必须对其有一个系统把握与全面了解。而要有系统把握与全面了解,首先必须洞悉其政治思想的逻辑原点与价值基础。据论者研究,拉斯基政治思想虽然庞杂、多变,但是在其政治思想底层始终有一条不变的基线,这条基线就是毫不妥协地"尊崇自由、捍卫民主、守护公正",始终追寻着自由民主的理路。可见,自由与民主是拉斯基政治思想的逻辑原点与价值基础。因此,要想切实理解拉斯基政治思想,尚需明了其政治思想逻辑原点与价值基础。

第一节 自由与平等之间:拉斯基自由思想

自由主义是现代西方最重要的政治思潮之一,是居于主导地位的意识形态和思想体系。自由主义,尤其是危机时代的自由主义,向来是政治思想家们着力探讨的核心课题。自由主义"是所有哲学反思的真正核心:它是形而上学和神学的核心,就如同是伦理学和社会政治哲学的核心一样。自由主义由于它对个人自由的显著价值非常强有力的肯定,至少在两个世纪的时间里一直是现代政治哲学和经济学讨论的中心。"①作为 20 世纪前期英国自由主义政治思想的重要代表人物,拉斯基对自由主义也予以重点研究与阐释。

一、自由主义式微

19 世纪是自由主义理论与实践的黄金时代。约翰·格雷曾明确指出:"19世纪的欧洲尤其是 19 世纪的英国具体体现了一个自由主义文明的历史范式。"②拉斯基也认为:"19 世纪是自由主义大获全胜的时代。从"一战"爆发前的滑铁卢战役以来,历史上尚无任何其他学说能有如此权威的声音,产生如此广泛的影响。"③这些看法清晰阐明贯穿整个 19 世纪的自由主义思想"创造出来的世界,范围之广即使是对像亚当·斯密这样的缔造者来说也是一件匪夷所思的事情"④,它"超越宗教和政治的光谱,几乎为所有的政治阶层所接受"⑤,"一直都主宰着整个欧洲的思想界"⑥,无论在经济还是在政治领域,都奉行自由主义和自由主义政策。

然而,随着 19 世纪末期资本主义以自由竞争阶段过渡到垄断阶段后,以自由放任为主要特征的自由主义思潮未能继续保持强盛势头,日趋衰落,"似乎到处都处于退却的态势"⑦。自由放任政策和工业化所带来的贫富差距、阶级分化等社会问题日益突出,19 世纪后期任英国首相的本杰明·迪斯累利就曾指出,穷人和上层之间几乎是"两个民族":"他们之间没有往来、没有同感;他们好像不同地带的居住者即不同星球上的居民,不了解彼此的习惯、思想和感情;他们在不同的繁育情况下形成,吃不同的食物,按不同的生活方式生活,不受同样的法律支配……富人和穷人。"⑧"人民的生活状况"开始逐渐取代了"个人自由"成

---

① 应奇、刘训练:《公民共和主义》,北京:东方出版社,2006 年,第 7 页。
② 约翰·格雷:《自由主义》,曹海军、刘训练译,长春:吉林人民出版社,2005 年,第 39 页。
③ 拉斯基:《思想的阐释》,张振成、王亦兵译,贵阳:贵州人民出版社,2001 年,第 239 页。
④ 拉斯基:《思想的阐释》,张振成、王亦兵译,贵阳:贵州人民出版社,2001 年,第 239 页。
⑤ 约翰·格雷:《自由主义》,曹海军、刘训练译,长春:吉林人民出版社,2005 年,第 41 页。
⑥ 拉斯基:《思想的阐释》,张振成、王亦兵译,贵阳:贵州人民出版社,2001 年,第 242 页。
⑦ 李强:《自由主义》,长春:吉林出版集团,2007 年,第 111—112 页。
⑧ 斯塔夫里阿诺斯:《全球通史:1500 年以后的世界》,吴象婴等译,上海:上海社会科学院出版社,1995 年,第 307 页。

为政治领域的中心议题,"无论在国内还是国外,那些代表自由主义思想的人都遭到了毁灭性的失败。但是在许多种值得忧虑的事由中,这是最不重要的一种。如果自由主义者是失败了,自由主义的命运似乎更惨。它正在对自己失去信心。它的使命似乎已经完成。这种信条好像正在僵化失效,变成化石,十分尴尬地失去两块非常积极有力活动着的磨石——上面一块是财阀帝国主义,下面一块是社会民主主义。这两派人好像在对自由主义说:'我们对你了解得十分透彻,我们已经钻进你的身体,从另一头出来。你是可尊敬的陈词滥调,老是科布登和格莱斯顿啊、个人自由啊、民族自由啊、人民当家做主啊,唠叨个没完。你讲的那一套并不是完全不对,但它是不真实的,令人厌烦的。'两派人异口同声地这样说;'你的那一套过时了',帝国主义和社会主义官僚最后说;'这不是面包和黄油',社会民主党人最后说"[1]。这意味着19世纪末期古典自由主义的基本原则与哲学面临着严峻考验和强力挑战,非自由主义的因素正在日益增长。

尤为重要的是,历史跨入20世纪以来,随着垄断资本主义的强化、法西斯主义的猖獗、俄国十月革命的胜利,尤其是资本主义经济大萧条的爆发,表明资本主义旧文明业已危机四伏。在这种情况下,古典的自由主义日益失去昔日的辉煌与影响。事实证明,自由主义者虽然提出种种应对方案,但均无法解决资本主义制度所产生的尖锐的社会矛盾,更不能防止和消除资本主义经济危机。在危机面前,自由主义内部派别林立,争吵不休,使人们对其信条怀疑日深。马克思主义者反对自由主义,因为自由主义只想修补资本主义制度而反对无产阶级革命。新起的代表垄断资产阶级利益的法西斯主义者反对自由主义,因为自由主义要求限制垄断资本的为所欲为和法西斯独裁。保守主义者反对自由主义,因为自由主义要改变传统秩序,为激进主义打开大门。总之,20世纪是"有史以来最糟糕的一个世纪"[2]:在这个世纪里,发生了空前规模的人间浩劫——两次世界大战,纳粹德国的暴政、集中营,以及斯大林的专制,使个人的自由和尊严受到最为严重的伤害。在这种情况下,古典自由主义若不根据变化了的历史情境修正自己的理论,那它的分裂和衰落就在所难免了。

---

① 霍布豪斯:《自由主义》,朱曾汶译,北京:商务印书馆,1996年,第108页。
② 伊格纳季耶夫:《伯林传》,罗妍莉译,南京:译林出版社,2003年,第418页。

正是在如是社会现实下，自由主义已经无法适应变化了的、复杂的社会需要，如何改造古典自由主义以使其适应新的社会环境，而这些改造又应该基于什么样的原则，就成为摆在思想家面前的迫切问题。在这样的时代和思想背景下，作为新时期自由主义的著名人物，拉斯基打破古典自由主义的理论框架，提出符合时代特点和需求的自由主义思想，希冀通过自身努力为自由主义的完善与发展找到一条切实可行的路径，最终实现自由主义的目的与理想。

二、自由与平等之间：自由思想的重构

（一）重释自由的概念

虽然自由主义是现代西方占主流地位的政治思潮，但是对于何谓自由主义，学者和思想家从不同的立场如政治、经济、法律、道德、宗教与哲学等出发或者从个人与国家（或社会）关系出发，给予了各种不同的解答。安东尼·阿伯拉斯特（Anthony Arblaster）认为："对自由主义下定义绝非易事，因为自由主义不应被看作由一组不变的道德和政治价值所构成的固定和抽象的术语，而应被视为肇始于文艺复兴和宗教改革的现代观念所激发的特定历史运动。因为在其发展的过程中历经诸多变迁，所以自由主义学者之间的论点并不完全相同。"[1]伯纳德·克里克（Bernard Crick）亦指出："自由主义的概念如此重要，以至于我们不愿对其做出准确的定义，因为我们想要将它应用到我们所珍爱的一切事物之中。"[2]可见，自由主义在研究者中很难达成一致共识，存在着重大的分歧。作为自由主义的核心概念，"自由"也面临着同样的难题。针对 20 世纪上半叶自由民主危机，秉承密尔以来新自由主义思想的拉斯基，在坚守古典自由主义核心理念（诸如宪政主义、法律主治、言论自由等）的基础上，对自由的概念与自由主义的理论基础进行了重新阐释与界定。

在《现代国家中的自由权》一书中，拉斯基对何谓自由进行了界定，认为："自由权，就是在现代文明中，保障个人幸福所必需的那些社会条件的存在，不

---

[1] Anthony Arblaster. *The Rise and Decline of Western Liberalism*. Oxford: Basil Blackwell, 1984:10-11.

[2] Bernard Crick. *Political Theory and Practice*. London: Allen Lane The Penguin Press, 1971:37.

受任何限制的意思。"①由此可以看出,拉斯基承续了古典自由主义对自由的传统定义,强调,"自由权主要是没有约束",亦即言之,"个人有扩展的权力,可以选择自己的生活方式,而不受外来强加的禁止"②。但是,在拉斯基看来,"将自由权解释为没有约束,当然,只说到它的纯消极的条件"。其实,自由是积极的事务,自由并不意味着可以为所欲为而不受限制。他不赞成"一个人所受于他所从属的社会的约束愈少,他的幸福也就愈多"③的观点。他认为,在现代社会里,人数众多的压力和欲望的纷杂,都使规则和强迫成为不可缺少,"强人守规则,非即处于不自由。人类行为,因其为公共利益计,从而禁止之,此不得谓为自由之侵犯"④。实际上,为公共利益而实施的规则和强迫其实是对自由的一种保障,其"绝不会使自由的意义有任何减少","自由和必要的权力之间达成适当的平衡,好使普通人明确地感到他有不断表现自己的个性的余地"⑤。

可见,拉斯基所倡导的自由,是个人"免于束缚"的自由,更是个人的自由发展与最完善自我的实现。具体言之,其主要包含如下意涵:

首先,自由是个人不断创新的意志。拉斯基强调:"自由的实质在于我所谓的不断创新的感觉,在于确信我们每个人,哪怕卷入一个超越我们的私人目标之上的社会目标,也仍然能够为它做出独特贡献。简言之,自由是知道我们每个人既是手段又是目的,知道社会上有着使我们能够做出自己的选择、拿自己做实验的余地。"自由"来源于感到我们有权加以细察的广阔天地,感到出人头地的无限机会"⑥。同时,"社会上各种制度的作用使一个人抱有一种创造性的希望,鼓励他去完成一项使他感到有重要意义和欢欣鼓舞的事业,那么这个人在社会上就是自由的了"⑦。

其次,平等是自由权得以实现的重要条件。拉斯基认为,阿克顿(Acton)"平等的需求,会使自由的希望成为泡影"的名言是对自由与平等关系的误读。

---

① 拉斯基:《现代国家中的自由权》,何子恒译,北京:商务印书馆,1959年,第33页。
② 拉斯基:《现代国家中的自由权》,何子恒译,北京:商务印书馆,1959年,第33页。
③ 拉斯基:《现代国家中的自由权》,何子恒译,北京:商务印书馆,1959年,第34页。
④ 拉斯基:《政治典范》,张士林译,北京:商务印书馆,1931年,卷上二,第75页。
⑤ 拉斯基:《现代国家中的自由权》,何子恒译,北京:商务印书馆,1959年,第34页。
⑥ 拉斯基:《论当代革命》,朱曾汶译,北京:商务印书馆,1965年,第380页。
⑦ 拉斯基:《论当代革命》,朱曾汶译,北京:商务印书馆,1965年,第380页。

自由与平等并非决然对立，"自由和平等非唯不相反对，而且相助相成。人们在一种暴政之下，可能一般是平等的，但不自由"①。而且，一般而言，"一个国家的平等程度愈高，我们就更能行使我们的自由"②。因为，不平等意味着，有些人享有特殊权益，其他人不得享受。因此，"在任何国家，要使自由权能够向着指定的目标进行，重要的条件是必须有平等"③。由此，拉斯基强调自由必须为社会全体成员平等分享，并主张在保持个人自由的前提下实现广泛的社会经济平等、建立公平公正的社会秩序。

最后，个人与社会是相辅相成的。与古典自由主义把个人同社会割裂、否认社会利益的存在不同，拉斯基反对把个人与社会完全对立起来，强调个人对社会和国家的依赖性。拉斯基认为："说脱离社会的个人能在社会环境之外享有自由，是毫无意义的，这种说法是正确的。"④其实，自由权"必须在种种利害相反相成的漩涡中，由近乎奇迹的方法所达成的合理调整中来实现"。也就是说，"我们自由，并非为自己，而是为使我们获得生活意义的社会"⑤。由此，拉斯基断言，个人与他人是相互依存的，离开他人和社会，个人不可能获得真正的自由。

从拉斯基对自由内涵的阐释中，我们不难看出：拉斯基提出了一种适应时代需要的、具有积极意义的自由概念。这些新内涵主要体现在以下几个方面：首先，自由本质上是一个社会概念，个人自由存在于社会关系之中，个人自由的内容和行为必须对他人有益；其次，自由应该为所有社会成员平等分享，否则就不是自由而是特权；第三，自由不是绝对的、无条件的，自由必然包含着一定程度的约束或强制，没有一定程度的约束或强制就没有真正自由。总之，与古典自由主义"自由"概念相比，拉斯基"自由"概念并非是对古典"自由"概念的否定，而是一种承续、修正、补充和发展，是以新的方式继续追求自由主义的核心目标个人自由与社会发展。

---

① 拉斯基：《现代国家中的自由权》，何子恒译，北京：商务印书馆，1959年，第35页。
② 拉斯基：《现代国家中的自由权》，何子恒译，北京：商务印书馆，1959年，第36页。
③ 拉斯基：《现代国家中的自由权》，何子恒译，北京：商务印书馆，1959年，第35页。
④ 拉斯基：《现代国家中的自由权》，何子恒译，北京：商务印书馆，1959年，第38页。
⑤ 拉斯基：《现代国家中的自由权》，何子恒译，北京：商务印书馆，1959年，第37页。

（二）自由主义思想的基本内涵

自由是自由主义最核心的价值与原则,围绕自由的种类、自由的保障,自由与权利、自由与平等、自由与政府、自由与服从的关系展开的阐述,构成了拉斯基关于自由主义最基本的解释框架,显示了拉斯基对自由主义的独特认知,也是拉斯基自由主义思想区别于其他自由主义思想家的重要标志。

1.自由的种类与保障

在自由概念新阐释基础上,拉斯基把自由分为三大类:(1)私人的民事自由;(2)政治自由;(3)生计自由(经济自由)。[①]

私人的民事自由是在与个人的生活有关的一般领域(如契约关系和社会关系)的个人选择自由,选择的"一切的结果只有我一人独受其影响",还有个人的财产、人身、名誉不受侵害。拉斯基认为,在所有私人的民事自由中,宗教信仰自由是最为恰当的代表。他指出,假如某个国家发布一道命令称,对信仰某种宗教的人处以刑罚或禁止其享受某种政治利益,那么,人们"信仰之选择为不自由"[②],也就意味着对人民自由的侵犯。然而,在复杂的现代国家中,人们的人身自由往往以更为巧妙的方法所侵夺。如法庭之中,虽然号称法律面前人人平等,然而,"贫民之力,不能邀合法保护之宽典,则人身自由为之剥夺矣"[③]。他列举了许多穷人不能获得司法保障的例子,如离婚法常为富者所引用而获得种种便利,而贫者却受其亏;又如贫者无法担负巨额保证金或聘请适当的律师为自己辩护,等等,都是对人们人身自由的侵犯。由此,拉斯基断言,所谓人身自由,"指关于人生中一己最切最密之地言之。此人身最密切之地,应令人人得充分发展其所谓自我"[④]。

政治自由是指人民参与国家事务的权利。人民对于国家事务可以随时自由地运用其心思而无所顾忌,并且无阻地把自己的经验与大众的经验相融合。这显然包含着个人发表意见的自由,和与他人聚集在一起共同讨论的自由。拉斯基认为,政治自由的实现必须具备两个条件:第一是公正的教育,也就是说:

---

①　拉斯基:《政治典范》,张士林译,北京:商务印书馆,1931年,卷上二,第80页。
②　拉斯基:《政治典范》,张士林译,北京:商务印书馆,1931年,卷上二,第80页。
③　拉斯基:《政治典范》,张士林译,北京:商务印书馆,1931年,卷上二,第80页。
④　拉斯基:《政治典范》,张士林译,北京:商务印书馆,1931年,卷上二,第81页。

"我所受教育程度，应使得我心意之所欲言，随时发表于外，旁人亦得而了解之。"①教育权利被剥夺，不仅使人们"没法知道怎样有效地陈述他的要求"②，而且"剥夺了他运用自由权以达到伟大目标的力量"，从而"不可避免地将他变成了比他幸运的人的奴隶"。③然而，现行教育制度与紧迫的教育需求也存在巨大鸿沟，"富者之教其子弟，在养成其统治之习惯，贫者穷者之子弟在尊敬他人服从他人而已"。这种专以受命为宗旨之教育，绝对不可能产生自由之国民，更遑论国民的政治自由。因此，解决之道只能是，"教人之方，应先令人之曰，汝他日负治国之责，负运用此制度之责，今之所学，以未来责任为目标，则二者互相冥合矣"。可见，拉斯基把教育看作政治自由的先决条件，认为"现代人的教育权利对于他的自由来说就成为基本的东西"④。政治自由的第二个条件是提供正确可靠的政治信息，即"国中新闻供给方法，贵于诚直坦白"⑤。政治自由的意义就是人民能够决断国家政策的权力，然而他们的决断一定要根据正确的资料，不然非但决断毫无意义，而且极易遭受恶意欺骗。而且，今日文明复杂万端，再加上人们所接触的事实，是无数的和错综复杂的，人们也没有足够的时间"按事而考核"，所以，"新闻来源之可恃与否，全关重要"⑥。假使人民所要判断的问题并不是所谓事实的不同看法问题，而是根本上就是那些未经考察、完全出于捏造的神话，再加以歪曲的东西，那么想下判断的公众就是不自由的。也就是说，人民若得不到负责而诚实的新闻，则"国民之自由，亦为无源之水"⑦。总之，在拉斯基看来，要使政治自由得以实现，一方面必须改造不平等的教育制度，另一方面国家也应负责地供给公民以诚实可靠的新闻资料，否则人民的政治自由只能是梦中幻影而已。

生计自由（即经济自由）是指每个人有谋求生计、劳动、经营企业、消费的自由。生计自由首先必须确保人们的生计安全，也就是说，今日有工作的人，要使

---

① 拉斯基：《政治典范》，张士林译，北京：商务印书馆，1931年，卷上二，第81页。
② 拉斯基：《现代国家中的自由权》，何子恒译，北京：商务印书馆，1959年，第141页。
③ 拉斯基：《现代国家中的自由权》，何子恒译，北京：商务印书馆，1959年，第34—35页。
④ 拉斯基：《现代国家中的自由权》，何子恒译，北京：商务印书馆，1959年，第34页。
⑤ 拉斯基：《政治典范》，张士林译，北京：商务印书馆，1931年，卷上二，第82页。
⑥ 拉斯基：《政治典范》，张士林译，北京：商务印书馆，1931年，卷上二，第83页。
⑦ 拉斯基：《政治典范》，张士林译，北京：商务印书馆，1931年，卷上二，第83页。

其明日没有失业之忧；今日所得收入，须使其明日不至日不敷出，"人能免此忧虑，庶几一人之精力不至消耗以尽"，人们的人格才有发展的余地，人们的智力和能力才能"表现于生产事业之中，同时为我对于人类生活恢宏之贡献"。① 如果不如此，人们"常为受命之人，而绝不容其抒发意见，则此辈之劳力，犹之买卖之货物，与煤炭靴履桌椅等耳"。"人内不免于仰事俯育之苦，外不能发挥其所长，绝非自由之民也，其胜于朝夕易主之奴隶几何乎"。② 换句话说，生计自由之实现，工业民主是前提，这包含着两重含义：第一，"工业管理，应立于公民所应享之权利系统之下"。这就是说，在管理工业及执行工业的时候，都应以公民的权利为前提；第二，"工业管理，应有共守之规则，而其规则出于公义，不出于强迫"。③ 没有工业民主，势必使人们创造能力决不会出诸其个性的自由的表示，而只能在挨饿耐冻的情形之下，"消磨其身心于重规叠矩之中"，成为以恐惧所迫成的东西而已。所以，在以恐惧心为基础的工业制度之下，"必不能发展人民创造之天才，更于自由之义两不相容者也"④。

由上述可知，在拉斯基看来，自由主要可以分为人身自由、政治自由、生计自由三大类，即人们在生活范围内有选择的机会，在政治上有参与的机会与能力，在经济上有不断赢得收入而维持其生活的机会。然而，拉斯基强调，自由主义绝非空洞与抽象的概念，如何保证自由的实现，是自由主义者应更加予以关注的问题。也就是说，仅仅宣称人们拥有自由是不够的，欲求自由的实现与普及，"非有特种保障之法不可"⑤。对于具体的保障与落实的办法，拉斯基主要从反对特权、以法治限定权利、减少政府的偏私行为等方面予以阐述。

第一，每个人应该有获得权力的同等机会，在有特权的地方就不能有自由。拉斯基倡言："同为人类，同享自由，特权之专属于一部人者，与自由之义，绝不相容。"⑥"凡存在着特殊权益或多数人专制的任何社会，就存在着对自由的危

---

① 拉斯基：《政治典范》，张士林译，北京：商务印书馆，1931 年，卷上二，第 83 页。

② 拉斯基：《政治典范》，张士林译，北京：商务印书馆，1931 年，卷上二，第 83 页。

③ 拉斯基：《政治典范》，张士林译，北京：商务印书馆，1931 年，卷上二，第 84 页。

④ 拉斯基：《政治典范》，张士林译，北京：商务印书馆，1931 年，卷上二，第 84 页。

⑤ 拉斯基：《政治典范》，张士林译，北京：商务印书馆，1931 年，卷上二，第 84 页。

⑥ 拉斯基：《政治典范》，张士林译，北京：商务印书馆，1931 年，卷上二，第 87 页。

险。"①特殊权益妨碍着从没有约束的状态中产生出来的能力的运用。特殊权益的存在，必然将公民排除于社会行动的利益之外，也容易使社会行动的天平，倾向特权者方面。自由与特权之间，存在着此消彼长的关系，"我们每向自由前进一步，也就是向特殊权利的平等化走近了一步"②。

第二，任何团体都不得剥夺公民的权利，如若权利没有保障，就不可能有自由。拉斯基深信，权利不因他人之喜怒而存废，治者与被治者都得遵守国家的公共规则，"若受治者守，治者不守，则不得谓为法治，而权利终无保障"。全国之内，无论哪一部分人都不能随意侵犯他人的权利。公民的权利和义务，经常受社会财富分配状况的影响。人们若仅仅享受政治自由，"而生计自由之不存，终使吾人一身以内种种行动之平均发展，成梦想耳"。所以，国家（政府）应对侵犯公民权利的行为予以监督，防止公共规则执行各异，以使人民"尽在一视同仁之列"③。当然，政府监督，并不意味人们的生活随时随地受政府干涉。既然政府操纵着他人的命运，其"一行一动，自不能不自权力限制之视线下，从而处置之矣"④。这就是说，社会的行为，应有系统之规划，扫除而廓清"其不可必者，使人类易于相安"，"全社会能平均发达"，⑤如此我们才能实现权利、获得自由。

第三，国家行动与政策措施应该不偏不倚，如若国家权力经常为既得利益集团所掌握，其政策措施就难以公正无瑕，自由就会受到侵害。拉斯基承认，国家无所偏私是很难做到的理想，因为，"一团体之中，其分子之性质至不一，各人利益之种类至不一，智力之高下至不一，所作为之大小又至不一，此种种之人，各欲以国家权力拥护其个人之特殊利益"。我们所能做的，"惟有确立权利系统，规定人我相与之际，使偏私降至至少限度而已"，从而使国家权力不至为少数人所滥用，而给个人自由以保障。减少政府的偏私行为的唯一方法就是使权利不致任意被摧残，"国民对于政府，有不当意处，立起而责备之，力争以撤销之，则偏私之弊自少矣"⑥。如果没有了权利，我们也就失去了公民的资格了。

---

① 拉斯基：《现代国家中的自由权》，何子恒译，北京：商务印书馆，1959年，第34页。
② 拉斯基：《现代国家中的自由权》，何子恒译，北京：商务印书馆，1959年，第127页。
③ 拉斯基：《政治典范》，张士林译，北京：商务印书馆，1931年，卷上二，第87页。
④ 拉斯基：《政治典范》，张士林译，北京：商务印书馆，1931年，卷上二，第87页。
⑤ 拉斯基：《政治典范》，张士林译，北京：商务印书馆，1931年，卷上二，第87—88页。
⑥ 拉斯基：《政治典范》，张士林译，北京：商务印书馆，1931年，卷上二，第88—89页。

2.自由与权利

权利是近代政治哲学的核心范畴之一,也常被认为是个人能够有尊严生活的前提。拉斯基认为,权利与自由,"有先后递生之关系,既有权利,自由随着而生"①。权利之所以为权利,以其适合于国家所欲达之目的而已。国家是为保障人民权利而存在的,评判一个国家是善还是恶、是专制还是民主,须"视其所以贡献于人民幸福之实质为如何"而定。② 当国家不以人民权利与幸福为前提时,它就没有存在的理由,也就没有具备被人称作国家的资格。国家唯有赋予公民以自由,才足以解放个性,并促使他们把其独得的经验贡献于大众;也才能使政府决策之时,"本于全国人共同知识之参加";也唯有如此,"人民之创造行动,自不止阻滞,而各人之特长,得以表现于社会"。所以"权利不存,即无所谓自由"③。

那么,何为权利? 拉斯基通过驳斥四种权利观予以解答:首先,权利不是对"古代已沦亡之遗产之恢复"。实际上,权利不是一成不变的,而是随着历史、社会的发展而发展。"历史上绝无所谓黄金时代,为吾人所得复归"。近代国家,"所以保护人民者,实为前世所仅见,非他时代所得而比拟"④。其次,权利不是某一时代社会所潜伏的自然秩序的反映。因为"以现时科学进步之速……此类秩序,非历久不变者也"⑤,没有人能断言,"盎格鲁萨撒逊之英伦与 20 世纪之英伦同",所以自然秩序有一种不变的原则,"曰变而已",也就是说,"自然秩序者,实则无地无时不因其用之适与不适而为之一变"。⑥ 再次,权利也不是"满足欲望之权力"。社会的成立,虽然以满足欲望为动因,但是欲望之中,有善恶、有正当与不正当之分,决非立于同一地位,应该视其结果而定之。在某种意义上说,"正当生活之第一条件曰安全,为求安全计,不能不节制欲望"⑦。所以,权利非但不是满足欲望的权力,而是用来抑制欲望的。最后,权利也不是"国家所承认

---

① 拉斯基:《政治典范》,张士林译,北京:商务印书馆,1931 年,卷上二,第 74 页。
② 拉斯基:《政治典范》,张士林译,北京:商务印书馆,1931 年,卷上二,第 1 页。
③ 拉斯基:《政治典范》,张士林译,北京:商务印书馆,1931 年,卷上二,第 74 页。
④ 拉斯基:《政治典范》,张士林译,北京:商务印书馆,1931 年,卷上二,第 2 页。
⑤ 拉斯基:《政治典范》,张士林译,北京:商务印书馆,1931 年,卷上二,第 2 页。
⑥ 拉斯基:《政治典范》,张士林译,北京:商务印书馆,1931 年,卷上二,第 2 页。
⑦ 拉斯基:《政治典范》,张士林译,北京:商务印书馆,1931 年,卷上二,第 3 页。

之名分应得者"。① 拉斯基认为,权利是国家承认的人的要求的观点,是纯法律家之观察,因为"法律虽出于立法者之意志,然法律之所以成,非仅恃立法者区区之意,其意志之后,另有动力,而此动力之反映,乃法律所以成为社会之必然的关系也。"②实际上,权利是客观存在的事实,权利的根据在国家之外,在个人实现自我的需要之中,任何公民享有平等的权利,不能赋予一部分人以特殊的权利,"权利……即为我设定我之最善我发展之条件"③,而且权利亦不因时因地因人的喜怒哀乐而发生变化。

拉斯基在否定上述四种权利观的基础上,提出了自己的权利定义:权利为公民获得完美的自我实现的必要条件权,"权利云者,社会生活之要件,不外各人得实现其最善之自我所不可或缺之条件而已"④。权利为全体人民所共享,无论其能力强弱、智力高低和地位尊卑,"凡国民所提关于最善自我之发展之要求,不问提出者为谁,其价值等同"⑤。也就是说,人们的权利,并非"空漠之要求权","权利之功用即对于一切国民有益之谓耳"⑥。而且,权利的享受,可以"使万殊之个性,明滋暗长,以图社会生活之分途发展"⑦。但是,人们必须明白,权利与义务应相互并论,"既有权利之可享,斯有义务之当尽"⑧。人之所以有权利,因为我们是国家的一分子。权利"实与社会俱生"⑨,决不能脱离社会而存在。人们要求他人不得无故侵犯自己的权利,他也同时不得无故去侵犯他人。所以,拉斯基说:"一举一动尽如己意之权利可得乎,曰否。我所以享权利,即已我之职掌与社会之关系为基础。我之名分应得者,即我之所求,与职务之执行至有关系。"⑩所以,我们对于国家的要求,有非承认不可者也,即以公共利益为依归。也就是说,权利和义务、责任是统一的,个人不能只追求自身的权利,而

---

① 拉斯基:《政治典范》,张士林译,北京:商务印书馆,1931年,卷上二,第3页。
② 拉斯基:《政治典范》,张士林译,北京:商务印书馆,1931年,卷上二,第4页。
③ 拉斯基:《政治典范》,张士林译,北京:商务印书馆,1931年,卷上二,第9页。
④ 拉斯基:《政治典范》,张士林译,北京:商务印书馆,1931年,卷上二,第25页。
⑤ 拉斯基:《政治典范》,张士林译,北京:商务印书馆,1931年,卷上二,第6页。
⑥ 拉斯基:《政治典范》,张士林译,北京:商务印书馆,1931年,卷上二,第6页。
⑦ 拉斯基:《政治典范》,张士林译,北京:商务印书馆,1931年,卷上二,第25页。
⑧ 拉斯基:《政治典范》,张士林译,北京:商务印书馆,1931年,卷上二,第26页。
⑨ 拉斯基:《政治典范》,张士林译,北京:商务印书馆,1931年,卷上二,第8页。
⑩ 拉斯基:《政治典范》,张士林译,北京:商务印书馆,1931年,卷上二,第9页。

不顾社会的公共利益,他把这一点称为"自效",即个人一举一动,应该为社会公认为有价值和有意义。

拉斯基认为,权利并不是固定的东西,它的范围是非常广泛的,若把权利与经济平等,与人的最低物质生活需要明确联结在一起,大致可以列出以下几种比较重要的权利:工作权、获得合理工资和合理工时权、工业管理参与权、参政权、自由表现言论权、信仰权、司法保护享有权、财产占有权、受教育权。拉斯基认为,"权利实现的中心问题,乃是国家在社会中的地位问题",实现权利途径虽然众多,但是,个人和团体权利的实现主要还必须依赖于限制国家权力。为确保权利的实现,拉斯基提出了限制国家权力的三种方式。

第一,国家应采取分权的政治制度。拉斯基强调,凡权力行使之机关,不可集中于一处所,"分权之特长,在乎不以同一之解决适用于万有不齐之事物,且行政之中心点,满布各地,则尽人得参加负责制政务,责任心者,参与权力之行使而发生者也"。也就是说,"权力之本可分配,而无碍于权利系统之维持者,必强制集与一处,徒以养成擅权恣睢之习而已"。而且众所周知,"行使权力之日既久,滥用权力之弊自生,舍设为种种监督之机关外,别无其他制裁之法"[1]。

第二,中央政府之旁应为之设立谘议机关。鉴于社会中的利益深受政府政策的影响,拉斯基主张在政策决定之前,"应令此项利益所组织之团体举出代表,与之商议"。拉斯基对何谓谘议予以了解释,"谘议者,由关系之各团体,自举代表,直抒所见之谓也"。谘议机关的讨论应该公开,虽然不必每日每次如此,以"令公众有与闻之机会"。[2] 谘议机关的活动,既能使政府的决策"悉为人民共见共闻,则人民本其理性之判断,于政府之所谓短长得失者,自然了然心目矣"[3],更能确保公民积极参与国家治理、充分抒发己见。

第三,国家干涉团体的权力应加以限制。国家干涉其他社团的唯一标准是"社团之行为,侵害公民所必具之权利"[4]。"凡社团所为,确为社团自身之行为,而不害及国家所应保护之权利,则不得谓社团逾越其应有之权限"。因此,拉斯

① 拉斯基:《政治典范》,张士林译,北京:商务印书馆,1931 年,卷上二,第 62 页。
② 拉斯基:《政治典范》,张士林译,北京:商务印书馆,1931 年,卷上二,第 62 页。
③ 拉斯基:《政治典范》,张士林译,北京:商务印书馆,1931 年,卷上二,第 63 页。
④ 拉斯基:《政治典范》,张士林译,北京:商务印书馆,1931 年,卷上二,第 63 页。

基主张，国家干涉社团的权力应予以严格限制，唯有如此，"国家权力之行使，乃入于正轨"。拉斯基进而指出，"权利之切于人事者，仅以制度为维持之法，必无用矣"①。就是说，要想真正保护人民权利，还必须做好以下事项：第一，政府应设定一定时间，使人民之批评得以上达。第二，国会中之多数党，不可恃其多数，滥用权力。② 除此之外，限制政府、保障人民权利还有两种根本方法，一是提高人民教育程度，二是发展国家以外之团体。"合此二者，昌言所苦，以反对权利之侵犯，则国家虽欲滥用其权力，而不可得矣。"③

总之，拉斯基对于权利的认识，不再把权利理解为纯粹的、虚幻的、被创造的道义要求，而是把权利描绘成是国家为了实现它的目的所必须提供的东西；他不再认为国家优先于权利，而是认为权利优先于国家，权利来自自身的有用性；他不再把摆脱国家干预作为权利实现的条件，而是把尊重和促进权利作为国家的基本职能和义务；他认为权利实现的关键不在于宪法的明文规定，或削弱国家权力，而在于国家承担起权利实现义务并具体落实这些权利。拉斯基强调权利的价值不仅在于为个人实现自我提供必要条件，更在于个人通过实现自我来为他人实现自我造福、为社会幸福造福。这样，他就把个人享有权利与促进社会发展联系起来，即："人类立于斯世，贵于牺牲一己私利，谋全国公利。"④由此，在拉斯基看来，权利不仅是指政治或法权领域的那些不受强制、不可剥夺的自由与权利，还指一种涵盖社会经济内容的权利，如工作权、适当工资权、合理工时权、参与工业管理之权、教育权、财产权等。拉斯基由此坚称，权利是自我发展与自我实现的不可或缺的条件，个人可以追求自己的权利，可以要求国家保证自己权利的实现，但他这样做时，必须使自己权利的实现与社会幸福相一致，而不能以牺牲他人幸福与社会幸福为条件。正是这种具有浓郁集体主义色彩的权利理论，为自由主义在新时代的纵深发展奠定了扎实基础。

3. 自由与平等

自由与平等构成自由主义的两个最基本的精神内核。如何理解自由和平

---

① 拉斯基：《政治典范》，张士林译，北京：商务印书馆，1931年，卷上二，第69页。
② 拉斯基：《政治典范》，张士林译，北京：商务印书馆，1931年，卷上二，第69页。
③ 拉斯基：《政治典范》，张士林译，北京：商务印书馆，1931年，卷上二，第69页。
④ 拉斯基：《政治典范》，张士林译，北京：商务印书馆，1931年，卷上二，第17页。

等,以及自由与平等之间的关系,是理解自由主义的含义的关键。拉斯基认为,自由是人们发挥最善我之机会,及其对特殊权益的反对,实际上就已显示了他对自由与平等关系的重视。

在拉斯基看来,在任何国家,要使自由权能够向着指定的目标进行,重要的条件是必须有平等。他驳斥了托克维尔和阿克顿勋爵认为"自由平等二者为两相反对之辞"、"平等的需求,会使自由的希望成为泡影"等观点,认为这是一种极端之结论,误解了平等的含义。实际上,自由和平等非唯不相反对,而且相成相助,是"是同一理想之不同外形"[①]。也就是说,自由与平等有相互因果之关系,可以说是一件东西的两方面。而且,从历史上看来,没有某些平等,自由也没有实现的希望。因此,拉斯基强调不平等的根源在于自由受阻,国家若能确保平等的愿望,也就促进了自由的实现。

在拉斯基看来,平等的实现第一件事就在于祛除特权。因为,不平等其实就意味着:某些人享有特殊权益,其他人不得享受。社会上有特权阶级的存在,就有一部分人成为奴隶,他们没有意志,也没有自己行动的能力,随时都为他人所操纵、所利用。特权阶级获有特殊的利益,他们的行为是以自己为前提,他们拨弄政治以维持他们的权力。要是特权阶级不能消灭,合法的公民权利是很难取得的,所以"自由如有特权的存在便要消减",那就是说,自由和特权是不并立的。一个社会若有一部分人享有别人所不能享有的权益,则这个社会自然是一个不公平的社会;而那些非特权阶级的人们当然就是被压迫阶级的人们了。所以,拉斯基深信,一个国家要想继续存在而受人民爱戴,成为一个理想的国家,就必须常常接受贫者及无机会者的要求,而实现公共的福利。由此,拉斯基断言,"自由而无平等只是一个悦耳的名词和恶浊的结局"[②],公民的社会权利愈平等,他们也就愈能利用他们的自由以追求其价值。一个国家的平等程度愈高,公民就愈能充分行使他们的自由权。所以,"平等与自由乃密不可分也"[③]。

当然,拉斯基亦明白,平等问题是政治学中至难之问题,"平等并不是说待

---

① Harod J. Laski. *The Foundations of Sovereignty and Other Essays*. New York: Harcourt Brace and Company,1921:87.

② Harold J. Laski. *Studies in Law and Politics*. London: George Allen & Unwin LTD,2009:281.

③ 拉斯基:《现代国家中的自由权》,何子恒译,北京:商务印书馆,1959 年,第 35 页。

遇的同一"，亦不是酬劳的相同。因为人类天性的各别不同、遗传的能力和社会的教养上的差异，都是不可避免的根本事实。"平等的观念显然就是使置于同等地位的意思"。① 这就是说，尽可能给每一个人以同样的、适宜的机会，使他能自运其心思与才能。尤其是在做出影响他的决定时，他会想到凡是任何其他公民所具有的法律权利，他也同样具有。倘若社会对于不同的人们做出不同的待遇时，"那些差异也必然可用共同福利的原则加以说明"。拉斯基坚信，以这种方式认识的平等必然与自由相关联。因为，"这样认识的平等，似乎第一意味着机会的组织；第二，意味着没有一个人的机会会因另一个人的权利要求而遭受牺牲，除非根据社会原则的规定。"也就是说，平等的观念无非是将机会组织得公平，不使任何人的人格会因他人的私利而遭受破坏。每一个人都获得可以运用自己的自由来实验自己才能的机会。他可能达不到自己的目标，但至少不能将他的失败归咎于社会对他待遇的不公平。

拉斯基倡言，平等的实质与意义乃是，使社会减少一切对于弱者愚者之无理性的限制，因为不这样，社会只有畸形的发展，而自由亦只为一小部分的人——强者和智者——所有了。因此，拉斯基认为，欲求平等之实现，并使自由与平等相互提携，除了要关注机会平等，法律平等和政治平等外，更要注重经济平等，因为政治平等除非有经济平等，否则不能是真实的。拉斯基承认，"哈灵顿（Harrington）、麦迪逊（Madison）和马克思下面这个意见是对的：就是不论国家的形态怎样，事实上政权总是属于经济权的所有者。"②"今社会上权力之大小，不以其人品或所作为者为标准，以财产为标准。其享有之社会势力，非报其个人也。报其富力而已。故曰彼等行动，本于所有权。今之富者，号召全国之人为之效力，而此全国人之所为，实基于彼等之私意，与社会之公福无涉……彼等操纵全国新闻，运用国中政治制度以达其营利目的。彼等处置全国之富源，使全国劳动阶级，除自卖劳力外，一无所有，或因此而牺牲其生命……可知财产不等，人民所受待遇不等。"③同时，他更相信在经济权不平等的社会里面，冲突是根本上免不了的。因为财产的占有就意味着占有美好生活的一切——美丽

---

① 拉斯基：《现代国家中的自由权》，何子恒译，北京：商务印书馆，1959 年，第 36 页。

② 拉斯基：《现代国家中的自由权》，何子恒译，北京：商务印书馆，1959 年，第 36 页。

③ 拉斯基：《政治典范》，张士林译，北京：商务印书馆，1931 年，卷上二，第 100－101 页。

的物质环境、读书和思考的闲暇、没有明天的恐慌的生活安全。因此,那些享受不到这些美好生活的人就会嫉妒享有这些美好生活的人,这是势所必然的事。同样不可避免的是,妒忌会演变成仇恨和纷争。而且,在一个不平等的社会里,理智占优势的机会一定是很少的。"和利益比较起来,理智总占劣势,因为利益是和激情相结合的,尤其在财产问题上,凡是激情出现的地方人们就看不到真理。"①这时,"所谓公道,只是成为强者的规律;自由权只是强者所容许的法律。"②在这种社会里,"自由的半影、它的目的和它的生命,就是趋向于平等的运动。"③

4. 自由与政府

自由和政府的关系问题是自由主义必须正确解决的核心问题之一。"国家和自由的关系已经成为现代自由观念最主要的困境之一。一方面,国家似乎是对自由的一种威胁:我们要捍卫的公民自由通常是将国家行为作为主要的针对目标。另一方面,国家似乎又是自由的保障者。"④拉斯基也深谙自由最容易与权威相冲突,所以非常强调政府尤其是民主政府在保护自由的重要性,认为唯有在民主政府下,人民才能享受自由。所以,拉斯基对自由与政府的关系极为关注。那么,政府要怎样组织才能使自由有充分之发展呢? 拉斯基提出的办法是,"自由与平等之说,吾人独注重政府机关权力之限制。"⑤"一个国家的权力愈分散,权力的性质愈不集中,那么人们对于自由的热诚也可能愈高。"⑥

国家权力扩大,危险随之而来,所以卢梭以为"自由者,小国之产物也,以为国家疆土如古代亚典(雅典)者,始可语民主的自动自发"⑦。然而"近世国家生计组织之繁杂若是,欲其返于希腊之城市国不可得焉",因此,"近世国家……,仅求人人平等,而不能辅以最大之分权,终非国家之福也。"⑧也就是说,自由若

---

① 拉斯基:《现代国家中的自由权》,何子恒译,北京:商务印书馆,1959 年,第 131 页。
② 拉斯基:《现代国家中的自由权》,何子恒译,北京:商务印书馆,1959 年,第 129 页。
③ 拉斯基:《现代国家中的自由权》,何子恒译,北京:商务印书馆,1959 年,第 129 页。
④ 彼得·斯特克、大卫·韦戈尔,《政治思想导读》,舒小昀等译,南京:江苏人民出版社,2005 年,第 167 页。
⑤ 拉斯基:《政治典范》,张士林译,北京:商务印书馆,1931 年,卷上二,第 112 页。
⑥ 拉斯基:《现代国家中的自由权》,何子恒译,北京:商务印书馆,1959 年,第 58 页。
⑦ 拉斯基:《政治典范》,张士林译,北京:商务印书馆,1931 年,政治典范,卷上二,第 113 页。
⑧ 拉斯基:《政治典范》,张士林译,北京:商务印书馆,1931 年,政治典范,卷上二,第 113-114 页。

没有最大限度的分权与限权，就不可能有成果。他所主张的分权与限权不同于传统的权力分立。拉斯基认为，自由的秘密并不像孟德斯鸠所讲的那样，在于权力的分立、权力的制约。从根本上讲，国家自身并不内在地具备控制自己权力的手段；而从技术上讲，立法、行政、司法三种权力也不可能被精确地划分，任何在这方面的努力只会导致和加重权力运行的混乱。自由的秘密在于权力的合理配置，即把权力从国家转移至社会中，转移到与社会功能直接相连的地方，以此来保证权力直接履行它的社会功能。那么，如何进行分权与限权呢？拉斯基提出两条途径：一是地域分权；二是职能分权。实际上这两条途径可以合二为一，因为，从某种意义上说，地域分权的标准也是"职能"，即根据某地区能够最佳地履行的职能进行分权。拉斯基主张，国家（政府）应该大幅度地把权力分割至地方与社会团体，赋予他们以"政治真实性"，使其成为名副其实的"责任团体"，从而把社会公共权力从对解决问题无利害关系、无直接联系的地方和人手中转移到解决问题有利害关系、有直接联系的地方和人手中。如此，他们就成为不受国家（政府）所左右的、内部自主自治的单位，这就造成完美的分权制度——职能的联治（functional federalism）。

在拉斯基看来，过度集权，不仅难以实现国家的理论目的，即不可能保证人民的自由民主权利，增进人民的福利；而且亦与自由原则相悖，自由即社会成员可以充分发展自己的个性，最大可能地实现自己的人格，这意味着社会成员可以积极地、不受阻碍地参与生活，在参与生活中表现和实现着自我。因此，拉斯基倡言，若职能的联治，再辅之以谘议机关，"则国法上所以限制政权，使之趋于正轨者，可谓应有尽有矣"[1]。由各职业团体之代表人物所组成、使公众与政府发生组织关系的谘议机关——"顾问委员会"[2]正是防止国家权力滥用，确保公民参与管理、接近国家权力的有效途径之一。拉斯基认为，要充分发挥谘议机关作用，首先必须界定谘议机关的职责范围：他们的地位，在对于各部献议，不负责指挥监督之责；他们不能为政府制定政策，只有在政府制定政策后，若有修改或注意的地方，提出建议；他们不是团体的代表人，所以不受任何委托，其被召集的目的是完全为咨询的，不是挟有何种权力，对于政府方针表示赞成或反

---

① 拉斯基：《政治典范》，张士林译，北京：商务印书馆，1931年，卷上一，第98页。
② 拉斯基：《政治典范》，张士林译，北京：商务印书馆，1931年，卷下四，第99页。

对;他们也不能干涉国际交涉或是政府买卖的事情。顾问委员会作为"以特种问题询之特种专家"所组成的机构,其构成应关注两点:第一,会之组织宜小,若人数太多,直等于大会,是演说,非讨论。第二,为委员者,应为代表人物,其人能代表施政所关涉之利益。[①] 他们的人数以 20 人为合适,大部分的委员必须由不同利益的代表团体所选出,一小部分则由政府委派。拉斯基强调"使公众不信任政府官吏之心得以消释"的咨询机关具有四大功能:第一,各部所欲提出之每一个提案,必须先提交委员会,接受委员会的批评和讨论。这就是所谓的委员会之先议权。"如是行之,所谓政治大计划者,非徒一部之主张也,社会各团体之有关系者,皆得于事先陈述其态度矣。"[②]实际上也就使政府对于各事有合理的考虑与决定。第二,行政上之政策,委员会宜有预闻讨论之权。"各部长决定政策之先,能与其有关系之方面,先行研究,未有不能得彼等贡献之益者也。"[③]第三,委员会有建议之权。委员会之建议权,是"纠正……蹈常习故之唯一善法也"。第四,委员会宜同意委任命令之发布。近代有许多国家的活动已由立法机关移至行政部了,行政部有了委托的立法权以后,不免滥用其权力。所以,"为国家久长计,则委任命令权行使之际,宜有顾问机关以参与之。"而委员会之为机关,最宜备政府发布命令式之咨询。在此,咨询机关就代表人民的利益而得以控制行政部的越权行动了。总之,委员会,无论是在中央或地方,其活动之范围,在以政见左右,不在权力统治;在以意见达诸政府,不在行政与立法。他们本其专门知识、直接经验,使行政在各方面都能适应人民日常的经验和不同的需要,从而使政府成为有伸缩形态之政府。[④] 同时他们因为是专家的机关,一切的讨论和意见都以事情的本身为出发点,没有丝毫政治的色彩或政党的利害关系,所以理智就成为他们唯一的考虑之点。

分权及限权的制度,都可以在一定程度上限制政府的权力,而使人民与政府增多接触和说话的机会,从而使自由与权威实现某种程度的共处与融合。因此,拉斯基倡言,政府欲使自由充分发展,除上述制度上的设计外,还有赖于人

① 拉斯基:《政治典范》,张士林译,北京:商务印书馆,1931 年,卷下四,第 101 页。
② 拉斯基:《政治典范》,张士林译,北京:商务印书馆,1931 年,卷下四,第 104 页。
③ 拉斯基:《政治典范》,张士林译,北京:商务印书馆,1931 年,卷下四,第 104—105 页。
④ 拉斯基:《政治典范》,张士林译,北京:商务印书馆,1931 年,卷下四,第 111 页。

们发挥高度之道德勇气。拉斯基认为，自由权的敌人，无过于人们的意气消沉、颓废或缄默，"缄默就是承认，对不平等的、错误的事不能抗争，将来自己的自由被侵犯，我们亦少了抵抗了"①。其实，"自由权的秘密，归根结底就是抵抗的勇气"②。"每次当我们面临不义的情况只是沉默时，就等于默许自由的丧失。"③也就是说，"自由权就是忠于自身，它是靠抵抗的勇气来维持的，只有这个才能给自由权的保护者以生命；只有抵抗的勇气，才能使个人生活的真正完整得以保持"④。拉斯基并不否认此种说法有可能被误认为"是一种随便作乱的学说"，但他强调，"秩序当然不是什么至高无上的福利，反叛也并不一定错误。"⑤权力授予某些人，并不单纯是为了权力的缘故，而是为了达到使掌权者为我们每一个人造福的目标。假使掌权者的所作所为和他们所服务的目标完全背道而驰，假使我们所遇到的他们的行动缺乏善意，完全不了解他人的经验，不能适应他人的要求，那么，"我们除了从事权力的抗争或牺牲我们的生活目标之外，还有什么其他办法呢？"我们应该确切地知道，即使良知是刚愎的、愚蠢而又无知的，良知所指示的，依然是我们必须遵循的唯一道路。因为，"一个人为良知而服务，就会变成自由人，同时他的自由又成为别人的自由的条件。"因此，拉斯基断言，"除非靠着与自由利害为共"，"忠于自己良知人永远不会永不失败"，否则"其他伟大的目标都是不可能达到的"。⑥ 拉斯基这种争自由的慷慨言辞，足见他对自由权追求之执着。

5. 自由与服从

自由与服从问题是政治哲学和自由主义者所关心的核心问题之一。梁启超曾说，"人生活于社会群体之中，还必须处理好自由与服从的关系。"⑦拉斯基亦多次重申，"自由的秘诀在于抗争的勇气"⑧，"抵抗权力的侵犯，是自由所不可

① 拉斯基：《服从的危险》，罗隆基译，《新月》，1930 年 3 卷第 5、6 期合刊，第 1—17 页。
② 拉斯基：《现代国家中的自由权》，何子恒译，北京：商务印书馆，1959 年，第 68 页。
③ 拉斯基：《现代国家中的自由权》，何子恒译，北京：商务印书馆，1959 年，第 23 页。
④ 拉斯基：《现代国家中的自由权》，何子恒译，北京：商务印书馆，1959 年，第 66—67 页。
⑤ 拉斯基：《现代国家中的自由权》，何子恒译，北京：商务印书馆，1959 年，第 67 页。
⑥ 拉斯基：《现代国家中的自由权》，何子恒译，北京：商务印书馆，1959 年，第 67 页。
⑦ 张锡勤：《中国近现代伦理思想史》，哈尔滨：黑龙江人民出版社，1984 年，第 131 页。
⑧ 拉斯基：《服从的危险》，罗隆基译，《新月》，1930 年 3 卷第 5、6 期合刊，第 1—17 页。

缺少的部分"①。公民不服从是"权力问题之中心点","人们并不是为了服从而才服从某个权威。人们服从他,是为了相信可以从他的工作中达到各种目的。人们遵奉命令,是为了相信那些命令中所包含着的东西。人们根据他们所追求的生活上的满足,来考虑那些命令,而且常常以那些命令不能使他们得到满足为理由而拒绝服从。这就是说,服从乃是人类的正常习惯;不过实际上的事件常在继续发生,在那种情况下,人们就会痛苦地作出不服从的决定,而且激烈地维护这种决定。"②秩序当然不是什么至高无上的福利,反叛也不一定错误。在特殊状态之下,维持社会秩序往往会破坏自由的真正意义。人类如果没有反抗的勇气,只知道盲目服从与迁就,自由将永远是水中月、镜中花。而这种反抗的权利和不服从的决定正是人们争取自由的保障,也就是实现自由的手段。人们将权力授予某些人,并不单纯是为了权力的缘故,而是为了达到使掌权者为我们每一个人造福的目标,当这个目的未被遵守的时候,人民的初步工作是使用和平的手段对政府予以警告;如若这一步未产生效果,人民只有不惜牺牲暂时的社会秩序,以权力的抗争来摧毁阻止人格发展的障碍。由此,拉斯基的结论是,"自由权一旦遭受侵犯,一定会遭到坚决卫护自由权者的抵抗。最后分析起来,这就是我们所具有的唯一保障。我承认,这意味着国家总是面临着随时发生祸乱的阴影的;但我认为,这种情况是完全适合的,因为自由权的秘密,归根结底就是抵抗的勇气。"③

但拉斯基同时指出,公民不服从虽然是争取和保障自由权利的重要手段,但"绝非谓人民服从之不必要。所谓服从者,非一方为主动者的决定机关,他方为被动的受命人之关系也,真正的服从,创造的服从,乃其人民所发生之种种组织中,各人咸得未参与人之结果也","非徒为惰性的奉命人也,乃对于号令有所建议,且能以自己之人格,加色彩于号令之上者也"④。所以,拉斯基极力倡言,"不服从权"(right to disobedience)应该慎重行使,不应任意使用。否则,背叛成为人民习惯后,国家将无法实现其目的。⑤

① 拉斯基:《现代国家中的自由权》,何子恒译,北京:商务印书馆,1959年,第58页。
② 拉斯基:《国家的理论与实际》,王造时译,北京:商务印书馆,1959年,第2页。
③ 拉斯基:《现代国家中的自由权》,何子恒译,北京:商务印书馆,1959年,第68页。
④ 拉斯基:《政治典范》,张士林译,北京:商务印书馆,1931年,卷上三,第99页。
⑤ Harold J. Laski. *Authority in the Modern State*. New Haven: Yale University Press,1919:244.

鉴于此，为防止"不服从"造成社会的失序，拉斯基对"不服从权"的行使予以严格界定，提出了保证"不服从权"有效行使的四条原则：

第一，任何社会都必须要有一个共同服从的强制性权威。这个强制性权威的职责是维持为最美好的生活所必要的各种外在条件和使其公民的基本目的得以实现。"我们矢忠于国家，是因为当我们服从它的命令的时候，我们是服从一个组织，这个组织的职务明显地在于促进人民福利，其中也包括着我们自己的福利。"①但是，"我们的服从是，而且只能是，出于我们对于现实国家的措施所作的一种判断。"②实际上，要使强制性权威主动地履行它的职务，"唯一的办法就是让它知道，假如人们认为它的命令违反了那种职务，人们就不肯服从它的命令了。"③也就是说，强制性权威必须按照规则行事，若它违背行为规则，不能产生令人服从的正当权利，无法实现人们所追求的利益和目标，公民就可以不服从。

第二，政治不服从权利的行使必须基于个人的道德判断。拉斯基相信，"不服从权"是自由民主理论的一块试金石，个人有权利出于自己良知的判断有意识地反抗国家的某些行动，或者故意违反现行适用的法律。"假如我相信我应当反抗国家的命令，我就有反抗的义务。"④拉斯基承认这种基于个人判断可能会犯错误，但又认为，一个公民如若因为他或许犯错误，从而放弃他的信心，那么在任何意义上，他就不再是一个公民了。"一个人放弃了道德判断的责任，就等于把自己出卖做奴隶了。"⑤在拉斯基看来，法律不仅是一种命令，也是一种诉愿，它必须扎根于全体社会成员的共同同意。换句话说，所谓正当的法律是扎根于同意的，它的根都是而且只能是深植在个人的良心以内的。这就是说，因为我的良心同意于法律的施行，所以我使法律成为合法的了。"如果个人不论独自或与他人一道，认为法律所做的事情，在伦理上是不可忍受的，那他就必须依据他的判断去做事情。如果不是这样，就等于说，个人的最高义务是维持秩序，而不问他所维持的秩序究竟是怎样的性质了。我觉得这一种说法是和人上

---

① 拉斯基：《国家的理论与实际》，王造时译，北京：商务印书馆，1959年，第23页。
② 拉斯基：《国家的理论与实际》，王造时译，北京：商务印书馆，1959年，第48页。
③ 拉斯基：《国家的理论与实际》，王造时译，北京：商务印书馆，1959年，第50页。
④ 拉斯基：《国家的理论与实际》，王造时译，北京：商务印书馆，1959年，第30页。
⑤ 拉斯基：《国家的理论与实际》，王造时译，北京：商务印书馆，1959年，第50页。

道德动物的观念格格不入的。"①

第三,政治不服从权利的行使不能出于私欲。在拉斯基看来,人们之所以行使政治不服从权利,"一定是出于超出私欲以上的某种动机。我愈是近乎我自己,我愈是接近于与公共意志相一致","我只有公开地确信,我比国家的合法代表更能代表它的长远的利益,才有权可以反抗。"②但是,人们在进行反抗时,必须记住两件事:一是,我抱的这种见解是很容易犯错误的;二是,我有为了某种当前的实践的利益,而牺牲社会组织的各种永久价值的危险。以免人们在反抗时,"以政府措施上所犯的错误,归罪于国家";在推翻政府的时候,"危害了国家旨在促进的那种长远利益"③。

第四,对无效政治行为行使不服从权,是自由主义学说的应有之义。"人们一般是惯于服从的,如果他们离开了政治行为的常轨,那就是说明国家存在严重的弊端。"④拉斯基以英国内战、法俄的革命历史为例,指出,一般平民都是在长时期耐心期待改革以后,才会使用暴力。"而任何社会中,假使大家都相信国家是在认真设法履行他的义务,暴动就没有发生的可能。暴动的发生,是因为种种事实证明统治者的诚意已经不足置信了","合法运用宪法程序、和平说服的方法的权利早已被剥夺了。"⑤从某种意义上说,对无效政治行为的抗争和不服从虽然是对法律统治的一种违反,但严格说起来,实质上是坚持立宪民主政体的一种独特应对方式。

第五,为确保自由与服从的和谐,服从"不可绝对且不可盲目"。拉斯基依据所处时代状况,明确指出,国家已在事实上成为"巨大无比的威权",千百万之男女,对于国家各种决定,只因为是国家的决定,丝毫不加考虑予以接受,而以为非服从不可。当前最大危险在于,人民缺乏反抗权威之道德勇气,"承认合乎习惯的总是对的"⑥,只知道盲目服从。这种盲目服从的习惯,"不但养成一种奴驯的唯命是从的人民,使他们成为一种麻木不仁、不可振作的人民,同时使政府

① 拉斯基:《国家的理论与实际》,王造时译,北京:商务印书馆,1959年,第52页。
② 拉斯基:《国家的理论与实际》,王造时译,北京:商务印书馆,1959年,第30页。
③ 拉斯基:《国家的理论与实际》,王造时译,北京:商务印书馆,1959年,第30页。
④ 拉斯基:《国家的理论与实际》,王造时译,北京:商务印书馆,1959年,第52页。
⑤ 拉斯基:《国家的理论与实际》,王造时译,北京:商务印书馆,1959年,第53页。
⑥ 拉斯基:《服从的危险》,罗隆基译,《新月》,1930年3卷第5、6期合刊,第1—17页。

相信只要态度坚强，无事不可通行。在这种情况底下，自由没有存在的机会，因为不断的奋斗——自由必要的代价——已不存在了。"①历史经验也证明，当国家对人民请求不加理睬，而人人默默无言、盲目服从时，统治者必然误以为其行为已获得人民之默许。如若这种默许形成习惯且行之日久，则必使个人认为对不义之反抗并非其责任，则将来必变得对任何不义均失去反抗之能力。此种漠不关心、盲目服从的态度，是造成专制与暴政最重要的因素。所以，拉斯基反复重申，"自由的秘诀在于抗争的勇气"。②

从拉斯基对自由与服从关系的阐释来看，他的基本立场是，充分肯定政治不服从对自由的保障作用。但在具体论述过程中，有几个问题值得人们注意：首先，拉斯基政治不服从论有其清晰的指向性，旨在反对法西斯主义和斯大林的专制统治。因为在他看来，在专制统治之下，以说服方法获取政权的宪政程序并不存在，人们合法政治权利被剥夺。正是这种专制统治的性质使意见不同的人的政治权利与义务始终仅属于形式的法律范围，面对国家对自由的侵犯，除了抗争和革命以外，别无他途。其次，拉斯基政治不服从论有明确的目的性，旨在保障公民权利免遭侵害。拉斯基之所以强调政治不服从的重要作用，原因在于，他深知，"一个人首先必须忠实于自己。因为，一旦在权威的命令面前违背自己内在良心冲动而走出贬低自己的致命性一步，踏上默许之路就非常容易了。"③其实，人们对政治事务的"惰性"态度对自由民主制度危害极大，"惰性的奴性是一种在任何地方都会繁荣滋长的杂草"，④由"消极默许"达成的"同意"实质上是对自由的否定，"是自发性的终结"。⑤ 最后，拉斯基政治不服从论还表现在他对"不同意"的解释上。拉斯基强调，同意并不意味着公众意见的一致性，其实，"公众意见没有一致性也不是什么缺点，相反，恰恰是真正思想得以产生的标志。"在拉斯基看来，"社会进步，不是由同的保持而产生，而是由异的选择而产生"，"一个能表达不同意见的社会就是一个有能力进步的社会"⑥；因此，

---

① 拉斯基：《服从的危险》，罗隆基译，《新月》，1930 年 3 卷第 5、6 期合刊，第 1—17 页。

② 拉斯基：《服从的危险》，罗隆基译，《新月》，1930 年 3 卷第 5、6 期合刊，第 1—17 页。

③ Harold J. Laski. *Authority in the Modern State*. New Haven：Yale University Press，1919：58.

④ Harold J. Laski. *Authority in the Modern State*. New Haven：Yale University Press，1919：122.

⑤ Harold J. Laski. *Authority in the Modern State*. New Haven：Yale University Press，1919：121.

⑥ Harold J. Laski. *Studies in the Problem of Sovereignty*. New Haven：Yale University Press，1917：24.

"我们不应该使我们的国家成为只有牧人才能区分不同牲畜的牧场……我们应该以承认异议作为我们国家的基础。但是,另一方面,我们也应该确保国家能实现最深刻的和谐一致。"①总之,拉斯基深信,不服从权是捍卫和扩展公民的自由与民主权利的工具与保障,因为,人类若没有反抗的勇气,只知盲目地服从和迁就,自由将永远无法真正实现。因此,人们应该珍视和捍卫不服从权以确保自由的充分实现。拉斯基还强调,不服从权虽然是争取自由权力的重要手段,但是"不服从权"也是一把双刃剑,应该慎重行使,否则,背叛成为人民习惯后,自由就无法实现其目的。

三、拉斯基自由思想评析

对自由的认知是自由主义者理解与分析政治世界的基本出发点。拉斯基政治思想中唯一连贯性的主题是对自由的挚爱。拉斯基独特的自由思想是他解决现代政治问题与解构现代政治理论及实现其自由主义理想的基石与原点。拉斯基自由主义思想是拉斯基政治思想的核心与关键;解析拉斯基自由主义思想是考察拉斯基政治思想的开端。

拉斯基并没有提出一套系统化的自由主义思想。为了全面、深刻地理解拉斯基的自由主义思想,论文采用了两种方式:一是从多维的角度分析拉斯基对自由概念的重新阐释;二是从自由同其他事物的辩证关系中理解拉斯基自由主义思想的特色。我们可以从拉斯基对自由概念的阐释中找出其自由主义思想的多重维度。(1)拉斯基既强调"免于束缚"是自由的必要条件,又主张自由是积极的事务,是个人的自由发展与实现最完善之自我。(2)拉斯基既强调自由中的个体独立的含义,又强调个人对社会、集体的依赖,认为自由必须符合道德规则、必须与社会公益相联系。(3)拉斯基既承认自由思想是以个体人生幸福为前提的,又处处强调自由与平等的相成相助,主张所有社会成员应平等分享自由,否则这就不是自由而是特权。(4)拉斯基不仅重视以法律或制度保障自由,而且力倡以民情、勇气、不服从等弥补法律或制度对自由保障的不足。拉斯基对自由的内涵的多重认识构成了他的新自由概念。

---

① Harold J. Laski. *Studies in the Problem of Sovereignty*. New Haven: Yale University Press, 1917:25.

　　拉斯基的自由主义思想还可由他对自由主义思想与其他思想之关系的辩证认识中得到补充与完善。(1)权利与自由，"有先后递生之关系，既有权利，自由随着而生"。权利不是抽象的道义要求，而是与实际的、具体的内容相联结。权利的价值不仅在于为个人实现自我提供必不可少的条件，更在于个人通过实现自我来为社会造福，为他人实现自我造福。所以，"权利不存，即无所谓自由"。(2)自由与平等的关系，非唯不相反对，而且相成相助。不平等就意味着社会上有特权阶级的存在，"自由如有特权的存在便要消减"。平等的实质与意义乃是，使社会减少一切对于弱者、愚者之无理性的限制。欲求平等之实现，并使自由与平等相互提携，除了要关注机会平等、法律平等和政治平等外，更注重经济平等，否则不能是真实的平等。(3)自由最易与威权相冲突。民主政府是维护自由的工具和实现自由的手段，唯有在民主政府，人民才能享受自由。自由的充分发展，离不开权力的分立与分散。自由的秘密不在于权力的分立、权力的制约，而在于权力的科学设置，即把权力从国家转移至社会中，转移到与社会功能直接相连的地方，以此来保证权力直接履行它的社会功能。(4)在特种的状态之下，反抗与不服从的权利是自由的保障。人类若没有反抗的勇气，只知盲目地服从和迁就现状，他们的自由将永远像是水中月、镜中花。反抗与不服从权虽然是争取自由权力的重要手段，"不服从权"应该慎重行使，否则，背叛成为人民习惯后，自由就无法实现其目的。(5)民主是自由、平等原则的综合体现，是自由、平等原则得以实现的手段。民主政体是迄今保护人民自由权、保证政治权力得到良性运转的最佳政体。

　　总之，拉斯基对自由思想的探讨不是以构建封闭的、严密的理论大厦为目标，而是根据现代社会政治生活的转型与思想文化氛围的变迁对自由思想予以具体阐释，这些阐释突破了古典自由主义思想的藩篱，承续、修正与更新了"米尔逆转"以来的新自由主义思想，虽然理论深度略显不足，但不管怎样，拉斯基在自由民主深陷危机的特殊历史情境中对自由思想的强有力的辩护给后人留下了丰富的遗产。

第二节 多重民主的契合:拉斯基民主思想

在现代性视野中,民主"始终代表着一种弥足珍贵的政治原则或政治理想"[①]。作为对 20 世纪上半期现代自由民主危机和发展弊端进行反思与评判的重要政治思想家,民主思想是拉斯基政治思想的一个重要部分,其所阐述的民主是一种广义上的民主,不限于政治层面,还深入至经济、社会、文化、教育、国际关系等方方面面,具有宏观、综合、创新的特色。拉斯基对民主思想的阐释与拓展,尤其对兼顾政治民主与经济民主的"新路"的求索,标志着民主向前、向深发展了一大步,在民主发展史上无疑具有重要的历史意义与现实价值,亦为其建构"理想国"——自由与公正型社会奠定扎实基础。

一、民主政治在危机中

从 1914 年起,至第二次世界大战结束,是现代文明史上的"大灾难时期"(age of catastrophe)[②]。法西斯主义在欧洲的猖獗、俄国十月革命的胜利,尤其是 1929—1933 年席卷资本主义世界的经济大危机,不仅表征着自由竞争市场经济的衰微,而且昭示着资本主义自由民主深陷危机与大退却,自由民主信念与制度遭受着空前的质疑,诚如汤因比(Arnold J. Toynbee)所言:"全世界男男女女都在认真思考与坦率谈论这样一个可能性,即西方社会制度或许会垮台,再也行不通了。"[③]经历了大危机的欧美各国普遍疏离了自由主义与民主主义,英国组建了各党联合参与的"国民政府"以应付危机;美国授予总统极大的行政权力以加强国家对经济生活的干预;苏俄建立了无产阶级专政;德国、意大利、日本等国走上法西斯道路。正是由于民主环境的急剧变化,尊崇民主、宪政原

---

① 刘山鹰:《试论民主的价值》,《政治学研究》,2006 年第 1 期,第 23—31 页。

② 霍布斯鲍姆:《极端的年代》(上),郑明萱译,南京:江苏人民出版社,1998 年,第 8 页。

③ 塞缪尔·埃利奥特·莫里森等:《美利坚共和国的成长》(下),南开大学历史系美国史研究室译,天津:天津人民出版社,1989 年,第 623 页。

则不遗余力的拉斯基不得不对危机中的民主政治予以深刻反思。

（一）资本主义对民主的反动

民主，是拉斯基毕生追求的核心政治原则之一。在拉斯基看来，作为自由主义的表现形式和制度选择的民主政治是迄今最有利于保障和扩大公民个人自由的政体，是人类历史上最公正、最有效率的政治制度。然而，民主政治在现实中却与和其对立的资本主义制度结合在一起。拉斯基深信，民主政治与资本主义的结合纯系偶然，两者在本质上有着根本的矛盾和冲突，代表特权者利益的资本主义正在摧毁着代表人民大众价值的民主制，这主要表现在：

首先，资产阶级民主在政治上和经济上是矛盾的。民主意味着人人都有平等自由的权利去参与公共政治事务，有着同等满足自己政治要求、利益的机会和条件。然而，从现实上看，资本主义的基本原则与民主原则是正相反对的。资产阶级之所以把民主与资本主义联系起来，打出民主的旗帜，要求建立民主政体，是因为在反封建专制的斗争中他们需要利用自由、平等、民主的口号，赢得人民的支持，打败封建阶级，争得政治统治，建立资产阶级国家。然而，民主原则的承认，民主制度的建立，意味着人们有权利、有能力、有条件利用政治手段，增进物质福利，干预经济活动，实现经济民主。然而，资本主义民主在经济上却是不平等的，社会贫富悬殊，资产阶级认为，"民主原则不能适用于经济领域之内"[①]，"反对把民主推广到经济生活和社会生活领域中去"[②]。拉斯基深知，如若民主妨碍了资产阶级的利润追求，威胁到资产阶级的所有权，那么他们就会视民主为"罪大恶极"，就会压制民主，甚或取消民主。换言之，在资本主义经济扩展时期，由于社会生产力的快速发展，资产阶级尚有能力、有条件缓和资本主义与民主间的矛盾，不断做出让步；但是，一旦社会的扩张能力遇到遏制，资本主义经济进入萎缩时期，资产阶级就会像昔日被其推翻的贵族一样，陷入愤怒与痛苦之中，从而坚信，为了保留自身特权，没有什么代价不可以付出。即使这一代价就是摧毁自由民主精神，他们也会毫不犹豫地认定这一牺牲是应该的。由此而来的逻辑结果必然是：资产阶级宁愿废除民主政治，也不愿丧失既得利益，这使得支撑资本主义几百年的自由主义哲学和民主制度深陷危机。

---

① 拉斯基：《论当代革命》，朱曾汶译，北京：商务印书馆，1965 年，第 34 页。
② 拉斯基：《论当代革命》，朱曾汶译，北京：商务印书馆，1965 年，第 35 页。

　　其次,资产阶级民主是资产阶级少数人享有的民主。一个民主社会的根本基础乃是以平等之名义否认特殊权利①,但是今天的民主政治实际上是财产所有权的一种作用,代表了特殊阶级的利益,是经济上占统治地位的资产阶级的民主。在名义上,所有国家的政治权力,均在国民手中,而实际上,勿论英美法德抑或其他欧美国家,几乎所有政治权力,差不多完全由少数资产阶级把持。即使西方民主国家的典范英国,只是扫清了 18 世纪以前神权政治与封建特权,确定了人人平等与民主政治的新理想,而对于民众的社会平等尤其是经济平等却未予以承认,即使"到 1940 年,英国政治民主的各种形式只有极小一部分以社会民主的方式表现出来"。所以民主政府所作所为,皆以资产阶级的意志为旨归,而其他大多数民众,实际上都无权过问。由此可见,资本主义民主无法真正代表、彰显民主的"平等"精神,资本主义原则与民主原则间存在着深刻的矛盾,难以并行不悖。拉斯基断言,在资本主义社会,所谓民主政治,并非全体人民之政治,实乃资产阶级的民主政治。在此种民主社会里,"永久有一种斗争,要把财产特权推广给那些享不到他的利益的人们"②。"只要一个资本主义社会所处地位,力能对民主政治原则作种种让与,那么他因为采取了民主政体而固有的矛盾将隐而不彰;人们将因为他的成功使他力能给予他们的利益,而表服从于他的程序。但他不复为成功的时候,他就不复能对民主政治原则作种种的让与了"③。所以,拉斯基明确指出,资本主义社会因内部的紧张状态使它失去了安全,因而不可能是一个真正的自由民主社会。它心怀恐惧,丧失了理智力量所赖以存在的气候,没有能力在理性的基础上调解争端。尽管需要重大的改革,甚至于有时候明知需要什么样的重大改革,它还是在这种必要性面前动摇不定,面对着挑战而没有勇气应战。历史亦证明,人们只有在准备为进步付出代价的时候才能前进,因此,"一个逃避这种挑战的社会是注定要衰退的"④。

　　总之,拉斯基基于对民主政治与资本主义关系的剖析、对资产阶级民主局限性的批判,认为"资本主义民主政治的毛病在他系属资本主义的时候是无法

①　拉斯基:《民主政治在危机中》,王造时译,北京:商务印书馆,1940 年,第 145 页。
②　拉斯基:《民主政治在危机中》,王造时译,北京:商务印书馆,1940 年,第 150 页。
③　拉斯基:《民主政治在危机中》,王造时译,北京:商务印书馆,1940 年,第 157—158 页。
④　拉斯基:《论当代革命》,朱曾汶译,北京:商务印书馆,1965 年,第 205 页。

治愈的",原因很简单,"因为人们所反抗者乃资本主义内在包含的那些条件。这就是说,这制度已失去了赢得人民同意于他的假定的力量。他的领袖们设法设定各项法律以履行他的各项假定,然而人们所否认的正就是这些假定。的确,他未始不能订定这类法律,只要他准备不管行使的后果如何,而去行使他们;不过这样一来,他必须准备去冒一个不择手段的政府永远冒着的危险,还有,他必须放弃他宪法的各种惯例。的确,他为要保全资本主义的根本特征起见,也许要铤而走险去做这两桩尝试;但是,很明白的,他那时再不能冒充为一种民主政治了"①。因此,为克服资本主义民主的弊端与危机,新的民主理论的提出成为一种应然。

(二)法西斯主义对民主的驳难

法西斯主义反对民主政治,主张专制独裁,对代议制度、少数服从多数原则、政治平等等民主原则,进行了一些系列抨击,并且试图从理论上驳难民主政治。拉斯基的理论活动和政治活动最活跃之时正是法西斯主义最猖獗之时。作为一位关注时代难题的政治思想家和政治活动家,拉斯基对法西斯主义政治现象予以极大关注,对法西斯主义专制独裁的剖析和批评亦构成其反思民主危机的一个重要组成部分。

对于法西斯主义现象,拉斯基的基本命题是:法西斯主义的出现是对自由与民主的挑战,是危机时代资产阶级想废除民主制度的逻辑表现。拉斯基断定,"法西斯主义是腐朽的资本主义的产物"②,是有产者对于企图超越资本主义社会所包含的生产关系的民主的反击,是资产阶级为挽救资本主义制度不惜废除民主制度的结果。尤其是"当资本主义到了收缩时期……民主政治所要求的各种让步,显得代价太高了,资本主义的各种假定于是和民主政治的各种含义发生矛盾。如果收缩的时期延长下去,这就必须废除民主程序,或者改变社会所依据的各种经济假定"③。于是,"资本主义不再能够保持统治阶级的特权又向人民让步,就只好到法西斯主义那里去避难了"④。法西斯主义便"起来把资

① 拉斯基:《民主政治在危机中》,王造时译,北京:商务印书馆,1940年,第122页。
② 拉斯基:《论当代革命》,朱曾汶译,北京:商务印书馆,1965年,第101页。
③ 拉斯基:《国家的理论与实际》,王造时译,北京:商务印书馆,1959年,第83页。
④ 拉斯基:《论当代革命》,朱曾汶译,北京:商务印书馆,1965年,第93页。

本主义从这种进退维谷的情势中拯救出来。它用种种形式废除了民主政治,把无限制的政治权力交给了那些占有和掌握生产资料的人"①。法西斯主义的各种办法是一致的,即竭力废除一切民主制度和人民群众的自由民主权利。它"用恐怖手段镇压一切同它宗旨不合的政党,取缔将来可能成为反对行为根源的一切组织"②,消灭言论自由、选举自由,统制出版、无线电、印刷、电影和剧院等一切新闻媒介手段,把司法部门变为它的御用工具,并"毫不踌躇地把任何攻击其政府的人送进监狱或者送上断头台。"③拉斯基认为,法西斯的这些举动,其实质是把"无限制的权力交给那些占有和掌握生产资料的人"④。它代表的是资产阶级的利益,它以满足资产阶级的营利动机作为国家政策的首要之点;它是通过把资本主义政治制度中的民主因素简单地一笔勾销,来解决资本主义民主政体面临的各种难题;它是通过牺牲人民群众的政治权利和经济利益来保证资产阶级的营利需要与利益;它是一场政治革命,一场摧毁民主政治的革命。

因此,拉斯基断言,"法西斯主义的本质是独裁主义的"⑤,"是有产者对于企图超越资本主义社会所包含的生产关系的民主的反击"。它"不仅是消灭民主而已。它还利用民族主义的感情来为对外冒险政策辩护,希望借以消除作为资本主义腐朽标志的不满情绪"⑥。这就是说,法西斯主义本质上不仅仅是垄断资本主义的工具,实际上它是一种既非无产阶级,也非资产阶级的统治形式。他反复指出:"无论哪个国家的法西斯党领导人都利用国家政权来使他们自己成为既是工人阶级又是资产阶级的主人,以便他们自己的权威永久保持下去。"⑦据此,拉斯基强调,法西斯主义毫无哲学可言,法西斯主义实际上"是一种建立在恐怖手段之上的权力,这种权力是靠人们害怕恐怖手段和侵略别国所产生的希望组织起来和维持着的"⑧。这实际上意味着要"废除议会民主从法国革命以来千方百计培养起来的立宪习惯;而这种做法又意味着否认人本身是目的——

---

① 拉斯基:《国家的理论与实际》,王造时译,北京:商务印书馆,1959年,第84页。
② 拉斯基:《论当代革命》,朱曾汶译,北京:商务印书馆,1965年,第91页。
③ 拉斯基:《国家的理论与实际》,王造时译,北京:商务印书馆,1959年,第84页。
④ 拉斯基:《国家的理论与实际》,王造时译,北京:商务印书馆,1959年,第84页。
⑤ 拉斯基:《国家的理论与实际》,王造时译,北京:商务印书馆,1959年,第97页。
⑥ 拉斯基:《论当代革命》,朱曾汶译,北京:商务印书馆,1965年,第101页。
⑦ 拉斯基:《论当代革命》,朱曾汶译,北京:商务印书馆,1965年,第100页。
⑧ 拉斯基:《论当代革命》,朱曾汶译,北京:商务印书馆,1965年,第102—103页。

正因为是目的，故而人天生就有权利。相反，个人已成为一种达到目的的手段。"①因而，拉斯基认定，法西斯主义唯一关心的便是如何保持其权力，要达到的目的是"不断增强国家的威力"，并"把它看作是民族目标的具体体现"。② 法西斯主义的内外政策都是建立在这一基础之上的。在国内，它实行干涉主义和恐怖政策，生怕不满情绪积聚起来威胁到它的权力；对国外，既然法西斯主义是被未实现的民族野心哺育大的，它就必须全力奉行侵略性的外交政策。因而，法西斯主义一切的一切都是围绕权力这一轴心展开的，如若法西斯主义真有一个基本原则的话，那就只能是这么一个基本原则："权力是唯一的美德，只有那些能够保持和扩大权力的手段才有价值。"③"要想获得成功，就得利用国家权力来统治人民，用威逼利诱使他们老老实实接受它的统治。使人民接受它的统治，就是它使用的种种手段的唯一目的和唯一理由。"④

既然法西斯主义的根本目的是无限制地增长权力，因此，在拉斯基看来，法西斯主义的现实职能只能是："(1)一鸣惊人地解决失业问题；(2)为重振国威，而重整军备，从而不可避免地要彻底控制生产体系。"⑤为实现上述职能，它才一方面提高生产力，一方面却又不得不防止生活水平的提高。它明知长时期内不断降低生活水平肯定会引起不满，它就必须另外再做两件事。首先，它必须限制利润，免得工人把他们自己的处境去和老板的处境相比；何况，为了取得必要的重整军备的资本，这一点也是必不可少的。其次，它深知，单单限制利润还不够，限制利润可能防止愤怒和嫉妒心理的高涨，在心理上收到消极恩惠的效果，但它并不能引起希望，而一个政权要想保持久远和巩固，非善于引起希望不可。因此，"法西斯领导人就必须进一步使重整军备成为帝国主义侵略政策的基础。他们必须善于许诺巨大的未来利益以补偿目前的牺牲。""侵略就成为他们的政策不可避免的目标，而到了一定的阶段，侵略当然非导致战争不可。"⑥

通过对法西斯现象的分析，拉斯基坚信，文明的维系与发展主要依靠两件

---

① 拉斯基：《论当代革命》，朱曾汶译，北京：商务印书馆，1965年，第92页。
② 拉斯基：《论当代革命》，朱曾汶译，北京：商务印书馆，1965年，第92页。
③ 拉斯基：《论当代革命》，朱曾汶译，北京：商务印书馆，1965年，第103页。
④ 拉斯基：《论当代革命》，朱曾汶译，北京：商务印书馆，1965年，第101页。
⑤ 拉斯基：《论当代革命》，朱曾汶译，北京：商务印书馆，1965年，第99页。
⑥ 拉斯基：《论当代革命》，朱曾汶译，北京：商务印书馆，1965年，第99页。

事:"第一,它依靠理性力量把它的绝对统治权扩展到人的心灵和习惯方面;第二,作为理性力量的功能,它依靠着我们能够用已经确立的法律原则来代替任何一个人或一帮人的专横决定,把他们的活动控制在法律原则范围之内。法西斯主义——无论德国式的或意大利式的——最大的罪状,就是它本质上否认这两件事的合法性。由于否认它们,法西斯主义就肯定自己是文明的敌人。"①由此,拉斯基得出下列结论:

第一,法西斯主义是下流社会的兴起,是下层郁郁不得志者的非理性运动。拉斯基指出,虽然就本质而言,法西斯主义代表了资产阶级的利益,但是就形式而言,法西斯运动并不直接来源于资产阶级。事实上,法西斯主义运动的社会基础,是郁郁不得志的中下层阶级。他们包括:"受到合作社或联合发展的威胁的小店主啦;失业分子,特别是失业旧军官;被股份公司的发展挤垮了的小工厂主啦;在历史性的政治组织中找不到出头机会的落魄知识分子啦;比以前任何时候都更加掌握不了自己命运的小资产阶级啦。"②这些失意者,渴望天赐良机、脱颖而出、青云直上、执掌国家牛耳、攫取政治权力和物质财富。法西斯运动正好满足了他们的野心,给他们提供了出头的机会。法西斯主要领导人也多是由"富豪民主"中郁郁不得志的小角色一跃为半神圣的人;③"郁郁不得志的人也能感到经常有资格充当社会名流,尽管不是每个人都有将帅的器量;小学教师却可以当阁员,体操教员可以当区党部部长,过去的锁匠而今是挪威省长;党组织拼命刺激对引人注目的机会的希望,这种机会的力量是无限的"④。法西斯居然能够兴起,就是人类历史上一整个时代快要结束的重要证据。"它不光兴起,而且还对那么大一部分欧洲文明发号施令,这就证明,文明的结构基础有着致命的弱点。它还证明,一种用纯粹现金交易关系使人和人联结在一起的社会制度是和它所抱的目的不相称的。"⑤很显然,弄到这个尴尬地步,社会制度肯定是被一个严重的矛盾分裂了,也暴露出欧洲资本主义文明的精神团结基础是多么脆弱。尤其是经济不景气时期,统治者总是以自己的恐惧而不是希望为基础,他

---

① 拉斯基:《论当代革命》,朱曾汶译,北京:商务印书馆,1965年,第112页。
② 拉斯基:《论当代革命》,朱曾汶译,北京:商务印书馆,1965年,第91页。
③ 拉斯基:《论当代革命》,朱曾汶译,北京:商务印书馆,1965年,第128页。
④ 拉斯基:《论当代革命》,朱曾汶译,北京:商务印书馆,1965年,第129页。
⑤ 拉斯基:《论当代革命》,朱曾汶译,北京:商务印书馆,1965年,第134页。

们一旦受惊害怕，就会对民主的要求起疑心。等到他们必须在特权和民主两者中抉择其一时，他们就千方百计要维护的就是特权，"他们宁可冒险和不法之徒勾结，却不肯和人民联合起来谋求各种可能性"①。为什么会出现这种状况？究其根源，"是生产力与生产关系之间的矛盾造成这样一个局面，国家的活动不再能满足大部分人民的要求，所以他们也不再服从国家的法令。罢工、暴动、示威游行风起云涌，治安经常被破坏，到处人心惶惶"②。在这种情况下，大量社会失意者、不满者很容易失去理性，投向法西斯；也正因如此，"不法之徒的权威才大得无以复加。不但可以和一般的政党竞争，而且还能够向国家挑战"③。可见，法西斯主义者是一批蔑视理性、践踏人性、否定一切伦理道德、仇视人类文明的人，他们的一系列活动——废弃民主，实施独裁；废除法治，实行恐怖统治；亵渎人权，随意干涉人们的私生活；鼓动种族灭绝，煽动民族情绪和战争狂热；等等——使法西斯运动成为一场疯狂的毁坏人类文明的非理性运动，给世界人民带来了巨大的灾难。

　　第二，法西斯主义是理性的敌人，是法治的敌人，是一种无原则的虚无主义。④ 法西斯主义之所以是理性的敌人，因为它硬说无原则的暴力是取得权力的正当手段。它不能说服就压服。它把任何一种反对它当权的学说都视为无效，原因就在那种学说不应该反对它。因此，法西斯主义和过去 400 年间西方文明的根本主张背道而驰。在法西斯分子看来，一项原则的力量不在于它所体现的经过核实的重要的人类经验，而在于它能组织起来供自己利用的巨大肉体力量。纳粹分子说："我一听到'文化'这个字眼就伸手掏枪。"这句话充分暴露了法西斯思想的实质。"法西斯主义是法治的敌人。它以对内压迫对外侵略为张本；它唯我独尊，无论什么内容的主张都不许加以讨论。"⑤对于国内的意见分歧，独裁者高兴把它当作背叛看待就这样看待，爱怎么处分就怎么处分。为了防止产生意见分歧，就大规模利用秘密警察和集中营的野蛮机构，相形之下，沙俄的残暴及其效率就显得微不足道了。"法西斯在国内废除已经确立的法律原

---

① 拉斯基：《论当代革命》，朱曾汶译，北京：商务印书馆，1965 年，第 135 页。
② 拉斯基：《论当代革命》，朱曾汶译，北京：商务印书馆，1965 年，第 119 页。
③ 拉斯基：《论当代革命》，朱曾汶译，北京：商务印书馆，1965 年，第 118 页。
④ 拉斯基：《论当代革命》，朱曾汶译，北京：商务印书馆，1965 年，第 112－115 页。
⑤ 拉斯基：《论当代革命》，朱曾汶译，北京：商务印书馆，1965 年，第 113 页。

则，在对外关系方面漠视条约和国际公法，其程度较之在内政方面有过之而无不及。"①从某种意义上说，"法西斯思想的胜利，也就是人的兽性战胜了超越野兽本能的那种能力，它使得人的智慧成为他最丑恶的欲望的奴隶"②。拉斯基认为，人们曾经费尽心机"探讨法西斯主义的哲学，其实这是白费力气"③。其实，"无论哪种形式的法西斯主义，归根到底都是一种无原则的虚无主义"④。"法西斯分子向我们提供的一切夸大其词的理论，只要加以审核，就会暴露出是宣称，除了给这一政权捧场以外根本没有意思。他们不需要一种哲学来为他们的行为剖白，他们的做法很干脆，能拿到手的就拿。"⑤因此，法西斯主义否定哲学，唯一支撑他们行为的信念就是获取权力，获取无限制的权力，为达到这一点，他们拒绝遵守法律和秩序，"故而也拒绝接受它控制下的世界上的理性"⑥。总之，法西斯主义为了攫取并保持他们的权力，他们必须废除法治，建立人治，必须废除理性统治，建立恐怖统治，这种无法无天的恐怖统治不仅损害了人民群众的利益，也损害了资产阶级的利益。

第三，法西斯拯救不了资本主义制度，它只会毁灭资本主义制度。拉斯基指出，法西斯主义统治与资本主义制度在三个方面发生冲突：（1）"法西斯主义由于其内在逻辑使然，非毁灭历史性的自由资本主义不可"⑦。法西斯主义作为一个有组织的运动，由于它的首领们（无论是意大利还是德国）要把持权力，他们就必须尽力设法解决失业问题。要做到这件事，搬用资本主义的典型公式是不行的，它需要由国家来控制投资、管制进口和限制利润，以便把剩余利润投资于军火生产来不断扩充军备。因此，"有法西斯主义就不可能有经济发展。它本身的经济生活规律意味着把国家资源滥用于重整军备"⑧，"其结果一定是人民经济上越来越贫困，人民被恐怖手段变成了统治者的奴隶"⑨。也就是说，法

① 拉斯基：《论当代革命》，朱曾汶译，北京：商务印书馆，1965 年，第 113 页。
② 拉斯基：《论当代革命》，朱曾汶译，北京：商务印书馆，1965 年，第 114 页。
③ 拉斯基：《论当代革命》，朱曾汶译，北京：商务印书馆，1965 年，第 102 页。
④ 拉斯基：《论当代革命》，朱曾汶译，北京：商务印书馆，1965 年，第 115 页。
⑤ 拉斯基：《论当代革命》，朱曾汶译，北京：商务印书馆，1965 年，第 103 页。
⑥ 拉斯基：《论当代革命》，朱曾汶译，北京：商务印书馆，1965 年，第 116 页。
⑦ 拉斯基：《论当代革命》，朱曾汶译，北京：商务印书馆，1965 年，第 97 页。
⑧ 拉斯基：《论当代革命》，朱曾汶译，北京：商务印书馆，1965 年，第 120 页。
⑨ 拉斯基：《论当代革命》，朱曾汶译，北京：商务印书馆，1965 年，第 121 页。

西斯统治的内在逻辑阻碍着资产阶级热衷的自由经济的发展，从而极大地妨碍了资本主义的发展能力。(2)法西斯主义的内在逻辑，否定400年来资本主义文明的一切成果，不承认支撑资本主义运转的一切价值原则。"不法之徒的立场的本质决定他们非全盘否定特权阶级所依靠的那套价值机构不可……既然他们的生活主要就是否认一切价值，他们制定法令的唯一目的就是巩固他们自己的权力。要这样做，他们必须使社会处于戒严状态。那是他们所习惯的唯一的生活方式……事实上，这种状况对于任何特权阶级都是致命伤。"[①]事实是，资产阶级把法西斯捧上台，把权力交托给他们，原想让他们作为自己的工具。但法西斯分子一接受了国家权力，却成了资产阶级的主人，资产阶级的特权与财产很快就不再具有任何重要意义。(3)法西斯主义由于其内在逻辑是"与历史的客观进程相抵触的"[②]，它对内实行独裁统治，对外推行侵略扩张；"它在实际行动中强调一切不利于生产力的因素；它扰乱和平，敌视法律，破坏信用，反对安全"[③]。这使人类社会发生无休止的动荡和冲突，使社会资源遭到无止境的破坏和浪费，使社会成员处于无休止的倾轧和冲突中。因而，法西斯"本身的确是毁灭的缩影"[④]，它存在一天，人类的基本生存就受威胁一天，社会的正常生活就不得安宁一天。

第四，"和法西斯斗争的唯一方法就是抱定一种信仰，这种信仰不怕法西斯主义对被它打败了的那些人所实施的恐怖行为"[⑤]。拉斯基明确指出，这种信仰扎的根必须比资本主义民主能够扎下的根更深，因为法西斯主义就是在资本主义民主崩溃的基础上当权的。其所以如此，最重要的理由是："资本主义民主所奉行的原则总是资本主义成分多于民主成分；资本主义的动力总是和民主的动力相抵触的。可以说，资本主义民主总是在被资本家认可了的条件下的民主。"[⑥]它的地位总是以它不滥用特权时，资本家对民主原则的忠诚为条件。但是，一旦民主仿佛严重威胁到资本家们所积累起来的特权时，那种忠诚分明就

---

① 拉斯基：《论当代革命》，朱曾汶译，北京：商务印书馆，1965年，第135—136页。
② 拉斯基：《论当代革命》，朱曾汶译，北京：商务印书馆，1965年，第122页。
③ 拉斯基：《论当代革命》，朱曾汶译，北京：商务印书馆，1965年，第122页。
④ 拉斯基：《论当代革命》，朱曾汶译，北京：商务印书馆，1965年，第122页。
⑤ 拉斯基：《论当代革命》，朱曾汶译，北京：商务印书馆，1965年，第136页。
⑥ 拉斯基：《论当代革命》，朱曾汶译，北京：商务印书馆，1965年，第136页。

被滥用了。要想改造的法律、废除的权利、遭到非难的价值是他们的法律、权利和价值。"所有这一切对于他们来说,已成为牢不可破的习惯,以致被看成了文明本身。居然还有别的价值体系,别的权利概念,别的价值体系,这在他们看来是不可思议的。"①他们相信能按照自己的条件为自己的目标斗争,却不了解冲突永远是革命的导火线。为了摆脱恐惧,他们进了牢笼,那时才发觉要挣脱新的枷锁就必须想办法和群众合作,而当初他们恰恰因为害怕群众才被赶进了牢笼。"但是,要建立那种合作关系,就非放弃他们叫不法之徒(法西斯主义者)来帮忙时所拒绝放弃的权利不可。他们必须向被他们斥责过的人讨救兵。他们必须保卫被他们否定掉的原则。他们必须承认许多新的价值,群众强调那些价值曾使他们既恐慌又气恼。"②现在他们发觉,只有解放群众才有希望扑灭熊熊的烈火。

　　总之,法西斯主义是腐朽的资本主义的产物,是理性的敌人,是法治的敌人,其本质是独裁主义的。面对法西斯主义对民主的反动,拉斯基从社会历史、阶级基础、心理机制及哲学思想等方面对法西斯主义进行了分析与批判,旨在阐释两个见解:第一,法西斯是资本主义社会运行失调、陷入危机的产物。法西斯主义兴起并把世界带入战争火海,表明资本主义深陷危机,表明人类面临根本性的变革。资产阶级为了保护既得利益,为了阻碍这场变革的发生,把法西斯势力捧上台,结果发现这只是搬起石头砸自己的脚。因此,解决时代危机的唯一方法是进行一场革命,变革资本主义制度。第二,法西斯主义的所作所为,威胁到整个人类,包括资产阶级的利益,因而人类各阶级,包括资产阶级,为了战胜法西斯,为了清除产生法西斯主义的土壤,为了自己的生死存亡,有可能,也必须同心协力,以大局为重,联手变革社会基础,重新确定共同的伟大生活目标。联系当时的现实情况,我们不难看出,作为理论战线上反法西斯的斗士,他从 20 年代初法西斯主义初露端倪时,就给予密切的关注、痛加批判,并长期为结成法西斯的统一战线摇旗呐喊,这是我们不应忽略的。

　　(三)对代议民主制困境的反思

　　代议民主制(representative democracy),又称间接民主制,是实现民主的一

---

① 　拉斯基:《论当代革命》,朱曾汶译,北京:商务印书馆,1965 年,第 136 页。
② 　拉斯基:《论当代革命》,朱曾汶译,北京:商务印书馆,1965 年,第 137 页。

种基本形式,"是近代民主的最主要象征"①。政治思想家密尔在其《代议制民主》中就曾认为代议制政府是"理想上最好的政府形式"②。第一次世界大战以前,在欧洲诸多国家,如法国、西班牙、意大利和德国等"无不希望各该国创立英国式的代议机关,以为以后就有一种幸福时代跟着发生"③。毋庸置疑,"代议民主制的繁荣与资本主义的繁荣之间曾经有过一段十分美好的联姻。然而,颇具讽刺意味的是,正是资本自身的逻辑又在悄悄侵蚀这种联姻的基础,使代议民主制深陷困境:随着自由资本主义向垄断资本主义的演变,国家干预和管理社会经济事务职能的不断扩大,议会的传统权力和对政府的监督作用日趋削弱,议会代表人民行使主权的权威性迅速衰微"④。正是在这种历史情境之下,拉斯基认为,"在第一次世界大战结束到第二次世界大战之间的年代中,没有一个大的民主国家的情况是令人满意的","对民主制度的怀疑已深入到民主国家本身",⑤"'代议制度'的衰落已经体现在各个方面了"。具体而言,主要体现在以下几个方面:

第一,议会地位的弱化。19世纪是代议民主制的鼎盛时期,在此时期,"议会在国家政治生活中备极殊荣:它是宪政体系的头脑和心脏,享有高度的独立性,拥有极为广泛和强大的立法权和监督权。以致有人认为,除了不能使男人变成女人和使女人变成男人以外,议会无所不能"⑥。然而20世纪上半叶,现代国家的立法机关——议会是在令人不能满意的情形中,选举"已经越来越沦为一种形式","行政机关已经掌握相当的立法权,同时文官制度在国家内的权力不断地扩大,这都使得立法机关的权力不断流失","以致议员个人也差不多已沦为一个投票的机器",议会也由此就成为一个纯粹表决的机关。而且随着现代政治的发展,议会政治实际上演变为"议会政党政治","政党实际上在代行议会立法的职能,整个立法审议过程都由议会多数党操作,自然就由多数党控制,即立法过程成为执政党内部以及执政党和在野党非正式协商的过程,议会职能

---

① 刘山鹰:《试论民主的价值》,《政治学研究》,2006年第1期,第23—31页。
② 詹姆斯·布赖斯:《现代民治政体》,张慰慈等译,长春:吉林人民出版社,2001年,第839页。
③ 詹姆斯·布赖斯:《现代民治政体》,张慰慈等译,长春:吉林人民出版社,2001年,第839页。
④ 陈明明:《西方议会的历史地位、危机与改革》,《云南行政学院学报》,2000年第5期,第9—14页。
⑤ 拉斯基:《论当代革命》,朱曾汶译,北京:商务印书馆,1965年,第138页。
⑥ 埃弗尔·詹宁斯:《英国议会》,蓬勃译,北京:商务印书馆,1959年,第2页。

与政党议会政治职能的关系混淆不清"①。譬如,在英国,众议院依旧是政治生活的中心,依旧是政府发动的机轮。但是由于议会是政党控制的议会,议会的决策模式比较从前任何时期更要来得困难。由此,可以在某种意义上说,代议制度已经无法真正体现"平等""自主""参与""和平"所蕴含的民主价值,也就意味着它将"不能保证产生最好、最有效率的决策,也不必然带来令人满意的结果"②。鉴于此,拉斯基断言,如若维持民主政治的合法性基础已经根本动摇,则它的危机必然是致命的。

第二,民主政治本身的知识状况问题仍未解决。由于现代政治问题日益复杂与专门化,参与政治的人们必须接受一定的心智训练,民主政治"被结构性地限制在一个秘密且疏离的空间当中",政治也日益"被划归到一个单独的领域,该领域由职业政治家所占据,由政党精英加以组织,并由技术性话语和行政人员的官僚实践予以保障,它在相当大程度上是与广大公众绝缘的……公民们退却至私人领域"③。代议制形势下的自由民主本质与密尔所坚信的"无论什么时候他们高兴,他们便是政府一切运作的主人"的民主存在着巨大差异。更为重要的是,这一状况又被文化、教育、社会习惯所强化,民主政治所需要的知识状况依然是很难令人满意的。民众大多数埋头于纯粹私人的生活里,对于政治没有什么兴趣或知识。他们求之于政府的是结果,他们既无闲暇又无见闻去追求那些结果在那种环境里是否可以获得。这样,他们因为没有受过适当的教育以从事他们专门的政治任务而如何组织他们来从事于此项任务的问题落在各政党之手了。而且人们在推选他们的统治者的时候,他们决议所依据的考虑是一切科学方法所不能分析的。他们投票反对一个政府,因为它统治时间太长久,而不计较它的成绩良否。他们可以为恐慌赶到一方面去。他们在最后五分钟为一个骤然发作的事件又可以跑到另一个方向去,而这件事竟可与所争的政策没有实在关系。而且,现代政治的错综复杂使选举工作比较从前任何时期更要来得困难。19 世纪对所讨论问题辩论,其所以能够产生较大的趣味或是得到较广的传播,并不是因为他们的水准来得高,而是因为他们的题材本身是足以抓

---

①　陈明明:《西方议会的历史地位、危机与改革》,《云南行政学院学报》,2000 年第 5 期,第 9—14 页。

②　江宜桦:《自由民主的理路》,北京:新星出版社,2006 年,第 45 页。

③　保罗·金斯伯格:《民主:危机与新生》,张力译,北京:中国法制出版社,2012 年,第 29 页。

住一辈非专门的听众的注意。现在，讨论的性质已经变了：工业改组的详细计算、币值改革的各项原则、失业保险的方法、补助住宅的程序等，每个都得有专门的知识，都是完全不容演说家大放厥词的。因此，在议会中，关于种种专门问题，只任少数有专门知识的人去规定与计划，其余多数则只有随声附和，没有丝毫意见与主张掺杂其间。若以他们代表人民，传达人民公意，为人民造幸福，为国家建大计，岂非难之又难。而且，实践证明，每一个政府进行它正常的公事，都有赖于大众的惰性；普通政治程序的乏味性，在事实上却正是它的安全机关；现代只有那辈萧规曹随的当道，才能治国一二十年之久。这是因为牵涉的各种利益范围太广了，技术错误的危险太多了，失败于不相干事件上的可能性太多了，对于新奇的畏惧心太深切了，以致要在深远过渡的局面里维持统一是很难的。从某种意义上说，一种政治民主制的根本性质，先就使迅速而又大规模的行动无发生之可能。

由上述可知，基于资本主义民主局限性的批评、法西斯主义专制独裁的驳斥、代议制民主危机的反思，拉斯基反复倡言，"资本主义民主政治的毛病在它系属资本主义的时候是无法治愈的"，"这种制度已经失去了赢得人民同意于它的假定的力量"。① 于是，拉斯基主张建立一种新的民主政治，以挽救危机中的民主政治。

二、多重民主的契合：民主思想的重塑

民主思想是拉斯基政治思想体系的重要部分，其所阐述的民主是一个广泛意义上的民主，它不仅仅局限于政治层面，更深入经济、社会、文化、教育、国际关系等诸方面，具有宏观、综合、创新的特色。本文重点阐释其政治民主与经济民主思想。

（一）政治民主

政治民主是拉斯基民主思想的核心内容，是实现其所主张的经济民主、社会民主和国际民主的前提与基础。拉斯基倡言，要实现政治民主，必须以自由与平等为基础，以扩大公民政治参与权为本质要求，以法治为保障，以建立自由

---

① 拉斯基：《民主政治在危机中》，王造时译，北京：商务印书馆，1940 年，第 122 页。

与公正型社会为理想目标。

1. 自由与平等:政治民主的价值核心

自由与平等是现代社会最重要的政治价值理念。依悉尼·胡克所言,民主主要包括两个基本理念——政治平等和政治自由。拉斯基亦认为,自由与平等是政治民主的价值核心,两者"与民主国相待而不能一日离"①。

作为自由主义坚定捍卫者,拉斯基承续了自由的传统定义,认为"自由"是指人的精神活动和物质活动免受强制和阻碍。同时,拉斯基亦对自由传统定义作了扬弃,认为"所谓自由权,就是在现代文明中,保障个人幸福所必需的社会条件的存在,不受任何限制的意思"②。拉斯基倡言,自由不仅是个人免于束缚,更是个人自由发展。"社会上各种制度的作用使一个人抱有一种创造性的希望,鼓励他去完成一项使他感到有重要意义和欢欣鼓舞的事业,那么这个人在社会上就是自由的了。"③拉斯基承认,自由主义作为一种哲学,是随着资本主义兴起而产生的,在一定意义上说,其主要功能就是为商业文明中的私有财产提供意识形态上的保护。拉斯基认为,自由"几乎在每一个重要方面由于我们生活于其下的经济制度的内在关系而成为它的限制"④,它"保护一个特殊的所有制阶级及其附庸的权利,使他们免受其权利并非来源于私有财产的人民大众的侵犯"⑤。而且,在此社会,"一个公开表示反资本主义的人,将非常难于寻找工作,成千上万由于恐怕触怒雇主、雇客和委托人,都不敢怀抱'危险思想',雇主阶级所掌握的用人权利和经济力量,威胁了舆论,阻挠了民主政治"⑥。因而,广大民众难以获得真正的自由。

然而,另一方面,拉斯基重申,相异于资本主义社会,在民主社会主义社会里,由于生产资料公有制的建立使人们产生了一种"新的机会天地"的心境,这不仅"为自由的概念开辟了新的个人和制度的前景"⑦,而且为人们自由民主权

---

① 拉斯基:《政治典范》,张士林译,北京:商务印书馆,1931年,卷上二,第16页。
② 拉斯基:《现代国家中的自由权》,何子恒译,北京:商务印书馆,1959年,第33页。
③ 拉斯基:《论当代革命》,朱曾汶译,北京:商务印书馆,1965年,第380页。
④ 拉斯基:《现代国家中的自由权》,何子恒译,北京:商务印书馆,1959年,第24页。
⑤ 拉斯基:《论当代革命》,朱曾汶译,北京:商务印书馆,1965年,第390页。
⑥ 拉斯基:《国家的理论与实际》,王造时译,北京:商务印书馆,1959年,第137页。
⑦ 拉斯基:《论当代革命》,朱曾汶译,北京:商务印书馆,1965年,第381页。

利的实现提供了保障。因而,在民主社会主义社会里所形成的自由不仅"概念
是积极的"①,而且内涵也是十分宽泛的,涵盖言论自由、集会结社自由、教育自
由和宗教信仰自由等内容。在上述自由中,拉斯基对言论自由予以了特别关
注。在他看来,言论自由是衡量政治民主的标准,"一个国家的品质的最好指
标,就在它能够容许人们对它进行自由批评的程度。因为这意味着国家对公众
意见的敏感和消除人民疾苦的志愿,从而使国家巩固和扩大公民对它的忠
诚"②。"一旦禁止言论自由,禁止对于社会制度的批评,就会走向专制的道
路"③,"自由的本质就危险了"④。

　　拉斯基亦意识到,平等与自由一样,既是人类追求的基本价值目标,也是民
主政治的基础。平等与自由"非唯不相反对,而且相助相成"⑤,"要使自由权能
够向着指定的目标进行,重要的条件是必须有平等"⑥。"自由概念和平等一分
离,便非常空虚了"⑦,"没有平等,自由也就没有实现的希望"。那么,何谓平等?
"平等者,非待遇同样之谓"、"亦非酬劳同样之谓"。⑧ 人类生而有别,生后又因
境遇和教养的不同,更加深了差异的程度,因此人们的待遇和酬劳不可能完全
相等。其实,平等主要包含两层意思:第一,平等意味着同等的机会,即"平等的
观念显然就是置身于同等地位的意思,这就是尽可能给每一个人都有同等的机
会去运用他所具备的才能"⑨。第二,平等意味着同等的权利。也就是说,社会
"在作出影响他的决定时,他会想到凡是任何其他公民所具有的法律权利,他也
同样具有;社会对于不同的人们作出不同的待遇时,那些原则也必就可以用共
同的福利原则加以说明的"⑩。这意味着,"凡他人以国民资格所享之权利,我即
以同等之资格享受同其广狭之权利"⑪。没有一个人的权利会因另一个人的权

① 拉斯基:《论当代革命》,朱曾汶译,北京:商务印书馆,1965年,第395页。
② 拉斯基:《现代国家中的自由权》,何子恒译,北京:商务印书馆,1959年,第81页。
③ 拉斯基:《现代国家中的自由权》,何子恒译,北京:商务印书馆,1959年,第69页。
④ 拉斯基:《论当代革命》,朱曾汶译,北京:商务印书馆,1965年,第327页。
⑤ 拉斯基:《现代国家中的自由权》,何子恒译,北京:商务印书馆,1959年,第36页。
⑥ 拉斯基:《现代国家中的自由权》,何子恒译,北京:商务印书馆,1959年,第35页。
⑦ 拉斯基:《国家的理论与实际》,王造时译,北京:商务印书馆,1959年,第65页。
⑧ 拉斯基:《政治典范》,张士林译,北京:商务印书馆,1931年,卷上二,第89页。
⑨ 拉斯基:《现代国家中的自由权》,何子恒译,北京:商务印书馆,1959年,第36页。
⑩ 拉斯基:《现代国家中的自由权》,何子恒译,北京:商务印书馆,1959年,第36页。
⑪ 拉斯基:《政治典范》,张士林译,北京:商务印书馆,1931年,卷上二,第91页。

利要求而遭受牺牲。

　　由上述不难看出,拉斯基关于自由、平等与政治民主关系的阐释虽充溢着理想色彩和偏颇之处,但总体而言仍极具启发性。拉斯基不断地告诫人们,没有自由的精神,就没有平等的可能,没有平等的意识,也就不可能得到自由的社会状态。换言之,不平等则不民主,不民主则不自由,对自由的否定"必然要引起冲突,冲突的代价是自由的毁灭;而人类失去自由,人类的人性赖以维系的那些素质也就同归于尽"①。

　　2.政治参与:政治民主的实现形式

　　"在有关政治的理论研究和经验研究中,政治参与都是一个核心概念。它在对于民主的分析中具有特别重要的作用。"②在拉斯基看来,政治生活中起决定作用的应该是全体公民,民主政治就是"全体公民平等参政"③,公民有权选择统治者,"有机会设立自己在其下生活的政府"④,他们不但可以有权对政府机关和行政官员的活动予以监督,而且可以广泛参与国家政治活动。总之,在民主国家中,权力属于人民,权力的行使,必须以有利害关系的人民的经验为基础并广泛地征求人民意见,否则"在主要问题上不通过同意的途径而推行的权力,是不可能希望它会长久存在的,并且也没有权利要求能长久存在"⑤。所以,拉斯基明确指出,国家要想实现公民的政治参与,就必须关注公民影响或参与制定、通过及贯彻公共政策的行动。

　　选举制是民主制的基石,是彰显民主制成熟度的首要标志。"日益完善的选举制使人民主权、社会契约、公民的平等、自由权利等民主理论成为现实,又保障了大众参与、政治竞争、权力制约、依法治国的民主机制的成熟。"⑥拉斯基认为,"不向人民负责的权力就会将那些作为目的的人民变成了工具"⑦,"就会

---

①　拉斯基:《现代国家中的自由权》,何子恒译,北京:商务印书馆,1959年,第143页。

②　戴维·米勒、韦农·波格丹诺:《布尔什维克政治学百科全书》,邓正来等译,北京:中国政法大学出版社,1992年,第563页。

③　拉斯基:《政治典范》,张士林译,北京:商务印书馆,1931年,卷上一,第18页。

④　拉斯基:《现代国家中的自由权》,何子恒译,北京:商务印书馆,1959年,第46页。

⑤　拉斯基:《现代国家中的自由权》,何子恒译,北京:商务印书馆,1959年,第65页。

⑥　应克复、金太军、胡传胜:《西方民主史》,北京:中国社会科学出版社,2003年,第383页。

⑦　拉斯基:《现代国家中的自由权》,何子恒译,北京:商务印书馆,1959年,第47页。

藐视其所以被授权的目的，而只顾到操权者自身的福利"①。因此，一种能够定期以和平方式选择统治者的普选制是民主社会的"程序基础"②，它为公共权力机构的产生，以及和平、合理、有序转让提供了制度上的保障。在他看来，经由民选产生的政府才是合法的政府；只有受人民的监督与约束的政府，才不敢恣意妄为，才会"始终生存在失败的阴影中"，也"才能殷切地满足那些把命运委托于它的人民的愿望"③。同时，拉斯基极力反对对公民选举权予以限制，他强调，"人民有权选择统治者，对于他们必须没有宗教、种族、性别、肤色或财产等方面的歧视"④。他认为，自由、普通的选举对公民而言，既是一种权利，也是一种义务，如若对公民选举权予以限制，把一部分人民排斥于选举之外，这既不符合民主政治主权在民的原则，也不利于公民平等权利的实现。

公民直接参与制定政府的政策，是公民政治参与的重要形式，是公民的民主权利的具体体现。拉斯基强调，公民要在民主生活中发挥作用，"在政策的制定中能考虑到自己的经验，并且要按照他自己所表达出来的意义那样加以考虑"⑤，"他必须能够看到他的生活在作出一些决定"⑥，而且公民参与制定政策就必然会使"公民感到自己在国家中的地位的重要"⑦，从而产生一种政治责任感，也就是说，"公民参加制定他在生活中所应遵守的规则的程度越高，公民自由无拘束地拥护这些规则的忠诚也越高"⑧。至于公民如何参与政策的制定，拉斯基主张，与大众参与相适应的政治体系必须是一种高度开放的政治体系，也就是说，政府"在达到一种公共的决议的过程中，应该使尽可能多的，会遭受影响的人们来参加决定"⑨。这样制定出的政策才会符合和反映公众的利益与需求。

公民监督是政治民主的重要内容。拉斯基非常重视公民对政府实行监督

① 拉斯基：《现代国家中的自由权》，何子恒译，北京：商务印书馆，1959年，第47页。
② 拉斯基：《论当代革命》，朱曾汶译，北京：商务印书馆，1965年，第179页。
③ 拉斯基：《现代国家中的自由权》，何子恒译，北京：商务印书馆，1959年，第47页。
④ 拉斯基：《论当代革命》，朱曾汶译，北京：商务印书馆，1965年，第179页。
⑤ 拉斯基：《现代国家中的自由权》，何子恒译，北京：商务印书馆，1959年，第68页。
⑥ 拉斯基：《论当代革命》，朱曾汶译，北京：商务印书馆，1965年，第322页。
⑦ 拉斯基：《现代国家中的自由权》，何子恒译，北京：商务印书馆，1959年，第59页。
⑧ 拉斯基：《现代国家中的自由权》，何子恒译，北京：商务印书馆，1959年，第59页。
⑨ 拉斯基：《现代国家中的自由权》，何子恒译，北京：商务印书馆，1959年，第59页。

与约束,认为国家的行为与目的一定符合公民利益的观点是值得商榷的。在他看来,不能把国家的理想目的和政府的实际政策相混淆,"认为国家的政策,不管它是怎样,总是不错的,而且只有接受国家的政策才可能获得的这一种说法,是不符合历史事实的"①。拉斯基明确指出,"在一个社会里,不论是谁行使权力,总有滥用权力的倾向"②,"权力在不受控制的时候,始终是自由的敌人"③,"对于公民自由构成了一种含蓄的威胁"④,"受他们统治的人也决不会是自由的"⑤。所以,"政府中人之行为,受全国人之审核监督"⑥势在必行。为了使公民能够有效行使审核监督之责,拉斯基非常重视对公民的参与意识和政治责任感的培育。因为,拉斯基深知,若公民未养成良好的参政意识,未养成与政治的相关观念,他们对"政治兴趣,必降至于无"⑦,政治也就成为"一个与他无关的过程"⑧。这种状况的产生,原因有多种,但教育机会的不均等是其中最为重要的一个原因。在拉斯基看来,人民没有受过教育,就不能理解自己的职责,尽公民的责任。因为"教育是要培养一个能独立思考的公民"⑨,一个能独立思考的公民,才能把他的人格充分地表现给社会,才能理解自己职责和尽公民的责任,才能积极、主动地参政。若"大多数人文字不识,何望能参与国家的事务"⑩。也就是说,民主国家的公民,除非被训练成能使用民主权利,否则就不能说是有了民主权利。因此,拉斯基极力主张改革现存教育制度,大力提高教育的受众面和教育水平,努力提升公民参政议政的能力和水平,使公民参政议政落到实处,最终为民主政治的实现奠定扎实基础。

概言之,拉斯基认为选举制是民主制的基石、公民直接参与制定政府的政策是公民政治参与的重要形式、公民监督是政治民主的重要内容观点,进一步

①　拉斯基:《现代国家中的自由权》,何子恒译,北京:商务印书馆,1959年,第42页。
②　拉斯基:《现代国家中的自由权》,何子恒译,北京:商务印书馆,1959年,第48页。
③　拉斯基:《现代国家中的自由权》,何子恒译,北京:商务印书馆,1959年,第35页。
④　拉斯基:《现代国家中的自由权》,何子恒译,北京:商务印书馆,1959年,第51页。
⑤　拉斯基:《现代国家中的自由权》,何子恒译,北京:商务印书馆,1959年,第33页。
⑥　拉斯基:《政治典范》,张士林译,北京:商务印书馆,1931年,卷上一,第32页。
⑦　拉斯基:《政治典范》,张士林译,北京:商务印书馆,1931年,卷下四,第139页。
⑧　拉斯基:《论当代革命》,朱曾汶译,北京:商务印书馆,1965年,第323页。
⑨　拉斯基:《论当代革命》,朱曾汶译,北京:商务印书馆,1965年,第332页。
⑩　拉斯基:《政治典范》,张士林译,北京:商务印书馆,1931年,卷上二,第100页。

扩展和细化了政治参与的内涵。尤其是对公民教育的强调与关注，更是对落后国家民主智力问题的解决提供了某种借鉴与启示。

3.法治:政治民主的保障机制

民主是法治下的民主，法治是民主政治的根本保障。拉斯基尊崇法治，在他看来，法治是民主国家与专制国家最显著的区别，"一个民主社会是靠维持一种任何人都不能超越其上的法治而存在下去的"①。法治对民主政治保障作用主要体现于两个方面。首先，公民民主权利是以法律的形式固定下来的。拉斯基倡言，"法律不仅是一种命令，更是一种诉愿"，"法律是追求满足人类愿望的规则"②；人民之所以承认法律的权利，是因为他已将法律权利成功地与自己的经验关联起来，法律的指向和他们的目标是一致的。所以，"权利应列举在宪法中"③是政治民主的应有之义。拉斯基进而认为，公民并无生来就须服从的义务，法律要在伦理上成为正当，就必须履行好保障公民的民主权利的职能。所谓正当的法律"乃是因为它能够满足人们对于那些制度所提出的种种要求"。④当法律反映了公民的民主权利，公民自然会自觉服从；如若法律没有反映公民的民主权利，反而与公民认为基本的东西相违背，公民当然也有权反抗。因此，拉斯基强调，法律是扎根于同意的，"法律的根基在于人们的意志"⑤，法律的制定与执行，必须充分探讨人们的需求与愿望，把公民的民主权利以法律的形式固定下来，以"使生活于这种法律原则下面的人们心悦诚服"⑥。唯有如此，法律对民主政治的保障功能也才能进一步强化。

其次，民主国家权力须在法律程序之下运行。拉斯基强调，"国家在正常法律程序以外行使的非常权力，没有不被大大滥用的"⑦。因此，"一个政府对于超出它的规定权力以外的行动应该负责的这种观念，乃是每一个用法治代替专断作为政治行动基础的国家的中心观念"⑧，也就是说，政府权力的行使不得超越

① 拉斯基:《论当代革命》，朱曾汶译，北京:商务印书馆，1965 年，第 179 页。
② 拉斯基:《现代国家中的自由权》，何子恒译，北京:商务印书馆，1959 年，第 64 页。
③ 拉斯基:《政治典范》，张士林译，北京:商务印书馆，1931 年，卷上一，第 60 页。
④ 拉斯基:《国家的理论与实际》，王造时译，北京:商务印书馆，1959 年，第 58 页。
⑤ 拉斯基:《民主政治在危机中》，王造时译，北京:商务印书馆，1940 年，第 115 页。
⑥ 拉斯基:《现代国家中的自由权》，何子恒译，商务印书馆，1959 年，第 113 页。
⑦ 拉斯基:《现代国家中的自由权》，何子恒译，商务印书馆，1959 年，第 82 页。
⑧ 拉斯基:《国家的理论与实际》，王造时译，北京:商务印书馆，1959 年，第 7 页。

法律之外,以免政府权力任意侵害人民的民主权利。拉斯基进而指出,以法治为民主的保障机制,还必须确保与强化司法独立。只有司法机关处于完全独立的地位,才能保障人民的民主权利。当然,要使司法独立,还必须反对政府凭好恶之感任命法官并保证法官的人身安全,"无论政府或其他人等都没有权力去剥夺秉公执行法律的法官的权力"①。当然,法官也不应卷入政治活动,唯此才能保持司法的独立性。概言之,"司法与政治的分离愈完全,则司法独立与其品质愈益臻于完美"②。

总之,拉斯基对政治民主的阐释十分契合民主主义的原典精神。不论对公民自由权的尊重、对公民平等权的捍卫、对公民决策参与权的强调、对法治下民主的重申,还是对公民教育的推崇都体现了民主政治的精义。这一方面来源于对民主主义原典精神的研读和领悟,同时更得益于他对现代民主政治的切身体会。这些看似难脱窠臼的论说,其实有着深刻的现实针对性,从中我们不难体会拉斯基对政治民主的追寻与求索的拳拳之心。

(二)经济民主

拉斯基注意到,昔日人们一直关注的民主政治主要是作为一种政治制度的民主政治,但是,民主危机的根源并非仅限于政治性因素,其他与民主核心问题有关的领域也是重要的影响因素,如经济领域,对它们进行深入探讨势在必行。拉斯基与罗伯特·达尔一样,都认为"如果民主有正当理由统治一个国家,那么,它一定也有正当理由统治经济社会;并且,如果说民主没有正当理由统治经济社会,这就是在暗示说,它也没有正当理由统治一个国家"③。拉斯基深信,现代民主政治单纯强调政治民主有其弱点和短处,必须用经济民主的形式来补充政治民主,使经济民主与政治民主有机结合起来,从而把民主边界从政治领域扩展到社会和经济领域中去。拉斯基经济民主的基本观点和主张,是实行生产资料国有化,反对资本主义的私有制,实行"计划经济",建立一个经济上平等的福利国家。具体而言,拉斯基经济民主思想突出体现在以下几个方面:

① 拉斯基:《现代国家中的自由权》,何子恒译,商务印书馆,1959年,第48页。
② 拉斯基:《政治典范》,张士林译,北京:商务印书馆,1931年,卷下四,第10页。
③ 保罗·金斯伯格:《民主:危机与新生》,张力译,北京:中国法制出版社,2012年,第80页。

1. 保障公平分配,建立经济上平等的福利国家

拉斯基相信,如若人们在政治领域享有平等的权利,但是在经济领域却处于高度不平等状态,民主的根基很可能会被大大地侵蚀。在拉斯基看来,"民主政治的真意义,是在凭着社会制度,同等地衡量个人幸福的要求"[①],并"扩大那些分享福利的好处的人的数目"[②]。由此,"创造条件保障福利的公平分配,建立经济上平等的福利国家"就成为拉斯基经济民主的首要目的。然而,资本主义社会由于自身局限性,无法真正建立起经济上平等的福利国家,其原因有两个:一是因为资本主义社会无法超越自身特殊利益,"并不代表整个社会的福利"[③]。即便资本主义社会已经从"警察国家"变为"社会服务国家"、从"消极国家"变为"积极国家",亦无法为全社会提供福利,这"是资本主义社会为了保持生产工具私有制而不得不偿付的代价"[④]。因为,在生产资料私有制下,资本主义社会虽然能为社会提供一定的福利,但这只是"生产工具的所有者受了阶级斗争的压力不得不作的让步","他们只放弃了外围的防线,并未退出中央堡垒。社会内取得物资福利的有效手段依然还是资本主义制度原来的情形——财产私有制。各种正义概念依然不得不在那个假定所规定的应有体制内发生作用"[⑤]。二是资本主义社会已无力为社会提供福利。资本主义民主制度的内在矛盾,即"它的政治涵义是每个公民都能获得社会上物资福利的平等权利,而它的经济含义,却由于它的资本主义基础,营求利润的要求限制了公民取得物资福利的平等权利"[⑥],决定其无力真正确保民主价值的实现。资本主义民主制度在政治上与经济上的矛盾,在资本主义扩展时期,并不突出,但一旦资本主义进入萎缩时期,即"它的经济基础已不复能提供它的民主内容所包含的日益增长的福利"[⑦]的时候,资本主义民主价值就会受到严峻挑战。此时的问题,并非资本主义民主制度能否满足人们日益增长的福利的问题,而是在资本主义收缩时期,民主

---

① 拉斯基:《现代国家中的自由权》,何子恒译,北京:商务印书馆,1959年,第133页。
② 拉斯基:《论当代革命》,朱曾汶译,北京:商务印书馆,1965年,第280页。
③ 拉斯基:《国家的理论与实际》,王造时译,北京:商务印书馆,1959年,第134页。
④ 拉斯基:《现代国家中的自由权》,何子恒译,北京:商务印书馆,1959年,第131页。
⑤ 拉斯基:《国家的理论与实际》,王造时译,北京:商务印书馆,1959年,第111-112页。
⑥ 拉斯基:《国家的理论与实际》,王造时译,北京:商务印书馆,1959年,第93页。
⑦ 拉斯基:《论当代革命》,朱曾汶译,北京:商务印书馆,1965年,第307页。

政治能否维持下去的问题。也就是说,"除非民主能创造出一种可以使它恢复日益增长的物质福利条件的生产关系,否则它就没有力量去建立一套对人民行之有效的价值体系"①。

拉斯基强调,民主国家应当是经济上平等的福利国家。"国家之责,将社会中之需求,若交通,若教育,若卫生,为个人所共享者,善为分配,使得各享生人之乐而已。"②但是,不可否认,国家为履行上述职责所拥有的权力是有条件的,即国家有义务创造条件帮助人们实现其欲望与目的。民众并无服从现实国家的义务,人们服从国家权威,只是因为他们相信可以通过国家实现自己的欲望与目的。拉斯基深信,国家并不是神秘的或神圣的东西,成功的国家"无非就是能够满足最大可能范围的要求的政府(国家)"③,国家必须满足,而且平等地满足它的全部公民的欲望与目的,也就是说,"国家的行动应该是为了它全体公民的利益而不得有所偏颇。假使它对于公民有差别待遇,那末作为一个国家,它就不能完成它的目的,除非是能够证明那些受差别待遇的人,由于受差别待遇也同样受到好处"④。

拉斯基强调,经济上平等的福利国家的实现,应努力做好以下工作:第一,公平地分配社会财富,保障劳动者生活所需的基本需求。拉斯基虽然承认国家可以按成员所履行的社会职责而给予不同的报酬,但是强调"社会中一般人至急之需求,应先有以满足之,而后及于少数人之特别需求。换词言之,必社会全体之文明的最小限度之基础先达到,而后可语夫各人之社会地位生计地位之差别"⑤。在拉斯基看来,"至急之需求"的满足能使个人个性的解放与人格的完善;平等的意义在于,"社会富力范围之内,各人之初等需要,应予以同样之满足。是即吾人所谓公道之义"⑥。因而,国家只有在保证满足人们"至急之需求"之后,才能依据人们对社会所做贡献给予适当的报酬,进而公平地分配社会财富。第二,祛除经济上的特权,防止少数财产所有者享有特权。拉斯基深信:

---

① 拉斯基:《论当代革命》,朱曾汶译,北京:商务印书馆,1965 年,第 198 页。
② 拉斯基:《政治典范》,张士林译,北京:商务印书馆,1931 年,卷上一,第 76 页。
③ 拉斯基:《现代国家中的自由权》,何子恒译,北京:商务印书馆,1959 年,第 139 页。
④ 拉斯基:《国家的理论与实际》,王造时译,北京:商务印书馆,1959 年,第 45 页。
⑤ 拉斯基:《政治典范》,张士林译,北京:商务印书馆,1931 年,卷上一,第 96—97 页。
⑥ 拉斯基:《政治典范》,张士林译,北京:商务印书馆,1931 年,卷上一,第 99 页。

"如果那些拥有和控制财产的人(特别是在大股份有限公司的时代)能够获得特权或独断独行,我们就休想做到经济权民主化。"①因此,要想阻止这种事情的发生,"我们必须借助民主在经济领域内的发展来打倒食利者和财阀的肆无忌惮的特权"②。第三,大力发展社会生产力,确保每个公民平等分享国家福利。在拉斯基看来,要想确保每个公民都能平等分享国家福利,"就得创造出促使福利日益增长的条件,就得把社会生产力从目前束缚着它的桎梏中解放出来,另外还得有意采取一种丰裕的经济来代替限制的经济",这不仅"可以防止国家的政治权威被滥用来为它的少数成员谋利益"③,还能为公民平等分享国家福利奠定扎实基础。

总之,拉斯基强调,经济上平等的福利国家是实现社会正义的理想工具,是增进人类幸福与福利的合乎逻辑的团体。福利国家的实现途径是通过发挥国家的积极作用,在保证人民政治平等的基础上,采取大力发展社会生产力、祛除经济上的特权、公平地分配社会财富等举措,促进人民在社会与经济上的平等与自由。拉斯基经济上平等的福利国家思想作为福利国家思想的早期形式,不仅为英国福利制度发展奠定了坚实的基础,而且在客观上给世界指明了一条新的福利道路即福利国家模式,其带来的客观结果是:"既有别于苏俄强调政治集权的做法,突出公民自身应当享受的天赋权利,在理论方面比较成功地把马克思主义公有制思想同西方资本主义传统的注重个人权利结合了起来,力图在国有化框架下最大限度地维护和发展个人权利,这是西方早期民主社会主义思想的一个重要特征,后来出现的一些理论、思潮以及一些国家的实践,大多围绕着国家与公民之间的这种辩证关系而发展形成的。"④

2. 废除生产资料私有制,提倡主要生产资料国有化

何种经济制度更加符合人类的生存和发展,是拉斯基经济民主思想中最为重要的问题。拉斯基深信,为建立经济上平等的福利国家,就必须"大大触动所有权的基础",对生产资料所有制进行改革,废除生产资料资本主义私有制,实

---

① 拉斯基:《论当代革命》,朱曾汶译,北京:商务印书馆,1965年,第340页。
② 拉斯基:《论当代革命》,朱曾汶译,北京:商务印书馆,1965年,第339页。
③ 拉斯基:《国家的理论与实际》,王造时译,北京:商务印书馆,1959年,第167页。
④ 胡修雷:《拉斯基的国家学说及其对英国工党的改造》,北京大学硕士研究生学位论文,2004年,第38页。

行主要生产资料国有化。拉斯基首先检讨了生产资料私有制的弊端,认为,"从根本上讲,私有制意味着决定分配的既不是需要也不是劳力,而是法律的强迫手段"①。拉斯基认为,"一个社会内生产工具如果为少数人所占有,国家的权力将被用来保护他们的所有权"②,"凡是妨碍获得利润的东西,国家权力就来压制它,只要它能被压制住的话"③。鉴于此,拉斯基强调,在合理的经济制度中生产资料公有制是必不可少的,"除非生产工具属公共所有,任何国家都不能为社会谋求整个福利。只有在公共所有制的条件下,国家政权才能不偏不倚地被用来保护社会内每个成员的利益"④。同时,拉斯基还把生产资料国有化看作是民主政治的内在要求,认为,"把自由纳入平等的范围,自然也就非实行生产资料社会所有制不可了"⑤。由此,拉斯基断言,生产资料国有化实是经济民主的重要内容与理想归依。

当然,拉斯基所倡导的生产资料国有化,并非指全部生产资料归国家所有,而只是指经济权的几个重要基础应该掌握在社会手里。他认为,这些重要基础主要有四个:第一,四个基础中"最重要的一个是控制资本和信贷的供应。这就是说,英格兰银行、各合资银行、保险公司以及房屋建筑协会要国有化"⑥。在拉斯基看来,除了控制资本和信贷的供应外,"再没有其他办法能保证投资直接地和经常地联系到公众的需要而不是联系到私人的利润"⑦。第二,国家必须拥有和控制土地。这对于三个目的来说是必不可少的:它是适当设计城市(特别是被闪电战摧毁的地区)所必不可少的,它是使农业:在国民经济中占有适当地位所必不可少的,它是取得英国工业的适当布局和保持合乎审美要求的舒适所必不可少的。第三,国家必须管制进出口贸易。拉斯基认为,对于任何一种为消费者利益打算的计划生产来说,这种管制是十分重要的。它是国家控制资本和信贷的必然结果。很明显,不这样做,就休想使国民经济适应于目前已在所难

---

① 拉斯基:《论当代革命》,朱曾汶译,北京:商务印书馆,1965 年,第 207 页。
② 拉斯基:《国家的理论与实际》,王造时译,北京:商务印书馆,1959 年,第 89 页。
③ 拉斯基:《国家的理论与实际》,王造时译,北京:商务印书馆,1959 年,第 154 页。
④ 拉斯基:《国家的理论与实际》,王造时译,北京:商务印书馆,1959 年,第 217 页。
⑤ 拉斯基:《论当代革命》,朱曾汶译,北京:商务印书馆,1965 年,第 206 页。
⑥ 拉斯基:《论当代革命》,朱曾汶译,北京:商务印书馆,1965 年,第 341 页。
⑦ 拉斯基:《论当代革命》,朱曾汶译,北京:商务印书馆,1965 年,第 341 页。

免的汇兑国际管制。只有用这个方法，才能为了国民利益而组织大宗原料的购买和大宗出口货的销售。那是俄国经验的明显教训，它的重要意义已被战时的经验万分强调了。第四，国家必须拥有和控制运输、燃料和电力。在拉斯基看来，运输、燃料和电力的有国家控制，不仅为民主计划提供了基础，而且还能带来如下便利："煤矿国有化为节约、特别是在煤的买卖方面，提供了无限的机会；而且，凭经验来看，也唯有这样才能在适当的规模上科学地利用煤的副产品。至于电力国有问题就很简单，国营电力单位对私营供电单位的优越性早已表现得很清楚，而没有国有制所造成的统一，农村地区以及发展农业所迫切需要的农村电力就会落空，如果不给许多各自为政的公司以大量津贴的话。煤气和自来水供应也是如此。尤其是在农村地区，只有国有制下的统一才能使目前享受不到便利的无数人家享受到好处。"①

拉斯基深信，只要这些重要生产资料由全社会拥有和控制，就可以使它们为全社会的绝大多数人服务，使它们变成以全社会福利为目的的经济。② 但是，值得注意的是，拉斯基在主张主要生产资料国有化的同时，反复强调主要生产资料国有化必须关注以下三点："第一，吾人所谓国有，绝非不顾一切，专事破坏之国有。吾人之意，国有政策当就事实验，随经验之进步而与之俱进，其步骤为零星改良。第二，所谓国有，非各种实业之管理，咸出于同一方式，唯其管理，应合于立宪政治之原则，厂主工人各守其应守之规则，虽大同小异而无不可。第三，欲举全国之实业列为一表，一一分配，决不可得者也。何也，各人对于列表分配之意见，决不能一致。"③同时，针对有人从维护资本主义私有制出发，认为"人们调度不是属于他们自己所有的资金，就会对效率和创造性缺乏刺激，而牟利动机不管有哪些缺点，却能提供这两样东西"④的论点，拉斯基也予以了坚决反驳，认为，在主要生产资料国有化社会里，为公众服务到底会不会提供一种奋发有为的刺激，"这既要看有关的人的品性，又要看社会赋予处于这种地位的人的身份。假定有合理的酬劳，就没有丝毫根据认为人们在公家企业（生产资料

---

① 拉斯基：《论当代革命》，朱曾汶译，北京：商务印书馆，1965年，第342页。
② 拉斯基：《论当代革命》，朱曾汶译，北京：商务印书馆，1965年，第341—342页。
③ 拉斯基：《政治典范》，张士林译，北京：商务印书馆，1931年，卷下五，第7页。
④ 拉斯基：《论当代革命》，朱曾汶译，北京：商务印书馆，1965年，第368页。

国有化企业)工作会不及在私人企业来得巴结,只要工作使他们感兴趣,而对于所做的工作又一律看重。如果在一个社会里,谁收入最多,谁身价就最高,那么,有野心和有才能的人很可能都去干那最容易赚钱的差使[①]。因此,如若公众判断的标准不仅仅决定于获得财富的本领,那么,生产资料国有化就意味着,"在安排生产的时候,注意力可以不必集中在有效需求上,而可以集中在社会需要上"[②]。如此,生产资料国有化摆脱营利动机的结果,无疑具有莫大的社会利益。

　　总之,拉斯基重要生产资料国有化思想,不仅反映了西欧无产阶级和劳动人民的愿望与利益,而且为西方社会民主党所接受。"随着第二次世界大战胜利的日益临近,英国全国职工大会在讨论战后建设的规划时就提出了国有化的要求。在1945年工党的竞选纲领中,具体规定了要把英国工业的主要部分实行国有化,包括燃料和动力工业、内地运输业和钢铁工业。"[③]第二次世界大战后,欧洲社会党人也普遍主张,要使那些已经有成熟条件或已有过成熟条件的基本工业转变为公有制,特别强调垄断工业、大银行、公共机关等方面的国有化,在某种程度上可以说是拉斯基重要生产资料国有化思想的延续和实践。

　　3.反对自由竞争经济,主张实行计划化经济

　　拉斯基把经济的计划看作反对自由竞争经济、克服资本主义弊病与实现经济民主的重要手段。在他看来,自由竞争经济虽然在资本主义自由竞争时期取得过辉煌成就,但是自由竞争经济也造成了贫富悬殊和不平等。他倡言,"无计划社会就是不平等社会"[④],"它的悲剧在于一味依赖经济学家所理解的'有效需求'的占有,从而使贪欲成为它的主要原则;生活的其他一切方面都从属于这个原则"[⑤]。同时这种"无计划社会"还有两个致命伤:"一方面,在资本主义民主的形式后面,它总是实实在在成为富豪政治;另一方面,它最终总是敌视任何一种

　　① 拉斯基:《论当代革命》,朱曾汶译,北京:商务印书馆,1965年,第369页。
　　② 拉斯基:《论当代革命》,朱曾汶译,北京:商务印书馆,1965年,第52页。
　　③ 赵玉峰:《战后初期英国工党政府国有化政策的成因解析》,《社会主义与当代世界》,2007年第5期,第72—75页。
　　④ 拉斯基:《论当代革命》,朱曾汶译,北京:商务印书馆,1965年,第362页。
　　⑤ 拉斯基:《论当代革命》,朱曾汶译,北京:商务印书馆,1965年,第362页。

企图使诸如真、善、美等抽象价值比物质财富更值得向往的目的。"①因此，拉斯基主张，国家摒弃自由放任主义政策，实行经济的计划化。因为，社会经济"天赋自由的简单体系""已经需要愈益增强的国家干预来加以保卫"②，事实也证明，"国家计划不但能消灭失业，而且哪怕在战争条件下也能使人民的健康维持在比和平时期资本主义民主国家的自由经济所维持的更高的水平上。生产关系并没有重大改变，但是生产单位的改变，国家对财政机构、物价、消费以及产品的管制权的改变，却具有重要的意义。"③

拉斯基也由此倡言，计划经济是人类发展的趋势，它符合人类本性的最优选择。首先，"计划意味着优先权"④。所谓优先权就是要决定这件事比那件事更重要，社会的资源必须先派这个用场后再派其他用场；具体而言，优先权就是关系国计民生、为大众谋福利的事业可以优先安排。如国家控制的资本和信贷的供应，将更有"办法能保证投资直接地和经常地联系到公众的需要而不是联系到私人的利润"⑤。拉斯基认为，为群众福利而计划这个概念使得某些重要的地盘非被占领不可，如"穷人的住房比富人的豪华公寓重要；学校比电影院重要；支援改善农业的贷款比促进一样新的化妆品或新的专利药的制造和销售的贷款重要"⑥。因此，"优先权的作用意味着我们生活中一个很大的计划因素，而这反过来又意味着缩小个人对公共福利的要求之间的差距"⑦。实际上，"尤其是在物质供应缺乏的情况下，政府决定所得的基础是人的存在的事实而不仅仅是有效需求的经济原理，无疑对社会福利是有好处的"⑧。必须指出的是，拉斯基虽然极力倡导经济的计划化，但反对把自由与计划对立起来。"把自由社会和计划化社会看作是两个对立的名词，那是不对的。"⑨"这完全误解了我们社会

---

① 拉斯基：《论当代革命》，朱曾汶译，北京：商务印书馆，1965年，第366页。
② 拉斯基：《论当代革命》，朱曾汶译，北京：商务印书馆，1965年，第355页。
③ 拉斯基：《论当代革命》，朱曾汶译，北京：商务印书馆，1965年，第159页。
④ 拉斯基：《论当代革命》，朱曾汶译，北京：商务印书馆，1965年，第374页。
⑤ 拉斯基：《论当代革命》，朱曾汶译，北京：商务印书馆，1965年，第341页。
⑥ 拉斯基：《论当代革命》，朱曾汶译，北京：商务印书馆，1965年，第341页。
⑦ 拉斯基：《论当代革命》，朱曾汶译，北京：商务印书馆，1965年，第377页。
⑧ 拉斯基：《论当代革命》，朱曾汶译，北京：商务印书馆，1965年，第377页。
⑨ 拉斯基：《论当代革命》，朱曾汶译，北京：商务印书馆，1965年，第366页。

里除少数人以外几乎全部受其牵制的那种对常规的永久驯服。"①其实,计划与自由的相容性首先是一个政治心理学问题,"我看不出有什么证据认为:从资本主义民主过渡到计划化民主,就势必要暂时地或永久地丧失自由"②。实际上,经济计划化的实质就是希望在平等的范围内谋求自由。

4. 提倡工业工人自治,推进经济权力的民主化

实现经济权力民主化,广开渠道吸纳更多的工人参与经济事务的管理,是拉斯基经济民主思想的一个基本价值取向。在拉斯基看来,工人在现代国家中所受的最大疾苦不是经济剥削,而是被排斥在工业决策和经济管理之外,对与自己切身利益密切相关的问题没有发言权,没有影响力。资本主义制度常使人们居于缄默服从的地位,这种状况极易"导致人们个性的丧失,其结果是,或者个人被排斥在事物中心之外,或者个人职能在艺术等活动中寻找被排斥出管理领域之外的补偿"③。拉斯基依据"所有受影响者原则"(all-affected principle),即所有受决策影响的有选择和行动能力的个人都应该分享对决策过程控制权的原则,提出了生产领域的工人自治思想。所谓工人自治,即工人在生产领域的民主自治,也就是要由工人自己来决定生产过程每一阶段所采用的方法、任务、工作时间和工资。这样的工人自治就会消灭强制性的"等级制控制",并使工会成为将能产生一个"崭新的工业制度"的"单个细胞"。拉斯基力倡把解决任何工业、经济问题的权力委托给那些对所解决问题的情况最了解以及对问题的解决后果最相关的人,即所有参与该工业、该职业的人。拉斯基强调工会的作用、捍卫工会的权力,主张给工会以政治权力,使工会把参加政治活动、履行政治责任、行使政治权力作为其整个社会功能的组成部分,其着眼点是提高工会的地位,其目的是让工会成为未来社会结构的细胞,让工人通过工会获取经济权力。在他看来,"国家对社会活动的控制力正在削弱,而工会正在变成吸收资本主义的社会组织"④:工会有着良好的管理机构,它的影响力日益增强;它对成员的物资利益、精神自由深为关注;它对其成员的中心的吸引能力,并不亚于

---

① 拉斯基:《论当代革命》,朱曾汶译,北京:商务印书馆,1965 年,第 367 页。
② 拉斯基:《论当代革命》,朱曾汶译,北京:商务印书馆,1965 年,第 380 页。
③ Harold J. Laski. *The Foundations of Sovereignty and Other Essays*. New York: Harcourt Brace and Company,1921:88.
④ Harold J. Laski. Democracy at the Crossroads. *The Yale Review*,Ⅸ(1919—1920):788−803.

国家。因此,生产领域的工人自治真正可行的方法是国家把工业权力分给工会,赋予工会以"政治真实性",使工会成为政治实体。经过这样的权力调整,工人通过工会获得工业管理权力,在现存经济制度得到改造的同时,也促进了社会经济权力的民主化。

为了确保工人自治理想的实现,拉斯基提出了工人自治的一些具体设想:采取措施让工人参与本职业、本单位的各项经济决策,从工业时间、工业任务、到工资报酬等;让工人选择工厂、车间的领导人。为此,拉斯基主张在每一职业,每一工业部门里建立"工厂委员会","工厂委员,有时以经理及工人两方之代表组织之;有时为工人一方之代表;有时为某阶级之工人之代表,非一切工人之代表;工厂大者举此三方式而采之,其小者可仅设一种"①。工厂委员会负责对所有与本工业、本职业有关的问题进行决策并将决策加以实施。工厂委员会有权与厂方讨论"从工厂规则、工作钟点分配、工资支付、痛苦解决、假期排定、厂矿中公益事宜、厂矿中纪律、学徒培训、厂中教育事宜、工作方法工作组织上改良议案之接受、工资报酬到工厂、车间的领导人选择等"②事宜。拉斯基极为看重工厂委员会的作用,力倡工厂委员会是"工人自由萌芽之地。近世工业组织之下,工人个人在一厂之中,等于太仓一粟,无可以回旋之余地。赖有此种委员会,而后工人有自由发展之机会。依此种委员会之组织,差可保障工人之地位"③。因此,根据拉斯基的设想,工人代表应在工厂委员会中占主导地位,通过工厂委员会而实现了工业民主,经济生活领域中的专制威权就会被摧毁。等级制度就会被合作制度取代,厂主对工人的专制统治就会被工人的积极参与所替代。工厂委员会是工人实现建立一个崭新的社会制度,是"目标的媒介"④,它可以使工人与厂主"两方情意得以通达"⑤。当然,工厂委员会不会即刻取消资本主义,但它为工人和资产阶级提供了协商的机会,并有利于"工厂中的难题解决

---

①　拉斯基:《政治典范》,张士林译,北京:商务印书馆,1931年,卷下五,第20页。

②　拉斯基:《政治典范》,张士林译,北京:商务印书馆,1931年,卷下五,第21页。

③　拉斯基:《政治典范》,张士林译,北京:商务印书馆,1931年,卷下五,第22页。

④　Harold J. Laski. *The Foundations of Sovereignty and Other Essays*. New York: Harcourt Brace and Company,1921:80.

⑤　拉斯基:《政治典范》,张士林译,北京:商务印书馆,1931年,卷下五,第22页。

于平时,不必牵及威信而成为双方之战局"①。因此,工人可以通过工人自治、参与决策等途径发表自己的意见,解释自己的观点,施加自己的影响,"造成厂中之新生活"②。拉斯基的上述经济民主思想,在一定程度上揭露了资本主义民主的弊端,反映了工人阶级反对资本主义剥削、压迫的愿望和要求。

针对20世纪上半期现代民主危机和发展弊端,拉斯基对民主危及缘由的探讨,对民主内涵的拓展,尤其是对政治民主与经济民主并驾齐驱"新路"的强调,进一步拓展与丰富了民主内涵,标志着民主向前、向深发展了一步,在民主发展史上无疑具有重要的历史意义与现实价值。拉斯基这种力促政治民主与经济民主并驾齐驱的思想,不仅为其建构"理想国"——自由与公正型社会奠定扎实基础,而且昭示与代表了以工党为代表的欧洲社会民主党思想理论的发展主流,对欧洲社会民主党社会主义理论——国家干预社会经济生活、建立混合制经济、注重人民福利的提高——的产生与形成,起了重要作用。

---

① 拉斯基:《政治典范》,张士林译,北京:商务印书馆,1931年,卷下五,第26页。
② 拉斯基:《政治典范》,张士林译,北京:商务印书馆,1931年,卷下五,第21页。

第四章
多元主权国家:拉斯基政治思想的现实构建

　　国家是政治学研究基本议题。国家研究一直是传统政治学的核心内容,即使到了近现代,许多政治学家仍以"国家研究"来定义政治学,认为"政治学就是关于国家政治制度的学问",它"与国家共始终"①,"始于国家,终于国家"。拉斯基也概莫能外,在其政治思想中,国家始终是其研究与探讨的核心课题,是其政治理想的现实建构。拉斯基立足于 19 世纪末 20 世纪前期欧美政治现实,通过《主权问题研究》(1917)、《现代国家中的权威》(1919)、《主权的基础及其他》(1921)、《政治典范》(1925)、《共产主义》(1927)、《现代国家中的自由》(1930)、《政治学》(1931)、《民主政治在危机中》(1933)、《国家的理论与实际》(1935)、《英国政府中的议会》(1938)、《美国的总统制》(1940)、《论当代革命》(1943)、《信仰、理性和文明》(1944)、《美国的民主制》(1948)、《论立宪制度》(1951)等一系列论著阐述了富有特色的多元主权国家思想。拉斯基所倡导的多元主权国家思想既承袭了自由主义的个人主义传统,又重申了自由、平等和分权的价值,这既适应了当时统治者意识形态的需要,又反映了被统治者的政治需求,同时也无可辩驳地摧毁了传统的一元主权国家理论,把国家理论推进到了一个新的发展阶段,对当时及后世的国家理论产生了重大而深远的影响。

---

　　①　戴维・伊斯顿:《政治体系》,马青槐译,北京:商务印书馆,1993 年,第 102 页。

第一节　一元主权国家的批判

拉斯基最初是以政治多元主义者活跃在政治学界,即使当代,诸多西方学者仍视其为政治多元主义的主要创始人和代表之一。在《主权问题研究》《现代国家中的权威》《主权的基础及其他》《新秩序中的国家》等著作中,拉斯基认为,传统的格劳秀斯时代,即主权国家时代已快结束,一元主权论其实是一种"想象的极限",不仅在理论上是荒谬的,而且在现实中成为统治阶级对内实行专制独裁、对外发动侵略战争的一种"理论"依据(或借口),无情地摧残和剥夺着个人与团体的生命、财产、自由和尊严。因此,对一元主权国家或曰全权国家的批判势在必行。作为早期政治多元主义理论的代表人物,对"一元主权国家论"的反思、质疑与批判自然就成为拉斯基国家思想尤其是早期国家思想中的首要问题和核心议题。

一、对国家主权理论的批判

主权(sovereignty)一词最早出现于中世纪,是从"君主"(sovereign)一词引义而来的,原指君主的绝对权力。然而,以国家主权为中心的一元主权论,是 16 世纪法国政治学家布丹布(Jean Bodin)首创,后经格劳秀斯(Hugo Grotius, 1583—1645)、霍布斯(Thomas Hobbes, 1588—1679)、卢梭(Jean-Jacques Rousseau, 1712—1778)、奥斯丁(John Austin, 1790—1859)、黑格尔(Georg Wilhelm Friedrich Hegel, 1770—1831)和鲍桑葵(Bernard Basanquet, 1848—1923)等人,逐渐形成了一套完整的国家主权理论,成为西方政治思潮的主流。按照布丹的解释,主权系指"共和国中绝对的和永恒的权力"[1],它凌驾于一切法律之上,具有绝对性、至高性、永恒性。霍布斯则视主权为国家灵魂,主权不可转让,不可分割。格劳修斯亦认为主权就是权力的行使不受另外一种权力的限

---

[1]　狄骥:《宪法论》,钱克新译,北京:商务印书馆,1962 年,第 428 页。

制，它表现为对内主权的最高性和对外的独立性。虽然人们对主权的阐释不尽相同，但对主权理论的核心原则有着基本的共识，归纳而言主要有两点："(1)主权在本质上是至高无上、不可分割、不可转让的；(2)主权是法律渊源，因此正当的法必须有最高主权者在后面做支撑。"①主权理论一经形成，渐为各国所广泛传播与广为接受，尤其是在19世纪中叶以前，一直占有重要地位，很少有学者对其提出反思和疑问。

　　然而，19世纪下半叶以降，尤其是"一战"后，情况有了很大的改变，西方政治思想界掀起一股反思与质疑一元国家主权论的热潮，并希望通过这种方式，抛弃有关国家主权论的旧教条。② 这股思潮的代表人物有美国实用主义哲学先驱威廉·詹姆斯(William James，1842—1910)、德国法学家奥托·基尔克(Otto Friedrich von Gierke，1841—1921)、英国法学家弗里德里克·威廉·梅特兰(Frederick William Maitland，1850—1906)、历史学家约翰·内维尔·费吉斯(John Neville Figgis，1866—1919)、牛津大学政治学教授欧内斯特·巴克(Ernest Barker，1874—1960)等。他们的基本论点是：随着资本主义由自由竞争阶段发展到垄断阶段，社会政治经济权力日益集中到国家手中，国家权力日趋膨胀，教会等社会团体和地方自治机构所拥有的传统权力日渐丧失，原先以消极的、分散的个人主义为基础的政治制度名存实亡，国家随着权力集中成为凌驾社会之上的"利维坦"，正朝着"全权国家"方向发展；政治和经济权力的高度集中严重威胁着个人自由，个人失落在群体之中，在日趋庞大的社会经济组织和国家机器面前，个人越发显得微不足道、无能为力，社会成员之间的自然纽带也日渐被摧毁。因此，为捍卫、保护和扩大公民的个人权利，保持个人在社会生活中的独立性，出路在于取消国家至高无上的地位，把被国家"侵占"的权利重新交还给各种社会团体，使之发挥与国家同等的作用以限制国家权力，建立一种权力多元的社会政治经济制度。正是在上述思想基础上，拉斯基找寻到多元主权国家思想的灵感源泉，为清除主权神话、扫荡国家迷信，其从历史、哲学、法律、政治等方面对一元国家主权论予以了全面而深刻的审查与批判。

---

① 陈序经：《现代主权论》，张世保译，北京：清华大学出版社，2010年，第1页。
② M.阿库斯托：《国际法》，汪煊、朱奇武译，北京：中国法制出版社，1981年，第19页。

（一）历史方面:主权是历史的伦理学而非绝对的伦理学

针对主权是永恒存在物,是国家不可或缺的基本属性的论说。拉斯基指出,主权是历史的逻辑而非绝对的逻辑,一个确认无疑的事实是,主权观念"是特定历史环境的产物"①,是"十六世纪宗教战争的结果"。在宗教战争之前,"初不闻有所谓主权之名"②,欧洲没有一个强有力的政权来统治,在名义上是一个共和国,是一个神权至上的社会,最高权力属于教皇。主权国家,"实因反抗教会,欲确立人间团体之最高权而产出者也"③。换言之,主权国家的产生是教会大一统分崩离析的自然结果。中世纪的秩序是建立在宗教信仰一致的基础之上,当宗教基础被打破时,就需要保持统一秩序的新力量。于是,在此背景下,国家继承了教皇的特权,它需要对社会所有团体、个人实行统治。而要实行这样的统治,它的权力就不能受到任何限制,如此,主权国家应运而生。所以,拉斯基强调:"国家主权之发展,非有所谓绝对的伦理学也,乃历史的伦理学而已。"④

拉斯基既然认为国家主权只有历史上成立的理由,而没有绝对存在的理由,所以,他依据历史事实对绝对主权论予以了抨击。拉斯基认为,主权在历史进化中"因其环境而变迁"⑤,主权若想保全,就必须确保自身权力行使"合于责任之原则"。17世纪英国内战与革命、1789年法国革命、1917年俄国革命等实例证明:"国家权力之行使,应有一定的规矩,人民之所以服从政府者,即以政府之能守此规矩。权力之在一国中,不独行使方法受制限也,即其所欲达之目的,亦应所选择。"⑥其实,即使在现代社会,国家权力无一不受限制。如布丹君主主权论、边沁议会主权论、卢梭人民主权论,若用来解释美国的宪法,"任何一说,均难适合"。因为,"美国联邦议会的权力,为宪法所列举,有限制也,各州地位,受宪法支配,有限制也;美国之大理院,有宪法解释权,然得以宪法修正的方法

---

① Harold J. Laski. *The Foundations of Sovereignty and Other Essays.* New York: Harcourt Brace and Company,1921:1.

② 拉斯基:《政治典范》,张士林译,北京:商务印书馆,1931年,卷上一,第44页。

③ 拉斯基:《政治典范》,张士林译,北京:商务印书馆,1931年,卷上一,第45页。

④ 拉斯基:《政治典范》,张士林译,北京:商务印书馆,1931年,卷上一,第47页。

⑤ 拉斯基:《政治典范》,张士林译,北京:商务印书馆,1931年,卷上一,第49页。

⑥ 拉斯基:《政治典范》,张士林译,北京:商务印书馆,1931年,卷上一,第48—49页。

制止之，故亦不是一最终决定的机关"。所以，"依美国之先例观之，可知建国方案中，无主权观念，而国家之成为国家也自若"①。

拉斯基认为，从自然的演化来看，一元国家主权论也与现实不符。因为随着社会经济的发展，社会力量也日趋多元化，各种利益集团、社会团体大量涌现，并在社会中发挥着日益重要的作用，他们以其成员共同利益代表人的身份向政府提出利益要求，影响或制约政府决策，主张摆脱国家的大一统控制。同时，社会成员亦要求削弱社会政治经济制度强加给他们的种种束缚，要求更自主、更自由地支配自己的命运，发展自己的个性。所有这一切都说明，西方社会日益凸显"多元化"的特征，主权国家存在的社会需要和社会条件已日益衰微甚或不复存在，主张把一切权力集中于国家的各种制度已不合时宜。而且，社会演进的结果也显示，在未来的历史中，国家主权必将消失。因为我们现在所生活的世界，随着交通的便捷，经济关系的密切，实际上已经使人类社会成为一个大社会。在这个大社会里，我们应该以分工合作的方式达到互存共荣的目的，因而要求一种国际组织，制定种种国际行为标准，担负起最后决定权的使命。国家由此而渐渐成为国际社会内一个分子，它的意志已不复成为最高的意志，而应受国际规则的拘束，在国家与国际社会冲突之时，国家必须"服从国际团体"②。由此可见，一元国家主权观与国际法精神和国际现实极不相称，"国家主权这一个概念违反了国际幸福的明白需要"③。因此，一元主权国家的存在，在某种意义上说，不仅是对个人自由、团体自由的一种否定，而且也是对世界和平、国际幸福的否定。因此，一元国家主权的限制、否定乃至消失，实为应有之义。

总之，国家主权论，尤其是认为国家主权是无限制的、绝对的、一元的论说，只有历史上成立的理由，没有绝对存在的理由。过去的历史证明，国家主权并非无限；现在的历史也证明，国家主权不仅受到诸多限制，而且直接与经验事实相冲突。因此，拉斯基明确指出，国家主权理论无疑是一个历史的、进化的观念，国家主权有其发生、发展与消亡的过程，即"非有所谓绝对的伦理学也，乃历

① 拉斯基：《政治典范》，张士林译，北京：商务印书馆，1931年，卷上一，第49页。
② 拉斯基：《政治典范》，张士林译，北京：商务印书馆，1931年，卷上一，第48页。
③ 拉斯基：《现代国家中的自由权》，何子恒译，北京：商务印书馆，1959年，第150页。

史的伦理学而已。"[1]

(二)哲学方面:主权是"多元"而非"一元"

在哲学方面,拉斯基认为:"一元主权国家观把国家看成一个'统一体',认为它是吸收一切的'伟大的整体',是'伟大的全',或者是'单一'。也可以说,这种理论中的国家相当于哲学中的'绝对'。"[2]依此理论,一元主权国家是唯一永恒的存在,是超越于一切实体之上的"单一",因为在一元主权论者看来,"无论在什么地方,单一都先于复多而产生。所有的复多都起源于单一并复归于单一。因此一切秩序都是由多样性从属于统一性而组成。而且无论何时何地,除非单一统治着复多并将复多引向目标地,复多所共有的目的就永远无法实现……统一性是一切的根源,因此也是一切社会存在的根源。"[3]如若人们接受这一观念,人们就会成为一元主权国家的崇拜者,"就会怀着无法用言语表达的崇敬之情拜倒在它面前","绝对接受某种冷酷的黑格尔主义","让自己无条件地纳入'伟大的全'",即人们"绝不允许否认它的善",人们将会被告知,"我们只能为它而生并生活其中,否则我们就无法生存。于是,国家成为一种公民必须顶礼膜拜的现代偶像(modern baal)"[4]。实际上,这种从一元主义角度阐释世界的形而上学的思辨,有悖于现代社会潮流。正如威廉·詹姆斯竭力把绝对论和一元论从哲学中驱逐出去一样,拉斯基亦坚决反对一元主权国家论,否定存在一个可以垄断全部政治权力的国家。在拉斯基看来,就哲学方面而言,一元主权国家论之所以遭质疑与驱逐,主要缘由如下:

第一,宇宙是多元而非一元的,并不存在一种包罗万象、驾驭万物的绝对至上物。在拉斯基等多元主义者看来,"世界不是一元的而是多元的,人类的天性不是一元的而是多元的,与此相适应,人类社会也必然是多元的。社会多元的根本意义在于,国家从形式上说不过是人类社会形式众多的团体之一"[5]。具体而言,"国家不是一元的而是多元的,更具体一点讲,国家是'分'(distributive)而不是'集'(collective)",国家中各个部分或各个团体"与国家是一种并列共存

---

[1]　拉斯基:《政治典范》,张士林译,北京:商务印书馆,1931年,卷上一,第47页。
[2]　殷叙彝:《拉斯基的多元主义国家观评述》,《当代世界社会主义问题》,2004年第2期,第3—27页。
[3]　Harold J. Laski. *Studies in the Problem of Sovereignty*. New Haven: Yale University Press,1917:5.
[4]　Harold J. Laski. *Studies in the Problem of Sovereignty*. New Haven: Yale University Press,1917:208.
[5]　吴惕安、俞可平:《当代西方国家理论评析》,西安:陕西人民出版社,1994年,第10页。

的关系，而不是所属、归依的关系"①，他们与国家一样真实，一样的自足而不待外助。因此，拉斯基深信，多元的宇宙、多元的社会决定了国家并不拥有绝对的、至高无上的主权，国家与其他团体的性质从根本上来说并无两样，国家只是人类社会形式众多的团体之一，它并没有先定优越性，团体和个人并不必定要统一于国家。

第二，国家不等于社会，国家包容不了、代替不了所有的社会关系。在一元主权国家论者看来，"国家与社会同一，个人意志即为国家意志的一部分，服从国家就是服从最善之自我，不服从国家就是不服从自我。国家、社会与个人自我没有什么差别"②。拉斯基极力反对这种论说，坚信，"国家不能概括人类一切活动。国家自国家，社会自社会。虽社会秩序以国家为主宰，而终不能混而为一"③。一元主权国家论的最大缺陷就是无法界定国家与社会之间的界限。现实亦昭示，"社会的进化，不是由同的保存而产生，而是由异的选择而产生"④，"人类不但有他们的社会性，同时有他们的个性，不但是一个社会的动物，同时是一个有特立独行的动物……如果我们以为政府权力的范围，与人类内心的范围是相符合的，我们根本是在摧毁人类的天性，摧毁人类最能增进社会幸福的天性"⑤。因而，拉斯基始终坚信国家并不能等同于社会，国家包容不了、代替不了所有的社会关系，"与个人忠于他应向其负责的社会相比，忠于国家是第二位的"⑥。

第三，世界是复杂的、多样的，社会的基本性质是联治的。在拉斯基看来，任何社会都存在着多样化的兴趣和利益，国家包容不了人性全部，它不过是人作为社会存在的部分表现。社会成员的信念、判断是多种多样的，由国家用统一、规范的方法、手段、规则去处理既不统一，又不等同的对象，这既不明智，而且有害。虽然国家的地位与作用像人体骨骼一样至关重要，但是"骨骼非即人

---

① Harold J. Laski. *Studies in the Problem of Sovereignty*. New Haven：Yale University Press，1917：10.

② 扬耐：《论拉斯基多元主义国家观》，吉林大学硕士学位论文，2012 年，第 15 页。

③ 拉斯基：《政治典范》，张士林译，北京：商务印书馆，1931 年，卷上一，第 16 页。

④ Harold J. Laski. *Studies in the Problem of Sovereignty*. New Haven：Yale University Press，1917：25.

⑤ Harold J. Laski. *Studies in the Problem of Sovereignty*. New Haven：Yale University Press，1917：264-265.

⑥ Harod J. Laski. *Authority in the Modern State*. New Haven：Yale University Press，1919：122.

身也。社会之至要者曰国家，国家非即社会也。既不能以骨骼为人身，何能以国家为社会"①。而且，国家意志只有"当各个人本其判断，赞助国家命令之时，则二意志实处于一也"②。因而，国家的所作所为不可能总是得到社会成员的总体性同意。若个人与团体放弃自己的意志，而把自己的意志融入国家的意志，容易导致国家权力的专擅恣肆，这不仅障碍了社会团体的自治、妨碍了公民个性的自由发展，还培养了社会成员甘受奴役、盲目服从，甚至在暴政、独裁统治前也无动于衷、无所作为的习惯。因此，拉斯基强调，世界的复杂性、多样性决定了我们生活在人与人、社团与社团、人与社团、人与国家、社团与国家的互动关系之中，所以社会结构必然是联治的。因而，拉斯基极力主张以联治系统对抗中央集权化的绝对主义，以消解国家权力之膨胀，防止权力趋于专横，积极提高个人地位，并加强各种社团的功能。

　　总之，拉斯基深信，"政治哲学之出发点，有千军万马之力，不能动摇者，即人类意志之各不相同是也。"③"我们不赋予后一团体（国家）任何特殊美德。我们拒绝承认它拥有其他一切事物创造者的资格。我们敦促它以自己的成就为自己辩护。我们通过使它同其他与它并存或对它补充的团体进行竞争来激励它的行动。正如它不可能消失一样，它也不能声称自己具有优越性。与其他任何团体一样，它现在是什么样子和将来会变成什么样子，只能凭其成就来决定。"④因此，政治哲学，应该以历史所给予我们的实际经验为分析的对象，运用"始终一贯的实验主义"（consistently experimentalist），观察事物，思考问题，直截了当地根据历史上和当前的事实来论证现实国家。

　　（三）在法律方面：主权并非至上、绝对、无限制的权威

　　拉斯基认为，法理学派对主权的界定，以约翰·奥斯丁的解释最为精当。在奥斯丁等法理学派看来，国家是法律秩序的反映，从法律方面分析国家，首要问题是在国家中找到一个最高的、确定的权力，这个最高权力应为人民所服从，而本身却不服从任何其他权力。这种权力，即是国家主权，这种主权是"特定

---

①　拉斯基：《政治典范》，张士林译，北京：商务印书馆，1931 年，卷上一，第 20 页。
②　拉斯基：《政治典范》，张士林译，北京：商务印书馆，1931 年，卷上一，第 21 页。
③　拉斯基：《政治典范》，张士林译，北京：商务印书馆，1931 年，卷上一，第 25 页。
④　Harold J. Laski. *The Foundations of Sovereignty and Other Essays*. New York：Harcourt Brace and Company，1921：170.

的、绝对的。其意志为无限的、不可分的、不可移让的。"①而作为主权产物的法律是主权者的命令，从本质上讲，不过是"主权者之意志而已"②。由此，法理学派强调法律是由国家创造的，作为法律的创造者和执行者——主权本身高于法律，不受法律的限制，拥有至上、绝对、无限制的权威。

在拉斯基看来，这种法律主权理论，是一种抑制的东西，与事实根本不相符合。这种仅从法律上解读国家主权的理论，是绝不可能真正阐释国家主权的本质的，原因在于：第一，"主权者所从事之种种工作，何能一一化之为命令哉"；第二，"一国之内，绝无一机关在事实上操有无限之强力者"。③

就第一项而言，有许多法律是直接看不见含有命令元素的。例如准许大法官在他具有任免权的郊区内得出售推荐教区候补人的权利的法令，即直接看不见命令元素在那里，因为它仅准许大法官如此做，并没有"强大法官以有所作为"。即使"当其不出售之际，无何种义务之存在，苟出售违反条例，则法庭宣告其无效而已"。又如赋予妇女选举权的新选举法，并不能以命令的方式来执行妇女的选举权，如若说其中含有命令因素，也仅指"选举管理员有承认妇女为选举人之义务而已"④。而且，有时"国家的命令，与自动组织自表意见的团体所发之申诉通告相比较，国家的命令，简直是空漠无意义的了"⑤。因此，说法律是主权者命令，其实是一种曲解。事实上，我们很难将所有法律完全归纳到一种主权者命令形式中去，"法律施诸人人，具有统一性，因而所谓命令元素，本不在重要之列"⑥。

至于第二项，"在现实中我们确实很难找到一个机关或个人具有无限制的权力。如在英国，主权虽然在国王和议会的手中，但是国王和议会并没有为所欲为的权力。如若议会立法禁止英国人成为罗马天主教徒，则一定会失败"⑦。因为，主权者不可能在所有方面都拥有不受限制的权威，即便土耳其的苏丹在

① 拉斯基：《政治典范》，张士林译，北京：商务印书馆，1931年，卷上一，第50页。
② 拉斯基：《政治典范》，张士林译，北京：商务印书馆，1931年，卷上一，第50页。
③ 拉斯基：《政治典范》，张士林译，北京：商务印书馆，1931年，卷上一，第51页。
④ 拉斯基：《政治典范》，张士林译，北京：商务印书馆，1931年，卷上一，第52页。
⑤ 拉斯基：《政治》，邱辛白译，上海：新月书店，1931，50页。
⑥ 拉斯基：《政治典范》，张士林译，北京：商务印书馆，1931年，卷上一，第52页。
⑦ Harold J. Laski. *Studies in the Problem of Sovereignty*. New Haven：Yale University Press,1917：12.

其权力鼎盛时期,"亦受历来礼俗之拘束,欲不遵而不可得矣。故自法律言之,彼此固得有全权,改造一切社会事实,而自实际言之,惟彼不敢为所欲为,以坐实奥氏之主权论,而后乃得保全其皇位耳"①。实际上,法律上无限主权的背后,事实上常有一个更有力的选民存在,主权者对于选民的意见与欲望是不能不"有所敬畏的",在某种意义上,"与其说选举民服从巴力门,反不如谓巴力门服从选举民"②,尤其是随着社会的演进,社会分为种种团体并各施压迫于主权机关——政府,"所谓主权机关者仅为他处议决案之登记所处而已"③。所以,从表面上看,奥斯丁所谓具有无限制权力的主权者,虽然依然保有其地位,但其实已经"名存实亡"。

由此,拉斯基认为,以奥斯丁为代表的法理学派对主权的界定,其实是把国家看作一种命令系统,其只是对主权与法理关系予以了形式上的描述,并未涉及主权的本质。实际上,法律是中立性质的,它的本质不在它本身,而在它的外部,在它的作用后果:"法律之所以能使人们服从,在于法律有益于每个公民的生命。"④鉴此,拉斯基激烈地批评法律是主权者命令的论说,他强调:"人们服从法律并不是因为它是主权者的命令,而是因为法律的'结果'对他们的生活是有利的。如若法律的目的变了,那法律也必须跟着改变,法律的内容必定"产生于、取决于那些法律的作用对象。"拉斯基据此得出的结论是:"从法律上讲,没有人能否认每个国家中都存在着一个拥有无限权威的机构,但是,那种合法性只不过是一种逻辑的虚构。"⑤它不仅在政治哲学中绝难成立,而且"对于社会生存至危极险"⑥。所以,法理学派所认为的主权无限、法律是主权者的命令等种种主张不仅在现实中难以实现,而且在实际中毫无意义。

(四)在政治方面:国家并没有伦理和道德上的优越性

就政治方面而言,一元主权论者认为,主权是一种至高的、最后的、无限的、

---

① 拉斯基:《政治典范》,张士林译,北京:商务印书馆,1931 年,卷上一,第 52 页。

② 拉斯基:《政治典范》,张士林译,北京:商务印书馆,1931 年,卷上一,第 53 页。

③ 拉斯基:《政治典范》,张士林译,北京:商务印书馆,1931 年,卷上一,第 53 页。

④ 拉斯基:《政治》,邱辛白译,上海:新月书店,1931 年,第 41 页。

⑤ Harold J. Laski. *The Foundations of Sovereignty and Other Essays*. New York: Harcourt Brace and Company,1921:236.

⑥ 拉斯基:《政治典范》,张士林译,北京:商务印书馆,1931 年,卷上一,第 56 页。

任何人必须服从的权力。在拉斯基看来，这种绝对主权理论，观之堂皇，但实际上是一项不合事实的理论，其有两大明显错误。

第一，国家具有至高无上的权威，实属极大谬误。拉斯基认为，一元主权国家论往往把国家看作是至高无上的、万能的主权者，但实际上，任何社会团体都只在某些特定领域中才有决定权，一旦超越这一领域，其权力就失去了意义。一旦国家与工会、教会、商会、俱乐部等团体发生矛盾，后者总能获得其成员的支持与遵从，国家则显得无能为力，"很少有国家从人民那里获得的忠诚，可以比得上英国矿工联合会和棉纺织工会从他们成员方面所获得的忠诚那样真挚"①。譬如，在第一次世界大战期间，由于矿工工会的反对，英国政府便无法对威尔士矿工强行执行军火案中关于禁止工人罢工的规定；又如，美国铁路工人兄弟联谊会则以要举行全国罢工相威胁，迫使国会在 1916 年通过了亚当森法。这些都在某种程度上说明国家并不是至高无上的、万能的主权者，它并不具有法律上的最高决定权。国家拥有无限主权只不过是一种"想象的极限"，在实际政治过程中是根本不存在的。拉斯基还进而指出，无限主权不仅与事实相悖，而且也不应当存在，因为：首先，国家的权力是由政府掌握和行使的，而政府是由会犯错误的少数人组成的，把无限权力交给国家，就是把无限权力交给会犯错误的少数人；其次，权力会导致腐化，无限的权力集中于少数人手中，会带来无限的腐化，会使权力的性质和权力的行使远远偏离权力的理论目的。事实上，权力的过于集中必然导致官僚政治和寡头政治，必然使民主政治落空、变形。因此，国家权力不应当是无限的，而应当是有限的；不应当是高度集中的，而应当是广为分散的。拉斯基赞成华莱士将主权视为"获得人民同意之能力"②的看法，认为，国家不过是人类社会组织中众多团体的一个，国家与其他团体处于同等地位，若想赢得人民的服从，则必须凭其服务的成绩与其他团体互相竞争，各凭贡献，争取人民服从。可见，国家并无至高无上之权威。

---

① 拉斯基：《现代国家中的自由权》，何子恒译，北京：商务印书馆，1959 年，第 142 页。
② Harold J. Laski. *Studies in the Problem of Sovereignty*. New Haven：Yale University Press，1917：14.

第二，国家是最高伦理理想，具有道德上或伦理上之优越性（preeminence）[①]，国家命令由此而必然具有至高无上之道德制裁力，实属巨大错误。国家拥有强制力虽然是其独有特征，但是这种特征并不能使它具有"在道义上"超越于其他社会组织的地位。从本质上讲，"国家的行为……表面上虽然穿着君主庄严的外衣……实即具体的个人行为，因为一个抽象的东西（国家）要工作时，总不能不靠他的从属及代理人"[②]。而且，即使国家目的高于其他团体及个人的目的，然而国家意志却不一定会依此目的而行事，事实上，"国家的意志即政府的意志，而政府的意志又即政府中少数有权力者的意志，它常常代表社会上握有经济权的阶级的利益，而不是代表公共幸福"[③]。当然，这并非说他们只知道关注私利，不将公共幸福放在眼里。然而，不可否认，他们是属于某一阶级的，且因为环境习惯等因素的影响，不知不觉地就会将他们的特殊利益看成公共幸福。因此，拉斯基深信，其实，国家在道德上无任何优越的地位，国家只是人类的工具，而不是人类的目的，它的权力及人民对它忠诚与否，全看它提供服务的成绩如何。所以，拉斯基多次重申，理性的政治学不应该只知道宣扬国家的道德优越性，而不切实关切与探寻国家目的的实现途径。

总之，拉斯基认为，赋予国家某种道德或者伦理的色彩的主权理论与事实并不相符，国家的权力无异于教会或工会等团体的权力，它只是众多主权中的一种，其他团体所使用的权力与国家权力相较，仅有程度上的差异，并无本质上的不同。因而，国家并无伦理上或道德上的优越性。

二、小结

在拉斯基所处的时代，欧洲原以消极的、分散的个人主义为基础的政治制度实际上已经名存实亡，国家权力高度集中，国家日渐成为"积极的"国家，建立在自由放任基础上的国家已经日薄西山。既然"在近代的生活状态下，直接的

①　H. A. Deane. *The political Ideals of Harold J. Laski*. New York：Columbia University Press，1955：8.

②　Harold J. Laski. *The Foundations of Sovereignty and Other Essays*. New York：Harcourt Brace and Company，1921：109—110.

③　Harold J. Laski. *The Foundations of Sovereignty and Other Essays*. New York：Harcourt Brace and Company，1921：238.

民治既不可能，主权的寄托又不可靠"①，那么只有突破传统的"以国家权力制衡国家权力"的权力制衡原则，尽可能以社会权力制衡国家权力，以尽量确保自由民主政治理想的实现。同时，拉斯基亦坚信，民主就是让国家与各类社会团体共享权力，而且社会现实也表明各类社会团体已经蓬勃成长，继续由国家独占权力显然是荒谬的。因此，拉斯基对一元主权国家论予以了猛烈批评，并对多元主权理论进行了极富特色的探索。

归纳起来，拉斯基对一元主权理论的批判，主要沿着两条思路：第一，拥有无限权威的主权只不过是一种逻辑的虚构，绝对的、无限的权力是不存在的。第二，主权在伦理上难以立足，因为绝对的主权必然会使权力偏离它为社会全体成员服务的理论目的，必然会有碍公民个人自由的实现与权利的满足。由此他得出结论是，国家权力无限说及其拥有至高无上权力的主权者是一种"虚妄的假设"，不仅在理论上是荒谬的，而且与现实生活也不相符合。在他看来，一种适当的政治哲学，应建立在事实的基础之上，离开了事实的理论，无论其如何纤巧，终是空中楼阁，无益于现实问题的解决。一元主权国家观，在历史上，虽然有其产生缘由，但当下已经失去存在的基础，实际上，主权并非国家独享，国家有其主权，其他团体亦各有其主权，而且一旦国家与工会、教会、商会、俱乐部等团体发生冲突与矛盾时，后者总能获得其成员的支持与遵从，国家则显得无能为力，在这种情况下给国家主权就无绝对权威可言。而且，从价值上看，让个人良知对国家命令无条件服从，不仅阻碍着公民个性的自由发展，而且也妨碍着公民伦理道德水准的提高，这是根本不足取的。实际上，"主权的真正含义不是体现在它拥有的强制权力，而是在于它所代表的美好意志。人民接受它的命令，既因为他们自身的意志在那里部分地得到了表达，又因为他们认为它的意图是良好的，他们甘愿被它驱驰"②。因此，"主权仅仅是我们给予一个特殊的意志的名称"③，国家主权依赖于个体的承认，个体在任何时候任何地方都是社会

---

① Harold J. Laski. *The Foundations of Sovereignty and Other Essays*. New York：Harcourt Brace and Company，1921：152.

② Harold J. Laski. *Studies in the Problem of Sovereignty*. New Haven：Yale University Press，1917：12-13.

③ Harold J. Laski. *The Foundations of Sovereignty and Other Essays*. New York：Harcourt Brace and Company，1921：210.

行为的关键。由此，拉斯基倡言，一元国家主权论从根本上来说，无论在理论上还是在实践上都是一种谬误。因而，建立在主权理论上的整个传统的国家哲学、政治哲学也就应重新加以改造。

第二节　国家、社团、个人相剂于平：
多元主权国家的思索

多元主义（pluralism）是 20 世纪在西方形成并流传的一种政治思潮。多元主义"不接受任何一种单一的价值作为理想，但其本身以多重的方式起作用"①，其最基本的含义就是：国家权力应该是分散的、多元的，不应该集中在一个人或一个团体的手中。作为一种政治学说，国家思想是其核心内容。多元主权国家思想表达了多元主义者对国家垄断权力、垄断信仰的敌意，它最为显著的特点是对绝对的、统一的和不受控制的国家权力的拒斥。作为多元主义政治理论的创始人和早期代表，拉斯基坚决反对一元主义国家论，反复呼吁建构一种中心不在国家的"新的关于国家的政治哲学"②，这种新的国家政治哲学即是拉斯基用以取代神秘主义一元主权国家的多元主权国家。

一、国家本质：人类社会形式众多的团体之一

拉斯基认为，国家的产生是人类天性使然。国家是为满足"社会的组织化的要求"而产生，是"社会生活的必需品"③。国家是人类的结合，其目的是恢宏人类生活，实现最大范围的社会公善。换言之，人类活动的每个领域都有由于某种需要而产生的社会团体，虽然与其他社会团体相比，国家无疑是特别的，它位居高位，拥有其他社会团体所不拥有的强制力，但从本质上说国家也只是人

---

① 戴维·米勒、韦农·波格丹诺编：《布莱克威尔政治学百科全书》，邓正来等译，北京：中国政法大学出版社，1992 年，第 535 页。

② Harold J. Laski. *The Foundations of Sovereignty and Other Essays*. New York：Harcourt Brace and Company，1921：29.

③ Harold Laski. *Studies in the Problem of Sovereignty*. New Haven：Yale University Press，1917：21.

类社会形式众多的团体之一。因此，拉斯基否认国家和社会的同一性
（oneness），认为国家绝不能囊括一切，"在国家内部的任何地方我们都能发现
挑战国家最高地位的团体。它们可能是与国家发生关系的，或者是国家的一个
部分，但是绝不会与国家合而为一，它们拒绝被归化成统一体"①。质言之，"国
家只是人类社会形式众多的团体之一"②，"它在性质上是'分'而不是'集'"③。
在拉斯基看来，各种类型的社会团体是国家与个人之间的中介，但是又不仅仅
是中介，而更多的是在地位上与国家并行，只是职能分工有所不同而已。各种
社会团体所享有的社会与政治权力的基础是它们各自在社会中所发挥的功能。
其实，（国家）"主权具有这样一种国家人格，即它之所以能使自己意志为民众所
接受，原因在于它能统治民众，并使民众的意志与它自己的意志相融合在一起。
显然这种主权并没有什么绝对的性质，与无条件的性质。虽然国家的各种命令
往往比其他社会组织的命令得到更为普遍的接受，但这完全是两个命令程度不
同的问题，而不是性质不同的问题"④。虽然拥有强制力是国家独有的特征，但
这种特征并不能使它具有"道义上"的优越性，"国家只是人类社会形式众多的
团体之一"，"国家并不必然就比教会、工会或互济会与社会目的更和谐一致"。⑤
"国家意志之所以能获胜，完全是因为它有能力应对它的环境的缘故。如果国
家意志冒险走入危险区域，即如果国家意志超越正当的轨道之外……它最初基
于人民同意的主权，就将因人民的异议而弱化"⑥。据此，拉斯基把国家看成是
人类社会形式众多的团体之一，其与人类社会其他团体并无实质性区别，也就
是说，国家是"一个贯穿着一种特殊意志的有组织的团体，人们从属于它，是因
为他们相信那种意志的善"⑦。因此，在多元主权国家中，权力不再需要集中在
社会结构的某一点上，而是分配给各种职能团体和区域团体，多元主权国家也

① Harold J. Laski. *The Foundations of Sovereignty and Other Essays*. New York：Harcourt
Brace and Company，1921：169.

② Harold J. Laski. *Authority in the Modern State*，New Haven：Yale University Press，1919：65.

③ Harold J. Laski. *The Foundations of Sovereignty and Other Essays*. New York：Harcourt
Brace and Company，1921：169.

④ Harold J. Laski. *Studies in the Problem of Sovereignty*. New Haven：Yale University Press，1917：17.

⑤ Harold J. Laski. *Authority in the Modern State*. New Haven：Yale University Press，1919：65.

⑥ Harold J. Laski. *Studies in the Problem of Sovereignty*. New Haven：Yale University Press，1917：14.

⑦ Harold J. Laski. The Personality of the State. *Nation* 101，1915：115-117.

由此成为"由一些列目的可能极其不同的合作团体组成"①的国家。

　　根据上述逻辑，拉斯基否认国家拥有支配所有社会团体至高无上的权力，认为社会是联治的，国家只是人类社会形式众多的团体之一，其性质与其他人类社会团体并无不同，国家与其他团体之间的关系是并列关系而非从属关系。国家也不可能垄断社会全部权力，社会团体有自身独立的性质、地位与职能，有履行自身职能所必需的权力，无须绝对服从国家主权，受国家绝对支配。这其实表明拉斯基对一元主权国家关于"国家意志即公共意志"主张的不满。拉斯基"在 1919 年发表的《多元主义的国家》中明确指出，历史经验迫使我们得出结论说，无法把国家的意志直截了当地界定为'良善的意志'(good will)"②，"国家意志凌驾于其他群体意志之上的原因，仅仅只是因为它被认为有足够的智慧，而获得了普遍的认可"③。在拉斯基看来，卢梭和黑格尔国家理论的主要问题之一就是把国家混同于社会，并把国家作为共同意志的体现。与他们相反，拉斯基明确表示，超越个人意志的所谓的共同意志本身根本就不存在，如若国家以共同意志之名强迫公民服从，或者如卢梭所说的"社会有权强迫人民获取自由"，实际上就是对自由的取消，"只是使人盲目服从群众或盲目服从最有力的势力的一种委婉说法"④，离暴政亦只有一步之遥。因此，拉斯基认为国家与任何其他社会团体处于同等地位，强烈反对赋予国家某种特殊的道德或者伦理色彩，主张任何社会团体都只在某些特定领域中才有决定权，一旦超越这一领域，其权力就失去了意义。由此，拉斯基认为，多元主义国家理论在内容和形式上是"'始终一贯的经验主义'，它拒绝承认国家强力的正义性，它取消了国家内在具有的要求服从的资格"⑤。这种理论实际上是一种个人主义的国家理论，它把作出判断的权力交给了国家的每个成员，这样一来，国家的判断"除了他们基于自身道德内容而内在地拥有的权力之外，没有其他的权力"⑥。也就是说，"个人

①　Harod J. Laski. *The Foundations of Sovereignty and Other Essays*. New York：Harcourt Brace and Company，1921：169.

②　殷叙彝：《拉斯基的多元主义国家观评述》，《当代世界社会主义问题》，2004 年第 2 期，第 3—27 页。

③　唐士其：《西方政治思想史》，北京：北京大学出版社，2002 年，第 448 页。

④　萨拜因：《政治学说史》，盛葵阳、崔妙因译，北京：商务印书馆，1986 年，第 663 页

⑤　Harold J. Laski. *Studies in the Problem of Sovereignty*. New Haven：Yale University Press，1917：23.

⑥　Harold J. Laski. *The Foundations of Sovereignty and Other Essays*. New York：Harcourt Brace and Company，1921：245.

日益成为社会价值的中心。但是，在如此广袤无垠的世界，个人的呼吁很可能被完全忽略。至少从哲学解释的角度来看，国家起源是为了个体幸福；因为如果良善生活不能给谦卑的人们带来幸福，它就毫无意义。因此，我们判断它作用大小应该以人们所得幸福的多少为根据"①。国家也就由此成为致力于为个体谋幸福的形式众多的社会团体之一。

二、国家职能：公共服务团体

拉斯基认为，国家并非万能的、无所不包的，它只是依职能而组织的众多人类团体之一。人类目的众多，团体职能有限，单靠某个团体，难以同时实现经济的、政治的、宗教的、社会的等诸种目的。因此，各种团体，只是在其职权范围内享有独立的权力。国家是而且只能是"一种为其成员谋幸福的工具"②，是一种能使人们最大限度地实现其利益的"公共服务性团体"。这就是说，国家职能与其他团体职能一样，都是普遍的、人类的目的。然而，不可否认的是，国家有自身独特的个性特质，其职能得以实现的关键在于"运用其权力以便最大限度地满足或促使满足人们的需要"③。在拉斯基看来，国家职能主要体现在以下 10 个方面：④(1)正如无限权力永远有害于权力运用着或被权力所控制的人一样，在正常条件下，主权者应该被禁止运用某些特征的权力。(2)成文宪法、权力法案、分权等，是防止政府滥用国家主权的方式。(3)为了实现政治责任，国家应该有一个强有力的和独立的司法系统。政府也应该在司法法庭可以被控告。法官不应该被行政长官撤职。司法权应该享有专业的优越权，因为它作为公民自由的守护者。(4)明智的和组织良好的公众观点能使政府认真负责。宁愿世界生活永久和平，而不愿有组织反抗的人们，迟早会失去自由的习惯。(5)新闻界必须能自由地批评政府和出版他感兴趣的作品。对新闻自由的限制是诽谤法律。政府和新闻界的联合对责任政府的健康发展至关重要。(6)责任政府是不可能存在的，除非有受教育过的选民。没有受教育的选民，就不可能有负责

---

① Harold J. Laski. *Authority in the Modern State*. New Haven：Yale University Press,1919；120.

② 拉斯基：《现代国家中的自由权》,何子恒译,北京：商务印书馆,1959 年,151。

③ Harold J. Laski. *Studies in Law and Politics*. London：George Allen & Unwin Ltd. ,1932；245.

④ S. H. Patil. *Modern Western Political Thought：From Hobbes to Laski*. Jaipur(India)：Printwell Publishers,1988；313-315.

任的政府。拉斯基匆忙补充说，即使有受过教育的选民，若没有有效的团体，也不可能获得负责任的政府的必要条件。因为现代国家中的个体没有有效的表达意见的权利，只有团体才有协商的权利。(7)公民间在教育和收入方面不应该有很大的不一致。有教育和收入背景的公民也不可能确保一个责任的政府。(8)如果政府是不负责任的，应该有撤销政府权力的完善的制度安排。(9)应该存在一个针对政府的咨询协会。因为咨询机构是可以方便而有效地接触到政府的，他们的观点能够获得足够的关注。正如他们逐渐知道政府的目的一样，他们也能支持和反对政府的举措。(10)建基于大众选举而组织起来的地域性社团，是当社区内部存在冲突意愿时最后裁决的最好方式。而要实现上述职能，国家就势必须要有一种能够约束社会中任何个人和团体的权力。但这种权力的运用，在事实上与道德上，应该是有条件的和有限制的。国家的行为必须以人民的意志与利益为依归，国家的价值是以其能否尽职为标准。违背社会目的，没有道德基础的权力虽然可能会暂时收效，但终究不能持久。在拉斯基的心目中，国家是促进人类幸福的组织。国家存在就是为了满足人们的需要，国家之所以能握有权力也正是来源于是否合此条件为标准，所谓"国家立于胜任不胜任之道德的润验之下。我们所以服从，并不是因为它是国家。我们也并不因为国家有高大的目的，所以我们服从。我们必须看国家是否能够满足我们的欲望，是否能够实行它的高尚目的，为服从的条件，为值得不值得服从的真凭实据"①。也就是说，国家的最终目的在于最大限度地谋求全体国民的共同欲望、福利与幸福。

国家虽然是人类社会形式众多的团体之一，但国家又异于其他团体，国家与其他团体的区别主要体现在两个方面："第一，他种社团之分子，可以自由出入，而国家之人民不能。第二，他种社团无领土，而国家有之。大抵一国之人民，分地而居，须臾不可缺者，曰衣曰食曰地方之庇护，曰子女之教育。其利益为各人之所同，其事不离一定之地点。于是可知国民之所望于国家为之组织筹划，使彼之所需，可以顷刻取求而不至匮乏。使同国之内，各以人之资格相见。而立于平等。至其人之为律师为矿丁为天主教为耶稣教为厂主为工人，初不因

---

① 孙宝毅：《拉斯基论国家》，《再生》，1935 年第 3 卷第 7 期，第 71—88 页。

其职业或信仰之异，而国家为之分别待遇。自社会理论言之，此千百种人，发展其人格计，有其必需之服务，而此种服务，非彼等所能自举，故惟有委之国家。"[①] 既然国家肩负如此重托，"其地位势必凌驾他人而上之"[②]，具有某种优先地位。"自统治方面观之，此即所谓政府也，其行动以合乎人民之需要为标准。对于国内种种社团，国家有监督之权，庶人民公共需求之服务，他种社团得为之分任。职司之与社会利害愈密者，如教育为人民知识所系，煤炭为人民衣食所赖，则国家之监督愈严。社会中一切职司之运用，应以消费者之利益为标准，所以使各人充分实现其公民生活。故工作时间应有一定限制者，使各人还其所以为人也。各人收入应为立定至小限度者，使得以维持得其正当生活也。然则国家之所有事，在以直接或间接之方法，管理全国人民之公共需求使适合乎全社会发展之大目的而已。"[③] 拉斯基反复重申，国家是一种为其成员谋幸福的工具，"评判国家的行为的原则，应该和用以评判工会或科学的团体完全一样。国家不应成为，享受不同于它的构成分子的地位和具有不同标准的法人"[④]。

据此，拉斯基进而认为国家是利益联合体。国家不仅可以监督其他团体是否满足了民众的各种需求和人格发展，而且为满足民众的利益，国家亦应该努力使自己成为一个"责任的国家"。而要成为责任分明的"责任的国家"，就须有完善的方法，使政府人员勇于负责，敢于担当；使政府行为符合全体人民的需要，且达到全社会的福利。为此，拉斯基提出，"责任的国家"责任分明的实现需要遵循三项基本原则："第一，政府中人可以随时撤退。第二，政府方针，平时受舆论或国会之监督。第三，国民对于政府行为，为最后之判断者，能明白说出其所以是非之故。为达此第三条件计，一国所以组成之分子之国民，其智愚贫富，不可太分等次，乃只要之点。"[⑤] 在拉斯基看来，这种"责任的国家"在某种意义上其实就是消费者的国家。拉斯基相信，消费作用重于生产作用，因为消费作用本身即构成人类的生活，"国民之所望于国家者，一消费者之利益耳"[⑥]。"国家

---

① 拉斯基：《政治典范》，张士林译，北京：商务印书馆，1931年，卷上一，第76—77页。
② 拉斯基：《政治典范》，张士林译，北京：商务印书馆，1931年，卷上一，第77页。
③ 拉斯基：《政治典范》，张士林译，北京：商务印书馆，1931年，卷上一，第77—78页。
④ 拉斯基：《现代国家中的自由权》，何子恒译，北京：商务印书馆，1959年，第151页。
⑤ 拉斯基：《政治典范》，张士林译，北京：商务印书馆，1931年，卷上一，第83页。
⑥ 拉斯基：《政治典范》，张士林译，北京：商务印书馆，1931年，卷上一，第77页。

之所辖者非他事也，即一国公民应享之利益而已，盖一人之身，在工厂而为工人，在银行而为职员，在衙署而司簿，此不过国中之操业者耳，因其致力之勤，乃求享受之乐，且于孳孳为生之外，别求生人之意义，此即公民地位之起点，而国家职掌所应顾忌者也。"①人既是生产者也是消费者，但二者不能无轻重之分，消费者利益永远在生产者利益之上。既然每一个人都是消费者，在某个特定区域的所有人都有大致相同的利益，并且人们从事生产活动仅仅是保证他的消费目的得以实现的手段。在拉斯基看来，"彼衣食住之所需，由千百万人供给无匮，而后彼之天性，乃能尽性发挥，自此方言之，消费者之利益，较其他方面为尤重"。其结论是，"以一人之所以实现自我者，不在其所以生产，而在其所以享受也。"换言之，"工作告竣，从容闲暇，然后彼之所以为彼，乃还其所以为人。故彼之至大希望，在操业之中，消磨其精力者至少，在彼所自认为至善之中，发挥其精力者至多。彼等所以批判社会者，以其合此旨者为善，背此旨者为恶。政府介于各种生业中，为之平亭曲直者，非曰为生产而生产也，亦曰以生产为手段，使人人得享优游闲暇之乐，还其所以为自我者而"②。因此，在拉斯基看来，国家重要职能就是为"消费者"的利益而行动，其职能"所欲保护者，各人之公民个体的利益而已，至于生产事业之节目，皆私人所有事，国家但求其大体上无碍于全国人民斯可也"，"国家之所有事，在以直接或间接之方法，管理全国人民之需求，使适合乎全社会发展之大目而已"③。而要保护公民的消费利益，就需要有一定程度的管理和控制的权力为前提。既然消费者的利益是最重要的，以保护这些利益为目标的机构——国家就需要比其他组织高的权力，以圆满完成其任务，使人人得到消费上的满足，并符合公民利益的标准。很显然，拉斯基所主张的代表一般利益的消费国家是一个公共职务法人联合体。但是，拉斯基所主张的联合体与基尔特社会主义者所提出的联合体具有较大差异。基尔特社会主义的联合体，是组织的组织，也就是，职能组织的代表机构，但与此相反，拉斯基所主张的联合体没有中间的环节，直接对个体负责。显然，在拉斯基看来，国家作为一种为其成员谋幸福的公共服务团体，为了履行好服务职能，就需要有

① 拉斯基：《政治典范》，张士林译，北京：商务印书馆，1931 年，卷上一，第 84 页。
② 拉斯基：《政治典范》，张士林译，北京：商务印书馆，1931 年，卷上一，第 86 页。
③ 拉斯基：《政治典范》，张士林译，北京：商务印书馆，1931 年，卷上一，第 77－78 页。

一定的权力，国家的权力正是来源于它的公共服务性职能。可见，拉斯基所倡导的"多元主义国家通过分散权威来保证自由，这样个人的那种在只有单一的生活方式的社会中不能被满足的需求就能得到实现。他们不断地为政治行动寻找合适的实施途径。这些途径不会对个人价值的实现产生压力。并且，有些因素——宗教、职业、政治——作为个人价值的外在表现，其方式是多种多样的。多元主义主权观毁灭了主权国家，以保证个人价值的显现"[①]。

三、理想的国家政治体制：联邦制

政治多元主义最本质的含义是指政治力量的多样性与多元性。多元主义者对集权与专制均抱根本性否定态度，而认为实际上并不存在全能的和无所不包的唯一权威渊源，几乎所有形式的分权都是一种美德。与其他多元主义者主张相一致，拉斯基深信，对专制和集权的避免与防止，仅仅依靠代议制民主是不够的，行政权、立法权和司法权的纵向分立，联邦制对主权的横向划分，以及在实践中赋予以上主体的相互否决权，能够阻止任何实施专制统治的政府。也就是说，联邦制对权力的横向分割不仅能有效削弱集权与专制的可能性，而且还有助于人们走出传统主权理论的固有误区。因为，把权力"集中于某一点，势必增加权力畸变的可能性"，"自由的秘诀是分权……但各种政治组织中最能坚定地保持分权的政治组织，是联治的组织"[②]。拉斯基还深信，"任何国家如果没有多少限度的联治的组织，平等的精神决不能保持，因为权力分配，就是防止权力僭夺的利器。"有鉴于此，拉斯基积极倡导"权力多中心"论，反对国家主权，鼓吹团体主权、地域主权，提出联邦制设想，并把联邦制视为实现权力理论目的、保障自由民主权利、为人们充分实现自我创造条件的最佳政治建构。

联邦制的实质是组织上的多元主义，强调政治体系中多元权威的价值，核心就是认为主权的要素或特质是可分的，即拒斥拥有一个绝对的、统一的和不受限制的主权者。拉斯基联邦制异于他所推崇美国联邦制之处在于，他所提倡的联邦制既是职能的，又是区域性的。拉斯基倡言，主权是分离的，而且必须是

---

① 陈序经：《现代主权论》，张世保译，北京：清华大学出版社，2010年，第267页。
② Harold J. Laski. *The Foundations of Sovereignty and Other Essays*. New York：Harcourt Brace and Company，1921：87.

分离的,多元主权联邦制国家应该由"一系列其目的可能极其不同的合作团体组成"①。也就是说,这种联邦制应该包括两个基本内容:第一,摈弃主权国家,将国家主权分割至各社会团体、社会部门(他主要指的是工业团体、工业部门),建立一个没有权力中心的、由一系列各有其权力、各有其职责的并列团体构成的政治联邦制。第二,在各经济部门,各经济团体的组织方式和运转方式中,体现工业民主的原则。这两个内容有着内在的有机联系,并且在这一点上统一起来,即:认为在联邦制国家中主权是分散的,而分散主权的目的是削弱国家权力、加强社会团体和个人的自主权。

与多元主权国家强调从结构上(制度所确定的关系上)解决问题的主张相适应,拉斯基联邦制建构的基本思路是权力的合理配置。拉斯基认为,权力的分布是下落而分散的、非单一团体控制的,权力应当被置于最有利于实现其伦理目的的地方,而一元主权国家则强调把权力完全集中于国家,集中于政府。这种权力集中常会带来两方面的弊端。一方面,权力过于集中虽然能使国家具有很强的动员与组织能力,但结构较为僵硬、凝滞,必然带来偏狭、迟疑、专断、简单的性质,从而无法应付一个复杂的、多元性的社会,并使决策迟滞、僵化与缺乏适应性。另一方面,权力高度集中会严重窒息社会的生机与活力,扼杀人们的创造性与试验精神,使地方功能萎缩,也容易在一般公民中滋生政治冷漠情绪。在拉斯基看来,这两方面的弊端虽然表现不一,但病根相同,那就是:公共权力配置不当,即公共权力没有被配置到解决问题最需要、最合适的地方。公共权力配置不当所产生的后果是:一方面,掌权者由于远离具体问题,且与所需解决的具体问题无直接利害关系,因而他们的权力行使与对问题的处理势必偏颇、迟钝、低效与无效。例如在遇到罢工时,政府不是去寻找罢工的真正原因,然后对症下药,解决问题,而最关心的是恢复秩序、恢复生产。另一方面,对所需解决的具体问题最了解、最有切身利害关系的人,则因为不具有解决问题的职责和权力而无能为力。由此,拉斯基确信,应当把公共权力从对解决问题无利害关系、无直接联系的地方和人手中转移到解决问题有利害关系、有直接联系的地方和人手中。

---

① Harold J. Laski. *The Foundations of Sovereignty and Other Essays*. New York: Harcourt Brace and Company, 1921:169.

拉斯基深知，作为联邦制基本单元之一的社会团体的产生源于人的最低限度需求（欲望）的满足，尤其是在现代国家中，个人日益可以从社会团体中，尤其是从经济团体例如工会、职业协会中，获得自己利益和需要的满足。社会团体是在共同利益基础上的自愿联合体，其成员之间享有共同的利益和关怀，日益担负着对本团体成员实施管理、保护和发展团体成员的利益等职责。在拉斯基看来，国家无权随意取缔社会团体，也无权随意限制社会团体的活动，各种社会团体在各自的范围内，有各自的主权。然而现实社会的困境是：国家权力压倒一切，一切社会团体均受国家支配；社会团体不仅难以获得独立行使自己职能的必要权力，而且他们与现实政治结构也还未实现有效连接。这种状况所带来的后果是，社会团体只能采取一切间接的手段对国家决策施加影响，来弥补自己政治权力的欠缺。也正由于团体自主权力的缺乏，使得团体难以正常运转，作用难以正常发挥，也就必然会影响社会成员个人的利益与需要的满足。鉴此，拉斯基认为，政治必须通过个人和团体的广泛参与构成，国家应该承认社会团体的"真实人格"，赋予社会团体确定的社会功能以及履行这些功能所必需的权力，把权力下放或分割给社会团体，使其成为参加政治活动、履行政治责任、行使政治权力的"责任的团体"。拉基斯相信，这种权力结构的调整有利于多元利益的表达，政治过程的重心也可以随之从国家转向社会团体，而政府职能则会从以保障人民生命与财产安全的政治管理主要职能，转变到以管理社会和经济事务为主要职能。

拉斯基虽然深知联邦制的核心是对国家权力的制约和分散，但是他同时也认为纯粹权力分立只是一种国家权力的自我制约形式，这种形态的权力制衡机制随着社会结构复杂化日益暴露出其弱点和不充分性。首先，从本质上说，国家并不内在地具有制约自身权力的手段，国家只能行使由法律赋予的权力，尤其是在"行政专横"时代，行政权力不断扩大，议会的作用有所下降，三权之间失去了固有的平衡，纯粹权力分立已经难以适应新的社会需要；其次，从技术上讲，立法、行政、司法三种权力也难以被精细划分，任何精细划分的努力只会导致权力运行的无序与混乱。而摆脱这一困境的唯一出路不仅要分立集中于国家手中的权力，还必须把权力从国家转移到社会，转移至与社会职能直接相连的地方，以此来保障权力直接履行它的社会职能。具体而言，就是要建立一个权力中心多元的社会制度。至于权力应该如何合理配置,拉斯基提出两条路径,一是地域分权,二是职能分权。所谓地域分权,即是把权力划分给地方,以达到用众多地域主权的社会取代一元主权社会的目的。拉斯基主张把权力分割至地方的理由有二:第一,权力越集中,弊端越多。如果地方拥有充分的自主权,那么它所作出的贡献肯定会远胜于专听命于中央政府的地方。因为,在现实社会生活中,并非所有事务都与中央政府有相关,很多事务都是地方性质的,地方对这类事务更了解,更有发言权,更能尽心尽责、因地制宜地予以处理。因此,拉斯基认为:"中央与地方之关系,莫妙于分全国为若干单位,各单位界以若干事权,以今日集于中央政府之事权,分别授之于各地方单位,则地方亦乐于负责而任其事,此最良之法也。"[①]第二,地方与地方之间的情形可谓千差万别,不可能也不应该用单一的机构、单一的方法进行管理。"企图用相同的方法来管理像亚利桑那和纽约这样存在巨大差异的地域,必然会困难重重。地域差异的事实拒绝接受这种相一致的转化。管理的问题是如此千差万别以至于只有地方的研究和解决办法才被证明有效。"[②]只有按照地域分权的原则,地方才能获得真实的权力与真正的管理职能,从而不是"中央政府权力的毫无活力的反映"[③]。拉斯基认为美国的联邦制具有典范意义,美国宪法将主权在中央与州政府之间作了明确界分,使州政府获得了真实的权力,也就是他们"不仅具有国家授权给他们的生活,而且还能够管理他们自己的事务"[④]。

拉斯基亦深知,在联邦制国家中,仅有地域分权是不够的,因为"任何依地理而划分之政治制度不必合乎生活上所追求之具体目标"。换句话说,在现代生活中,职业上之利害关系远超出毗邻的地域关系。"职能的分权与地域的分权,其用意一耳。分权者,所以养成责任心也,所以练习自治能力也。地方团体可,职业团体亦可,要在以感受权力效果最密切之人,使之为管理权力之人而已。"[⑤]因此,拉斯基非常重视职能分权对联邦制发展与完善的重要意义。所谓职能分权指的是让职业部门、经济团体获得履行其职能所必需的权力。在拉斯

①　拉斯基:《政治典范》,张士林译,北京:商务印书馆,1931年,卷上一,第64页。

②　Harold J. Laski. *Authority in the Modern State*. New Haven: Yale University Press,1919:75.

③　Harold J. Laski. *Studies in the Problem of Sovereignty*. New Haven: Yale University Press,1917:279.

④　Harold J. Laski. *Studies in the Problem of Sovereignty*. New Haven: Yale University Press,1917:271.

⑤　拉斯基:《政治典范》,张士林译,北京:商务印书馆,1931年,卷上一,第65页。

基看来，未来社会是以职能为基础而组织的社会，与地域分权一样，职能分权也是把权力从国家转移到最有利于权力实现理论目的的地方，也就是使权力与社会职能挂钩，把行使社会职能的权力交给"与他最有关系的人去裁决与处理"[①]。就工业的经营与管理而言，"工人应有一种真实的发言的机会……工厂的工人选举他们的工头，书记员选举他们的书记长，各部主任选举他们的经理，如此办法，各个人对于公司的兴趣，较之旧日他们与他们雇主的关系完全是薪金的关系时，真实得多"[②]。换言之，只有当各职业部门、经济团体获得了履行自己职能所必需的权力后，他们才能成为自治、自主、独立的团体，从而在自己职责范围内"就变成了最高的权威"[③]，他们的目的则是"保护职业利益，每一种职业和行业都有自身特有的问题和标准，对此种决定他们是最胜任的。没有任何真正的利益来源于国家干预……因为政府的外部特征使它的行动必然具有机械的一致性和僵硬不变的特征，这与现代工业结构所具有的微妙而复杂的特性不相符合"。[④] 鉴于此，拉斯基强调，职能团体不仅应该在消极方面希望国家减少干涉，更应该积极影响国家，在政府中获得适当之代表，使自己主张成为国家政策。拉斯基进而指出，如若职能团体都获得了履行自己职能的权力，那么一个不同于国家主权、议会主权的职能主权就可以建立起来，以前由国家、议会执掌的权力就会转移到职能团体，国家、议会的作用则不过是把各职能团体逐渐发展起来的工作方法、工作规则加以神圣化。由此，国家的唯一职责就是，在由法院或商务委员会监督这些职能团体，使他们所做的事，不致超出他们的权限之外。

总之，拉斯基深信，通过地域分权、职能分权建立的联邦制是现代国家最为重要的政治制度基础之一，联邦制多中心的制度安排，能够有效帮助国家防止一元化的、绝对权力的出现。在联邦制之下，公民之间、团体之间相互分享权力，权力既是纵向分享的，也是横向分享的。联邦制正是通过横向分权、纵向分

---

① Harold J. Laski. *The Foundations of Sovereignty and Other Essays*. New York：Harcourt Brace and Company，1921：70.

② Harold J. Laski. *The Foundations of Sovereignty and Other Essays*. New York：Harcourt Brace and Company，1921：84.

③ Harold J. Laski. *Authority in the Modern State*. New Haven：Yale University Press，1919：384.

④ Harold J. Laski. *The Foundations of Sovereignty and Other Essays*. New York：Harcourt Brace and Company，1921：74-75.

权的制衡结构杜绝了产生一元化绝对权力的可能性，完善了国家的制度安排，确保了国家的正常运转。

四、小结

拉斯基多元主权国家思想的提出是来源于两个方面的认识。一方面是他所处时代西方国家政治生活的实际，即国家中的各种社会团体，如工会、雇主团体、各种公职人员团体、脑力劳动者团体、农业协会、小工商者协会、资本家组合等日益成为国家的有机组成部分且在不同程度上分享着以往国家所独占的某些权力。这些实际与"事实已经使（国家）主权的理论成为一种简直是荒唐的抽象"[①]。另一方面则是针对 19 世纪末尤其是 20 世纪上半期，与经济上垄断资本主义垄断、支配着国家经济命脉相适应，国家权力日趋膨胀，不仅个人权利受到严重摧残，各种社会团体的权力亦剥夺殆尽，国家正打着捍卫"国家主权"的旗号朝着"全权国家"发展。借助自愿性社会团体与自治机构的力量制衡国家权力与保护个体权利，业已成为当时有识之士的一种共识。拉斯基曾经表示，在 20 世纪初期，即使在英国，自由放任也已经成为一种历史。虽然伴随着 19 世纪下半叶开始的各种社会改良运动，劳动者阶级的政治权力有所扩大，但政府职能则以更惊人的速度扩展，民主主义很可能会因此而成为一纸空言。因为在国家权力扩大的同时，人们越来越从属于行政权力，而社会团体在同一化的同时也必将会失去其自主性。更为危险的是，这种倾向的发展必将导致人们日益丧失对于自由的追求和增加对独裁的容忍，这将最终葬送自由民主的政治制度。拉斯基由此呼吁："作为一个真正的实体、并且具有一种自我创造的人格的联合组织必须为它自己的行为负责。因此我们的国家在其所拥有的权力方面也可以少一点黑格尔主义的色彩，少一点主权。"[②]"为了建立实现这一目的所需要的制度，必须有一种新的关于国家的政治哲学。"[③]拉斯基新的国家政治哲学——多元主权国家思想的主旨在于反对国家权力至上和独裁统治，论证各种自愿性

---

① Harold J. Laski. *Studies in the Problem of Sovereignty*. New Haven: Yale University Press,1917:209.

② Harold J. Laski. *The Foundations of Sovereignty and Other Essays*. New York: Harcourt Brace and Company,1921:152.

③ Harold J. Laski. *The Foundations of Sovereignty and Other Essays*. New York: Harcourt Brace and Company,1921:29.

社会团体的存在和发展对维护个人自由的必要性，强调政治权力的开放性，主张人格化的各种社会团体在国内政治生活中担当一定角色，参与社会管理。这种多元主权国家思想对于协调各种社会力量，维护资产阶级稳定统治，确实起了不可忽视的作用。

拉斯基多元主权国家思想最活跃的时期是 20 世纪 10 年代至 30 年代，这既是对垄断资本主义时期，国家权力日益膨胀、个人权利日趋萎缩现象的一种反映，也是针对法西斯主义的国家至上主义、国家极权专制主义的一种反动。从这方面来看，拉斯基多元主权国家思想具有一定的积极意义。但是它的局限性也是很明显的。从理论上看，这种"多元主权国家思想"的理论依据是："政治权力不应是集中的，而应该是分散的；社会的政治结构不应是一元的，而应是多元的，应由各种自治性社会团体和利益团体来分享国家权力，参与政治决策。"①与此相适应，人类社会也必然是多元的。社会多元的根本意义在于，国家从性质上说不过是人类社会众多团体之一。国家主权的多元性也就是国家权力的有限性；②国家不应享有至高无上的权力，其他团体也各有自己的主权；国家不是凌驾于社会之上的发号施令的主导者，而应是一个不偏不倚地调停着各社会团体之间的冲突的仲裁者，并使各种社会团体和自治性机构能够与其"共享"权力；为了捍卫和扩大公民的民主与自由的权利，国家不应该干预经济和团体主权，而应尽可能地发挥各种团体比如工会和其他职业团体、各种协会的社会作用，以最大可能地实现公民人格的"自我完善"，同时对权力进行尽可能广泛的分散以防止国家权力的过分集中。这种立论虽然看到传统的一元主权国家论者所认为的那种无所不在、无所不能、高高在上的国家主权是不存在的，而且它也不可能代表所有个人和团体的利益，从这个意义上说，国家权力是有限的，但是，国家权力的有限性并不表明国家的不重要。在拉斯基多元主权国家思想中，国家被视为与工会、教会、商会等其他社会团体性质相同的团体，认为它只是社会各力量之间的平衡器，这种主张其实低估了现代国家的重要作用。20 年代中期，尤其是 30 年代以后，拉斯基日益意识到多元主权国家思想的现实困境，并予以了必要修正。

---

① 骆沙舟：《现代西方政治思潮评析》，厦门：厦门大学出版社，1996 年，第 261 页。
② 吴惕安、俞可平：《当代西方国家理论评析》，西安：陕西人民出版社，1994 年，第 10 页。

从实践上看,拉斯基多元主权国家思想虽然发现了一元主权国家的形式性和虚伪性,但按照多元主义建构出来的国家组织形式,亦带有严重的虚幻性,在实践中往往违背原初的设想,成为一种理想化的方案。之所以如此,缘由如下:第一,统治权历来就是统治阶级的特权,任何统治阶级决不会允许其他阶级、阶层的人来分享自己的特权。第二,国家作为统治阶级的工具,它与其他社会团体是不可能处于同一种平等的地位的。事实上,一旦其他社会团体的活动危及国家的生存,必定会遭到国家的抵制甚至镇压。历史上国家与教会的关系、现代国家对工会的态度,都充分说明了这一点:社会团体是从来没有,今后也不可能与国家平等分享权力,并同为至高无上的"主权者"的。第三,在资本主义制度下,资本才是权力的真正主宰,它实际上控制着国家机构,使之按照自己的意志行事。况且,如若这种多元主权国家思想运用到实践很有可能会使国家陷入无政府状态。其实,国家主权是统治阶级对被统治阶级实施统治的基本工具,任何国家都必然要求具有绝对的统治权,而且事实上它总是拥有至高无上的统治权。鉴于上述情况,拉斯基在反思其早期多元主权国家思想时明确指出,多元主义者只看到了国家表面上的中立性,而没有看到它实际上的阶级偏向。从20世纪20年代起,拉斯基渐趋放弃多元主义而转向费边主义和马克思主义。正是因为早期多元主义思想的这种基本弱点,"二战"后的多元主义,一般不再提倡以多元国家取代一元国家了,而是主张在现有国家体制下,实行多元民主制,充分发挥各种利益集团在国家政治生活中的作用。这亦从另一个侧面对早期多元主义者所倡导的"多元主权国家"形式性与虚幻性做了很好的注解。

第三节　多元主权国家思想的修正

20世纪20年代中期后,资本垄断进程加速,垄断资本集团控制了社会财富,国家权力也随之得到相应强化,反对国家权威、抨击国家干预的多元主权国家思想既不符合资本主义国家的实际,也无法顺应资本主义国家的发展,日益遭到人们的否定与拒斥。面对这种严峻的现实,作为一位崇尚务实的政治思想家和政治活动家,拉斯基对多元主义改革方案逐渐失去了信心,转而抛弃多元主义的立场,主张政治"一元主义"。当然,这并非是回归到他曾经批判过的"一元主权论",而是醉心于多元主权国家思想的修正。虽然拉斯基直到1929年才正式宣布放弃多元主权国家思想,其实早在1925年其经典名著《政治典范》一书中,多元主义成分即已消失殆尽,代之而起是强调国家地位与职能的国家理论。

在多元主权国家时期,拉斯基强调职能独立和个体自由的重要性,力主国家与其他社会团体在性质上无殊,在地位上同等。但他现在日益意识到国家主权存在的合理性和必要性,渐趋摒弃早期激进的多元主权国家思想,强调国家与其他社会团体的实质性区别,认为,国家与其他社会团体的关键性区别,就在于国家具有绝对的强制性,国家的地位凌驾于一切社会团体之上。国家这个以前被视为与其他社会团体一样的社会组织,现在被称为"社会的阃门之中心柱石"[①]"现代社会的建筑物上的宝塔尖"[②]。当论及国家与社会的关系时,拉斯基亦倡言:"社会之至要者曰国家。"[③]国家与其他社会团体,不但在程度上有所不同,即使在性质上也有不同,国家"所以与其他社团异者,他种社团之分子,可以自由出入,而国家之人民不能,一也。他种社团无领土,而国家有之,二也。大抵一国之人民,分地而居,须臾不可缺者,曰衣曰食曰地方之庇护,曰子女之教育。其利益为各人之所同,其事不离乎一定之地点。于是可知国民之所望于国家者,一消费者之利益耳,一邻里乡井之利益耳。凡此诸端,皆由国家为之组织筹划,使彼之所需,可以顷刻取求而不至匮乏。使同国之内,各以人之资格相见,而立于平等地位。至其人之为律师为矿丁为天主教为耶稣教为工主为工人,初不因其职业或信仰之异,而国家为之分别待遇,自社会理论言之,此千百种人,为发展其人格计,有其必需之服务,而此种服务,非彼等所能自学,故惟有委之国家。所以委诸国家之职掌如此,则其地位势必凌驾他人而上之。如是人之所以为人之需求,皆在国家掌握中矣"[④]。鉴于国家的独特地位,拉斯基此时

①　拉斯基:《政治典范》,张士林译,北京:商务印书馆,1931年,卷上一,第10页。
②　拉斯基:《政治》,邱辛白译,上海:新月书店,1931年,第1页。
③　拉斯基:《政治典范》,张士林译,北京:商务印书馆,1931年,卷上一,第10页。
④　拉斯基:《政治典范》,张士林译,北京:商务印书馆,1931年,卷上一,第76—77页。

给国家所下定义是:"国家者,一领土的社会,分为政府人民二要素,认为在其领域内对于其他制度有高度统治之权。国者,社会的意志之最终法律的贮藏所也。其他团体,以国之视线为视线。人类行动,国家认为应归其管辖者,则从而管辖之……国家者,社会的圜门之中心柱石也。千百万人之生活之形与质,皆由国之陶铸而成。"①在 1931 年出版的《政治》中表述得更为明晰:"现代世界上的任何公民,都是某一国家的属民。从法律上讲,他必得服从国家的命令,他的生活之外表,受了国家颁发的方式所范围。"这些方式就是法律,而国家的本质就在于它的强迫所有生活在它的边界之内的人们遵守这些法律的权力。"因为其他社团,是志愿性质,只能限制志愿入会的会员。可是做了一国的居民,那就不然了。在法律上讲,他必得服从国家的命令,没有选择的余地。所以国家是现代社会的建筑物上的宝塔尖。"②国家的特别性质,在于它的超越其他社会团体的最高地位。

很显然,在上述对国家的阐述中可以看出,拉斯基日趋在事实上承认国家地位高于其他社会团体,而与其他强调国家地位与作用的国家理论相一致:"国家者,一切决定之最后源泉也,因是对于国家意旨之尊重,应驾其他社团而上之。"③此时,拉斯基开始把国家看作是一种能最大限度顺应与满足广大民众利益与要求的社会组织,也就是说,国家能"运用其权力以便最大限度地满足或促使满足人们的需要。它通过其代理机关及政府为这个目的,而不是为其他目的而努力"④。拉斯基此时虽然依然重视其他社会团体的自主性与重要作用,但此时其更为关注的是国家与其他社会团体的实质性区别,即,国家具有强制性,"其地位凌驾他人而上之",且"对于国内种种社团,有监督与控制之权"。⑤ 拉斯基此时认定,国家需要权力,国家的本质就是运用其权力强迫把其标准施于国民,并对其他所有社会团体实施最高统治。其他社会团体的意志和活动不得超出国家所设限制,即社会团体在自身"思想行为不想直接改变法律或制止一般

---

① 拉斯基:《政治典范》,张士林译,北京:商务印书馆,1931 年,卷上一,第 9—10 页。

② 拉斯基:《政治》,邱辛白译,上海:新月书店,1931 年,第 1 页。

③ 拉斯基:《政治典范》,张士林译,北京:商务印书馆,1931 年,卷上一,第 34—35 页。

④ 俞可平:《拉斯基国家思想演变初探》,《厦门大学学报》(哲学社会科学版),1985 年第 3 期,第 66—74 页。

⑤ 拉斯基:《政治典范》,张士林译,北京:商务印书馆,1931 年,卷上一,第 77 页。

社会习惯的延续的范围内,有信仰自己所喜欢的信仰和实行自己所喜欢的行为的权力"①。也就是说,"社团没有权利进行和国家发生冲突的行动。所谓行动,我的意思是指墨索里尼向罗马进军的计划,或者像乌斯特防务委员会对平民施行军事训练的行动。诸如此类的事情,政府在法理上是可以加以打击的,因为这些事情和现有的或预料的暴动有明显的直接的关联"②。拉斯基虽然承认国家具有防止自身遭受攻击的权力,但要求人们对国家的防止权能(一种防止那些具有企图推翻现社会制度的自然倾向的社团的发展的权利)予以警惕,认为"政府在进行打击的时候,应该记取最容易遗忘的一点,那就是,镇压并不能消除怨恨心情,不论这种心情的根据如何不切实际。假使容许政府将激烈的意见和实际的激烈的行为混为一谈,那什么荒唐的行为,他们都会干得出来"③。这表明,一旦社会团体活动触及现存国家统治秩序,国家就必然会对其实施干预。

在此时期,拉斯基还迅速改变了其先前竭力反对国家干预经济事务的论说,而大力提倡国家对经济事务的干预,认为国家对经济事务的干预是保护人民利益所必须履行的职能。拉斯基倡言:"今后问题,非政府干涉之有无必要。干涉已成不易之义,所当问者,如何干涉而后收其最大限度。同为人类,有其生命上不可缺乏之需要,若以此等需要,委之生计势力之自由角逐,而绝不加以约束,则其所谓社会必成强凌众暴之局,而无复道德可言,此等社会之灭亡,必较任何时代为速,可断言也。"④在国家对经济事务的干预这一问题上,拉斯基着重强调重要生产资料的国有化及对它的控制,并把这种国有化上升到拯救并解放工人阶级的"社会主义"事业的高度。虽然拉斯基已经明了现存资本主义国家实际上为少数经济上占统治地位的资本家所控制的现状,但是他反对以彻底推翻或根本改造现存国家制度的方式推进重要生产资料的国有化,坚信以和平改良的方式就能实现上述目的。拉斯基强调:"吾人绝不假想资本制度之立时消灭,所预期者,乃在旧轮廓中有新秩序之产生。吾人认工业上之各造利害,可以调和,诚能处置适宜,不难取今日社会组织中所潜伏之阶级斗争而消灭之。"⑤正

---

① 拉斯基:《现代国家中的自由权》,何子恒译,北京:商务印书馆,1959年,第92页。
② 拉斯基:《现代国家中的自由权》,何子恒译,北京:商务印书馆,1959年,第103页。
③ 拉斯基:《现代国家中的自由权》,何子恒译,北京:商务印书馆,1959年,第103页。
④ 拉斯基:《政治典范》,张士林译,北京:商务印书馆,1931年,卷下五,第59页。
⑤ 拉斯基:《政治典范》,张士林译,北京:商务印书馆,1931年,卷下五,75。

是由于对现实资本主义国家采取的妥协态度,拉斯基坚决反对任何形式的暴力革命,而力倡改良主义,主张以和平的方式实施社会变革,即:"一步一步推动,一点一滴改良,这里前进一寸,那里后退一寸,直到绝大部分都变成传统为止。"①尽管如此,拉斯基亦清醒地面对激烈的阶级冲突和急剧动荡的社会现状,若统治者不顺应民意及时进行和平、渐进的社会变革,暴力革命亦将在所难免。

面对现实的挑战,拉斯基在予以及时回应的同时,已开始着手对早期多元主权国家思想进行修正。拉斯基意识到,为维护现存阶级关系,国家主权是必需的,而多元主权国家的缺憾正是由于"它没有认识到国家作为一种阶级关系表现的性质。它没有充分强调这样一个事实,即这种理论必然要求一种看不到的和不负责任的主权,因为此外没有任何限制和控制社会的合法权利。只有通过国家的限制和控制,任何维护现存阶级关系的制度才得以实现。如若国家停止其主权性,那也就失去了其有效实现这些的地位"②。尤其是在《民主政治在危机中》(1933)一书发表的前后,拉斯基的国家思想发生了更为急剧的变化,他正式宣布摈弃早期多元主义国家思想,而转向以马克思主义唯物史观诠释国家的理论与实际,从而成为20世纪20年代至40年代"英语世界最有影响力的马克思主义政治理论家之一"③。虽然,大约在20世纪20年代中期以后,拉斯基渐趋摒弃了多元主权国家思想,然而,"多元主权国家"思想一切合理内核一直保存在拉斯基政治思想之中,例如国家权力的分立与制衡是国家制度的基本条件,团体利益仍然是政治生活和政治分析的基本单位,社会的权力是分散的,等等。但是另一方面,具体到国家的理论与实际问题上,修正后的国家思想作出了比较大的调整,使其多元主权国家思想更加契合现实,更容易让人们所接受。

首先,拉斯基宣称:"政治哲学的第一个责任便是要从实际上而不是从观念上研究国家的性质"④。国家的真实的本质,并不在于它自称是些什么,而在于它实际做的是什么。"国家是指这样一种社会,它由于具有一种强制性的权威,

① Harold J. Laski. The State in the New Social Order. *Fabian Society*,1922:25.
② 俞可平:《拉斯基国家思想演变初探》,《厦门大学学报》(哲学社会科学版),1985年第3期,第66—74页。
③ Paul Hirst. *Collected Works of Harold Laski*. London:Taylor & Francis,1997,Introductory:x.
④ 拉斯基:《国家的理论与实际》,王造时译,北京:商务印书馆,1959年,第219页。

在法律上高出于作为这个社会一部分的任何个人或团体，而构成一个整体。"①
"在它的疆域内不但有很多个人，而且有很多人的组织，共同结合在一起，来促
进他们所关心的各种宗教的、经济的、文化的、政治的目的。这样一个社会，假
使其中各个人和各个团体必须遵守的生活方式，是由一个统辖他们全体的具有
强制的权威来规定的，那它就是一个国家了。"②因此，"国家乃是一种行使权力
的特殊方式。它之所以成为特殊，就因为它是最高的，并且它之所以成为特殊，
因为它是强制性的。社会上任何其他权威，除代表国家者外，都不能行使一种
相同的权力"③。同时，经过对德国、意大利等法西斯主义国家的本质和作用的
研究，拉斯基进而指出，国家不过是阶级统治的工具，国家权力总是要被用来保
护那个占有生产工具的阶级的利益，"任何现实国家的性质，都可以它所特有的
经济阶级关系体系为主要的说明。因为当我们知道了这种体系的时候，我们也
就知道运用政权的真正的目的了。国家所做的事情，便是将那种强制权力供给
某一个社会内占有生产工具的那个阶级"④。"国家的职务是要保护某一时间某
一种阶级关系体系的一切涵义。"⑤"它由于它本身存在的法则，不能在阶级关系
中间保持中立。它不得不有所偏袒，就是因为它是一个国家。它的政府必须为
那个在经济上掌握着社会生存攸关的生产组织的阶级服务，成为它的一个执行
委员会。"⑥所以，拉斯基最终认定，任何国家是不能超出它的经济定律的涵义，
"它（国家）实质上是为那些握有经济权力的人们服务的强制权威"⑦，"国家的根
本目的永远在于保护某一种阶级关系的体系"⑧。

　　其次，拉斯基虽然承认国家绝不是中立的，但却认为国家的性质似乎又是
可以改变的。他认为，只要资产阶级能够对劳动人民实行让步，采取改良措施，
国家就可由"消极国家"变成"积极国家"，即由"警察国家"变为"社会服务国
家"。虽然这种"变迁乃是资本主义社会为了保持生产工具私有制而不得不偿

---

① 拉斯基：《国家的理论与实际》，王造时译，北京：商务印书馆，1959 年，第 103 页。
② 拉斯基：《国家的理论与实际》，王造时译，北京：商务印书馆，1959 年，第 5 页。
③ 拉斯基：《国家的理论与实际》，王造时译，北京：商务印书馆，1959 年，第 103 页。
④ 拉斯基：《国家的理论与实际》，王造时译，北京：商务印书馆，1959 年，第 104 页。
⑤ 拉斯基：《国家的理论与实际》，王造时译，北京：商务印书馆，1959 年，第 103 页。
⑥ 拉斯基：《国家的理论与实际》，王造时译，北京：商务印书馆，1959 年，第 86 页。
⑦ 拉斯基：《国家的理论与实际》，王造时译，北京：商务印书馆，1959 年，第 218 页。
⑧ 拉斯基：《国家的理论与实际》，王造时译，北京：商务印书馆，1959 年，第 215 页。

付的代价"①。然而,不可否认的是,"社会服务国家在发展过程中,已经产生了人们愿意为之斗争的许多观念。正如资本主义在全盛时期产生了政治的民主制度作为它所推翻的那个制度的最后回答,社会服务国家也产生了社会的民主制度观念来回答一个似乎只重视财产的消极国家或警察国家"②。但自从资本主义从自由阶段进入垄断的帝国主义阶段,这种发展路径中断了,资本主义国家面临着一个不可调和的矛盾:经济统治权日益集中在少数人手中,而政治权力则随着选举权及其他政治权利的扩展而日益分散,尤其是在资本主义深陷危机和法西斯势力日益崛起之时,在统治阶级看来,政治协商与妥协已无可能,摆脱困境的途径"只有取消资本主义或取消民主政治"③。因为,任何一个统治阶级,是决不会自动放弃自己的经济利益和让出自己的政治权力的。所以,"要改变制度,就必须运用国家的最高强制权力,来重新规定所有制,也就是要重新规定社会的阶级关系"④,"使民主精神在各种社会生活中都能顺利实现"⑤,以此来自动消灭社会制度的病根,即它的种种不平等。也就是说,拉斯基希望,用变革现行制度的改良办法来拯救和维护资本主义文明,防止它被暴力革命所毁灭。

最后,作为一位立足于当代国家实际的政治学家,拉斯基充分意识到,"任何国家理论,凡是不顾及这个国际社会的存在所包含的种种事实的,都不能算是完全的理论"⑥,国家理论必须解释为什么国家应该被国际交往的各项规则所约束。拉斯基相信,现代工业的生产和消费日益具有世界性,预示着世界国家的构建与发展势在必行。"现代科技的发展必然会促进世界市场的形成,世界市场的形成必然增强世界的相互依存性,而世界的相互依存性又必然推动世界政府的产生。"⑦整个世界的政治与经济正在迅速向"相互依存"方向发展,每个国家都被包罗在一个国际关系网内,任何国家都不能单独生存,每个国家从理

---

① 拉斯基:《国家的理论与实际》,王造时译,北京:商务印书馆,1959 年,第 131 页。
② 拉斯基:《国家的理论与实际》,王造时译,北京:商务印书馆,1959 年,第 131 页。
③ 拉斯基:《国家的理论与实际》,王造时译,北京:商务印书馆,1959 年,第 133 页。
④ 拉斯基:《国家的理论与实际》,王造时译,北京:商务印书馆,1959 年,第 130—131 页。
⑤ 拉斯基:《我所了解的共产主义》,齐力译,北京:商务印书馆,1961 年,第 129—130 页。
⑥ 拉斯基:《国家的理论与实际》,王造时译,北京:商务印书馆,1959 年,第 143 页。
⑦ Harod J. Laski. *Nationalism and the Future of Civilization*. London: C. A. Watts and Co., Ltd., 1932: 25.

论的立场说来都有同样的权利与义务。因此，"现在的趋势不是从国家出发，而是从国际社会——最高的人民组织出发，在这种国际社会里，国家已降到一省的地位。国际社会的各项规则于是被视为至高无上；它们在强弱上是超过国内法各项规则的。从这种基础说来，每当国内法与国际法冲突的时候，国内法必须让步；因此如果一个国家破坏了国际法的规则，就等于一个个人破坏了他本国的国内法的规则"①。然而，另一方面，世界各国仍然坚持着国家主权观念，国家主权与国际社会相互依存性之间的矛盾依然不可调和，主权国家因为维护自身利益不仅成为战争的工具还阻碍着世界生产力的发展，"过去三十年间的种种事实，也极其悲惨地说明了主权国家与人类文明是不能相容的"②。在一元主权国家理论的指导下的主权国家已经违背了世界统一的潮流，无法避免对外侵略与扩张，战争会导致世界文明被破坏，全人类的利益与幸福就无从谈起。同时，国家作为一个有主权的组织，它的存在依然是要维持某种阶级关系体系，而"在国际方面，也像在国内一样，由于它自己所固有的逻辑，必须促进那种体系里包含的利益"③。国家之所以仍坚持必须保有主权，原因在它希冀以主权来保护资本主义自身利益，并以战争作为保护其利益的最后手段，"从而使战争不可避免"④，"战争便成为国际关系上主权的最高表现"⑤。因此，拉斯基得出的结论是，主权国家已违背世界统一的潮流，消除主权国家对于克服战争、解放世界性生产力已是势在必行，刻不容缓。而"一个切实有效的国际秩序，须从改造现代社会的阶级关系做起"⑥，废止现有种种利用国家主权作护身符的既得利益，以经济民主开辟一条建筑在理性与正义基础上的国际秩序新道路，使每个国家的行动"信赖理性力量""抛弃不负责任的行动及实行这种行动的实力政策""服从共同的利益"，建立一个超乎世界各国之上的"世界国家"。⑦ 至于如何实现这一理想目标，拉斯基的答案是："社会主义国家所组成的社会。社会主义国家所

---

① 拉斯基：《国家的理论与实际》，王造时译，北京：商务印书馆，1959年，第143页。
② 拉斯基：《国家的理论与实际》，王造时译，北京：商务印书馆，1959年，第147页。
③ 拉斯基：《国家的理论与实际》，王造时译，北京：商务印书馆，1959年，第150页。
④ Harod J. Laski. *Studies in the Problem of Sovereignty*. New Haven: Yale University Press, 1917: 208.
⑤ 拉斯基：《国家的理论与实际》，王造时译，北京：商务印书馆，1959年，第151页。
⑥ 拉斯基：《国家的理论与实际》，王造时译，北京：商务印书馆，1959年，第167页。
⑦ 拉斯基：《国家的理论与实际》，王造时译，北京：商务印书馆，1959年，第164页。

组成的社会，是能够在真正互惠与善意的基础上考虑它的各项经济问题的，任何其他国际秩序都做不到这点。因为只有这样一个社会，而非其他社会，才能够审慎周详地计划它的生活。"①在他看来，"在任何其他形式的社会里都根本不可能实现上述理想，这是由于它们国家的本质与目的决定的，它们无法解决诸如由生产资料私人所有而产生的诸多社会问题，而社会主义社会的世界秩序，则因为对于计划的结果具有同等的利害关系，是能够抱着以理性为先的真正决心来解决这些问题的"②。总之，拉斯基深信，国家之间的事情，并非一国可以独自主张，国家之间必须摒弃国家主权，设立国际政府，建立一个符合理性、正义、和平、包容的国际社会，最终实现消灭战争、维持和平、增进世界人民的福利等宗旨。

第四节　拉斯基国家思想评析

古典自由主义者认为政治世界是由个人及国家构成的。在洛克、卢梭等人看来，个人和国家间有一种直接关联——一种哲学家们称为"直接的"或"无中介的"关系，那就是说个人和国家之间的关系没有"间接"的第三者介入，所有其他中间的组织及群体都被消解及掩盖。可是到了19世纪末20世纪初，随着各种团体的大量涌现及其在社会上日益增长的地位与作用，人们对于个人和国家之间的关系出现了一种新看法。依此看法，所有人无论男女老幼，都隶属于各种不同的团体，诸如社区、教会、工会、商会，等等。这些团体为数众多而且复杂，个人生活的各个层面无不受其影响。社会的日益复杂化、多样性对社会造成了复杂的影响，没有人真正以个人身份面对国家，个人在现代社会中所珍视的主要社会价值要通过团体来实现。这种多元性渗透到了社会生活的各个方面，不仅促进了人们生活丰富，也迫使人们不得不在对立的义务、目标、原则和价值观之间作出选择。既然"在近代的生活状态下，直接的民治既不可能，主权

---

① 拉斯基：《国家的理论与实际》，王造时译，北京：商务印书馆，1959年，第167页。
② 拉斯基：《国家的理论与实际》，王造时译，北京：商务印书馆，1959年，第168页。

的寄托又不可靠"①，那么只有尽可能地从社会的角度去约束和监督国家政权，才可能尽量保证自由民主政治理想的实现。与此相适应，拉斯基提出了多元主权国家思想，赋予各种团体以主动和积极的特性，团体不仅介入政治活动，分享政治权力，还可以监督国家的行为。20世纪20年代中期后，垄断资本主义有了进一步发展，经济不平等现象进一步加剧，社会成员之间、社会团体之间的利益对立和利益分歧日益鲜明而尖锐。这种对立与分歧影响、制约着国家的实际运转，意味着仅仅依赖制限、削弱、剥离国家权力不可能解决社会成员、社会团体之间的矛盾和冲突及由此引发的政治、经济与社会危机。在这种情景之下，当然无法、也不应该建立旨在削弱国家权力的多元主义政治。拉斯基此时认识到："只有在社会成员的基本利益相同时，人们才能在国家和存在于国家与个人中间的团体间建立一种适当的关系，如果国家中的个人之间或团体之间的利益是截然相悖的……那么就不可能达成共同利益。"②1929—1933年的经济大萧条、法西斯国家的血腥统治和1931年工党在大选中的惨败，也进一步表明国家垄断无法解决资本主义的经济困境和社会危机。面对上述挑战，人们予以了不同的回应、反思与求索，拉斯基逐渐摈弃多元主义立场，开始修正其多元主权国家思想，而日益成为费边主义和民主社会主义国家思想的提倡者，倡言国家应该成为社会的权力中心，国家应该承担更多的社会职能，以保证个人自由、实现经济平等和增进人民福利。

拉斯基国家思想虽然经历了多次嬗变，但是可以说，改良主义始终是其国家学说的基本内容。从纵向看，改良主义贯穿于拉斯基国家思想的各个阶段。多元主权国家思想时期，针对一元主权国家的谬误，拉斯基致力于对一元主权国家的批评与改造，寻求一种目的在于给每个人的天性和创造力提供施展机会的多元主权国；多元主权国家思想修正时期，他对现存国家制度采取妥协立场，宣扬渐进改良，坚决反对任何形式的革命，不主张从根本上改造现存国家；在"民主社会主义"时期，他把建立一种"新秩序中的国家"视为自己的使命，反对

---

① Harold J. Laski. *The Foundations of Sovereignty and Other Essays.* New York：Harcourt Brace and Company，1921：152.

② Harold J. Laski. *Introduction of Contemporary Politics.* Seattle：University of Washington Book Store，1938：70.

暴力革命,主张通过和平的、渐进的、非暴力的"同意的革命"实现社会变革,"如果我们这样选择的话,生产关系就会重新和生产力相适合,民主就能改造资本主义,从而克服目前威胁着要毁灭民主的种种矛盾。如果它这样选择的话,一个陷于困境的民主国家就能使非常的危险的时刻成为非常的良机时刻"①,同意的革命亦能在更广大的地区以更大的力量肯定民主的各项原则,最终以和平的手段建立其社会主义制度。从横向来看,改良主义贯穿于拉斯基国家思想的各个领域,他反复重申自己研究国家的理论与实际的目的就是敦促统治者尽快调整政策、采取切实有效举措挽救自由民主的危机;他驳斥法西斯独裁专制集权与阐释代议民主制危机,目的是改善和保存人类历史上最好的制度——民主制;他试图把社会主义因素渗透到资本主义社会中去,倡导一种介于资本主义与社会主义之间的第三种类型国家,以建立一种彰显"自由、平等、民主和公民的最大幸福"的"计划化民主社会"。可见,改良主义是拉斯基国家思想的逻辑主线,而导致这种改良主义的现实根源在于,拉斯基深信,资产阶级政府的妥协、让步和改良,既有利于资产阶级,又有利于无产阶级;两大阶级在保存代议民主制的条件下的通力合作,能够很好地完成从资本主义向社会主义的过渡。

　　总之,拉斯基的多元主权国家思想,尤其是修正后的国家思想,提出的"多元主权国家"、"同意的革命"论和"计划化民主国家"等思想奠定了民主社会主义国家思想的基本内容。可以说,在当代世界范围内流行的"民主社会主义"思潮中,人们就依然可以清晰地看到拉斯基的影子,它在实践上影响着各国的社会党和工党的政策,以及资本主义国家的工人运动。

---

① 拉斯基:《论当代革命》,朱曾汶译,北京:商务印书馆,1965 年,第 175—176 页。

第五章
民主社会主义思想：拉基斯政治思想的"理想国"

拉斯基后期政治思想出现了转折，即趋向于社会主义。拉斯基的政治活动生涯和理论研究生涯，正与社会主义理论的深化，与英国工党登上政治舞台、致力于推行民主社会主义的历史同步。纵贯拉斯基一生，其以社会主义为其"终生之'中心信仰'"，社会主义（更确切地说，是民主社会主义）是毕其一生致力构建的"理想国"。拉斯基曾多次宣称："如果不按照社会主义的方针原则办事，不采用社会主义的方式方法，就不会有真正的或深刻的革新。"[①]难怪有人如是评论，拉斯基"比其他任何英国社会主义者，对社会主义的意义和贡献都大"[②]。民主社会主义发展史，尤其是"二战"后民主社会主义实践亦证明，拉斯基民主社会主义思想虽然主要是依据英国特定历史条件提出的，但它的影响场域不限于英国工党，而且适应了欧洲各国社会民主党以至整个社会党国际制定"二战"后政纲的需要，对民主社会主义政治思想的发展起了承上启下的重要作用。

第一节　民主社会主义思想渊源

拉斯基民主社会主义思想的产生、发展与演变绝非偶然。从拉斯基的生活经历、教育背景及其论著中可以得知，拉斯基民主社会主义思想主要来自两个

---

① 金斯利·马丁：《拉斯基评传》，奚博铨译，北京：商务印书馆，1995 年，第 190 页。

② Ralph Miliband. Harold Laski's Socialsim. *Socialist Register*，1995，31：239—263.

方面：第一，拉斯基民主社会主义思想承袭了英国社会主义思想，特别是费边社会主义思想的传统。费边社尤其是费边社的主要领导成员韦伯夫妇的社会主义所主张的"生产资料社会化"、国家职能是谋求公共福利，以及主张以扩大参政权来争取议会民主的胜利等思想对拉斯基民主社会主义思想的产生与形成奠定了扎实基础。第二，拉斯基民主社会主义思想深受马克思主义的影响。马克思主义对资本主义社会及其弊端的揭露和批判，对资本的集中导致生产的社会化趋势的分析，对未来社会主义制度的设想，对人及人的解放的信念和对民主、平等、自由、幸福的渴求，引起了拉斯基的共鸣，对其民主社会主义思想产生了深刻影响。可见，拉斯基民主社会主义继承并发展了费边社会主义思想传统，又接受了马克思主义，同时带有自己的独特理解与阐释。

一、拉斯基与费边社社会主义

"费边社会主义思想，实乃拉斯基'中心信仰'（社会主义思想）的主要成分"[①]，从某种意义上说，拉斯基民主社会主义理论主要来源于费边社会主义。费边社会主义是19世纪后期以降流行于英国的一种主张采取渐进措施对资本主义实行点滴改良的资产阶级社会主义思潮。在经济上，费边社会主义主张，在保存资本主义经济基础的前提下，缓慢地实行某些局部的改良措施，实行"经济民主"。他们提出，要"使土地和工业资本从个人和阶级的所有制解放出来，把它归公社所有"，实现"生产资料社会化"，实行"公平分配"，"以谋公共的福利"。[②]他们把实现"市政社会主义"，即"地方公有化"看成是社会主义的体现。而在政治上，费边社会主义则崇拜议会民主制，鼓吹阶级合作，反对用暴力夺取政权，主张以和平、渐进方式实现社会主义；他们还否认国家是阶级统治的工具，认为"国家不是一个抽象的东西，他是一个执行某些工作的机器；假若这些工作增加了而且性质改变了，那末这个机器也必须扩大和改变"[③]。由此，他们坚信，民主在政治上的表现就是以"参政权的扩大"来"改变了政府的工作"。[④]

① 杭立武、陈少廷：《拉斯基政治多元论》，台北：台湾"商务印书馆"，1987年，第66页。
② 中央编译局：《国际共运史研究资料》，1982年第3期，第270页。
③ 肖伯纳：《费边论丛》，袁绩藩等译，北京：生活·读书·新知三联书店，1958年，第258页。
④ 肖伯纳：《费边论丛》，袁绩藩等译，北京：生活·读书·新知三联书店，1958年，第258页。

社会改革者可以通过扩大资产阶级议会民主制，把社会主义元素带到资产阶级国家机器中来，使资产阶级国家机器不断"完善化"，从而使资产阶级国家机器变成社会主义的国家机器。总之，费边社会主义所鼓吹的"生产资料社会化"、国家职能是谋求公共福利，以及主张以扩大参政权来争取议会民主的胜利等思想与主张，引起了拉斯基的共鸣，并成为其民主社会主义思想的重要来源。

需要特别强调指出的是，费边社前期的主要领导人韦伯夫妇（Sidney and Beatrice Webb）的社会改良思想，对于拉斯基民主社会主义思想的形成有着更为直接的影响。早在就读大学之前，年轻的拉斯基就读过韦伯的著作，亦是在此影响下他一进大学就参加了费边社，并积极投身于当时的社会政治活动。韦伯在社会改革问题上，主张采取渐进的、非暴力的、和平的方法，认为只有"通过群众心理缓慢地、逐渐地向着新的原则的转变，社会的改组才能一点一滴地实现"[1]。韦伯在《社会主义的历史基础》一文中把这种思想归纳为重大的、根本的社会改革必须遵循的四大原则："（一）民主主义的变革，因为只有如此，对大多数人民来说，才是可以接受的，并且才能要使所有的人在思想上有所准备；（二）渐进变革，因为只有如此，无论进步的速度多快，才不致引起脱节现象；（三）被人民大众认为是合乎道德的变革，因为只有如此，才不致在主观上对他们来说是败坏道德的；（四）合乎宪法的与和平的变革，至少在英国应该如此。"[2]韦伯反对采取暴力手段进行社会改革。在他看来，宪法具有民主的性质，只要工人有了普选权，工人代表在议会中占了多数，国家就不再是资产阶级的特殊机构，就将掌握在人民手中，并为整个社会利益服务。虽然拉斯基并不完全否认暴力革命在社会变革中的作用，但正是在韦伯夫妇思想的影响下，他一生都主张用非暴力的、和平的手段对资本主义社会进行改造。而拉斯基比韦伯走得更远，他主张进行社会改革不仅要符合宪法、符合道德，同时还要争取统治阶级的同意、资产阶级的合作，这正是其民主社会主义思想核心内容之一"同意的革命"论的重要理论渊源。

①　肖伯纳：《费边论丛》，袁缉藩等译，北京：生活·读书·新知三联书店，1958年，第87页。
②　肖伯纳：《费边论丛》，袁缉藩等译，北京：生活·读书·新知三联书店，1958年，第87页。

二、拉斯基与马克思主义

拉斯基是英国知识界尤其是英国工党内较早系统研究马克思主义的理论家之一,马克思主义对其民主社会主义思想的形成与发展无疑产生过深刻影响,马克思主义的辩证唯物主义和历史唯物主义更是其分析与阐释资本主义社会和社会主义社会的重要理论、视角与方法。

早在 1922 年,拉斯基就曾写了一部名为《卡尔·马克思:一种阐释》的小册子,对马克思主义进行了较为系统的研究,称马克思主义"使工人从恐惧走向希望,使工人的力量由热衷于政治体制变革转变为热衷于社会基础的变革"①。1926 年,拉斯基在其《共产主义论》中从历史和学理等方面对共产主义思想进行了系统研究,涉及唯物史观、共产主义的经济学、共产主义的国家论和共产主义的战略等内容,认为"无论从哪方面说,马克思的著作在社会哲学史上开辟了一个新纪元……重要的是他发现共产主义还处于浑浊之中,并使它转变成为一种运动。由于他,共产主义获得一种哲学和方向。由于他,共产主义才成为一种国际组织,不断地强调各国工人阶级一致的利益。马克思著作的精华并不在于任何特殊经济学说,而在于他全部成就所具有的那种精神"②。总体而言,拉斯基对马克思主义持一种客观而中立的态度。马克思主义对资本主义社会基本矛盾的批判,对社会变革原动力就是其所处时代经济生产制度的主张,对以公有制来消灭阶级社会的分析,对未来社会主义制度的构想,在其思想中产生巨大反响。因此,拉斯基在一定程度上接受、吸收并采纳了马克思主义。但是另一方面,拉斯基对马克思主义主张经由暴力革命和无产阶级专政的方式实行社会变革的思想持否定与怀疑态度。因为,在拉斯基看来,马克思主义关于社会变革方式等主张与他所推崇的宪政民主和费边式渐进改良主义思想是相矛盾。他始终坚信:"虽然确实存在暴力革命的危险,但只要我们承认有必要进行社会变革,这种危险就可以避免。"③拉斯基曾明确指出:"共产主义所以能顺利进行,

---

① Harod J. Laski. *Karl Marx*: *An Essay*. London: The Fabian Society and Allen & Unwin Limited,1922:46.
② 拉斯基:《我所了解的共产主义》,齐力译,北京:商务印书馆,1961 年,第 7—8 页。
③ 金斯利·马丁:《拉斯基评传》,奚博铨译,北京:商务印书馆,1995 年,第 101 页。

是由于它的理想主义，而不是由于它的现实主义；由于它的精神上的希望，而不是由于它的唯物主义的愿景。"①

20世纪20年代末以来，拉斯基思想日趋激进，对费边社会主义的和平、合法、渐进、改良和民主的社会变革道路日益产生怀疑。这种怀疑在30年代初英国及世界发生的一系列重大事件——1929年的大萧条、1931年联合政府的组阁模式、法西斯主义在西班牙的崛起，以及希特勒纳粹德国的耀武扬威等——的刺激下达到顶点，促使他最终宣布信奉马克思主义。"他说，根据他本人的痛苦经验，马克思主义才是对现代国家的精辟分析。"②他日益坚信，没有平等作为基础，民主制无非是个骗局，而且这种平等是无法通过费边社会主义的策略获得实现的；个人和团体的自由权利，在社会主义诞生以前亦只能是空洞的保证。拉斯基在自传中谈到自己思想转向时说："1920年返回英国时，我怀有这样的希望：经济关系在民主原则指导下会发生缓慢的变化。但事实使我得出结论，任何阶级都不会自动放弃自己占有的权力。我开始意识到，除非工人阶级掌握国家政权，生产资料的私人占有必定使民主思想无法超越阶级的屏障。俄国的经验，法西斯在中欧和东欧的崛起，西班牙、法国、美国有产者阶级对一切重大社会变革的态度，英国1926年大罢工和1931年的大背叛，都使我相信，总体而言，它们无一例外地论证了马克思主义哲学的正确性。"③其实，拉斯基思想转向并非孤立现象，当时许多工党理论家和知识分子及领导人的政治立场、思想观点都发生了这样的变化。肖伯纳曾致信拉斯基说："我认为目前的情况十分清楚，费边社及其产物英国工党之所以无所作为，原因在于他们认定，可以通过资产阶级民主制度建立社会主义。"④由于这种转向，人们对费边社会主义意义与价值的怀疑和否定日深，对马克思主义的态度也随之发生改变，马克思主义在英国社会主义思潮中地位日益凸显。金斯利·马丁在《拉斯基评传》中就明确指出："组成英国社会主义的思想流派中有宪章运动激进派、欧文乐观主义派、基督教社会主义派、威廉·莫里斯浪漫主义派、费边主义派和马克思唯物主义

---

① 拉斯基：《我所了解的共产主义》，齐力译，北京：商务印书馆，1961年，第136页。

② 金斯利·马丁：《拉斯基评传》，奚博铨译，北京：商务印书馆，1995年，第86页。

③ Harod J. Laski, in Clifton Fadiman, ed.. *I Believe: The Personal Philosophies of Twenty Three Eminent Men and Women of Our Time*. New York: Simon and Schuster, 1939:144.

④ 金斯利·马丁：《拉斯基评传》，奚博铨译，北京：商务印书馆，1995年，第104页。

派。在这些流派中,最不重要的是马克思主义唯物主义派。1931 年后,这一派跃居首位,但还不是在行动上,而是成为越来越被人们所接受的理论。"①不仅"在各大学里,比较优秀的男女青年都成了马克思主义者"②,更为重要的是许多工党重要人物也宣称接受马克思主义,并开始大量译介马克思主义的论著,向人们宣称马克思主义理论。他们开始运用马克思主义的理论观点和分析方法剖析英国社会和政治形势,反省工党的政治战略和策略,提出新的政治理论和战略方针。而拉斯基恰恰正是这股潮流中的杰出人物。

拉斯基政治思想的影响之所以在 20 世纪 30 年代达到顶峰,就在于它顺应并促进了当时政治思想"左倾"化的潮流。也正是从此时开始,他日益把马克思主义运用于政治实际。拉斯基并没有像通常那样不加区别地一概斥责阶级斗争论者,而是以马克思主义的角度考察、分析和阐释资本主义经济危机、民主政治危机,法西斯主义现象,国家的性质,社会变革的道路和世界形势,等等。拉斯基大声疾呼,资本主义社会一切危机源于资本主义经济危机,因经济危机促使资本主义生产能力的萎缩,导致资本主义民主政治丧失了他们在资本主义膨胀时期所具有的让步能力,从而引发社会矛盾的激化以及随之而来的民主政治危机和法西斯势力猖獗。而拯救危机的唯一方法,是摒弃费边社会主义的渐进主义改革策略,进行一场经济革命,"向资本主义结构发动致命一击"③,从根本上改变财产关系的基础,使社会从经济寡头制度转变为生产工具公有、利益均等的制度,最终建立一个旨在实现它的各成员的共同福利的社会。正是在上述分析的基础上,拉斯基深信有必要对资本主义社会进行根本改革,建立一个"新社会"——民主社会主义社会,来取代资本主义制度。

虽然拉斯基一直宣称自己信奉马克思主义,但他实际上并未完全接受马克思主义。因为"他基本上信奉个人自由,信任西方人而不是苏联的'新人';因为他希望能够赎买大多数的有产阶级,说服他们接受新的制度;因为他虽然相信有一种赞成暴力革命的强大趋势,却并不认为那是不可避免的,等等"④。具体

① 金斯利·马丁:《拉斯基评传》,奚博铨译,北京:商务印书馆,1995 年,第 95—96 页。
② 金斯利·马丁:《拉斯基评传》,奚博铨译,北京:商务印书馆,1995 年,第 97 页。
③ Harod J. Laski, in clifton Fadiman, ed.. *I Believe : The Personal Philosophies of Twenty Three Eminent Men and Women of Our Time.* New York: Simon and Schuster,1939:147.
④ 金斯利·马丁:《拉斯基评传》,奚博铨译,北京:商务印书馆,1995 年,第 103—104 页。

而言,拉斯基对马克思主义接受与拒斥主要表现在:他赞成他认为科学、合理的马克思主义论说以及马克思主义分析问题和解决问题的方法与路径,但又反对马克思主义关于暴力革命、无产阶级专政等主张与结论。作为自由民主理论的坚定捍卫者,拉斯基是希冀人类能够以合法、渐进的理性路径实施社会变革的。虽然在他看来,在"极端年代"的大危机时期这种社会变革方式的实施机会似乎是一种奢求,但这并不意味着这种机会会永久丧失,特殊的氛围如"战争的氛围允许甚至迫使人们作出种种革新和尝试"①。第二次世界大战爆发使拉斯基深信和平、渐进的社会变革的时机已经来临,因而迅速改变了其马克思主义立场。事实证明,拉斯基信奉马克思主义,在很大程度上是时势所趋,是一种权宜之计,他思想、观点、立场上始终与马克思主义保持一定距离。也正因如此,拉基斯试图用马克思主义的观点去分析历史现象、社会现象和提出理论观点时,"往往仅仅停留在借用马克思主义的一些术语和现成结论,而并未根据马克思主义的立场观点,去深入揭示事物的本质,其结果是他的理论分析和理论判断在许多地方与马克思主义貌合神离,并多处体现出自相矛盾、前后不一"②。

　　总之,拉斯基民主社会主义的理论渊源具有多样性的特征,它直接承续了费边社会主义的思想,对马克思主义做了实用主义的取舍,同时还广泛吸收现代资产阶级哲学、资产阶级经济学和资产阶级政治学理论。拉斯基民主社会主义思想在吸收和兼容其他学说或思潮时,是经过实用主义的取舍和现实主义的解释之后的产物,这也正是其民主社会主义思想特色所在。列宁就曾明确指出:"判断历史的功绩,不是根据历史活动家没有提供现代所要求的东西,而是根据他们比他们前辈提供了新的东西。"③因此,拉斯基民主社会主义思想历史意义、时代价值与当代意蕴值得我们深入研究。

---

①　拉斯基:《论当代革命》,朱曾汶译,北京:商务印书馆,1965年,第183页。
②　薛刚:《从多元主义到民主社会主义:拉斯基政治观研究》,中国人民大学博士学位论文,第148页。
③　列宁:《列宁全集》(第2卷),中共中央马克思恩格斯列宁斯大林著作编译局编译,北京:人民出版社,1984年,第154页。

第二节　社会主义的理解

在拉斯基看来,无论何种社会形态的最终目标是为了实现最大多数人的最大幸福,所以理想社会主义社会必须与之目标相一致。拉斯基面对时代难题,清晰地意识到,资本主义由于国家权力过大、过于集中的结构性弊端导致个人自由被压迫,社会整体活力被窒息,因此危机现象此起彼伏,必须进行社会和经济改革;资本主义自由民主,因不触及生产资料的私人占有,便只停留在政治领域,而未表现在经济领域。因此,要坚持自由、平等、民主的原则,并使这些原则成为现实,就必须变革资本主义,建立社会主义社会。为构建自己心中的"理想国",拉斯基对社会主义的基本内涵,尤其是与社会主义相关的几对概念予以了厘清与阐释。

一、危机与社会主义

拉斯基以社会主义为"中心信仰"不是在 20 世纪 20 年代末的突然"发现"。其社会主义思想是建立在对英国第一届工党政府失败、法西斯在欧洲的猖獗、俄国十月革命的胜利,尤其是以第二次世界大战的爆发和以大萧条为标志的资本主义危机的深切反思之上。

资本主义危机首先使拉斯基认定资本主义已经无法靠自我调节机制来恢复,其结构性弊端在于国家权力太大、国家权力过于集中。这种状况必将导致个人自由的被压迫,社会整体活力的被窒息,以至于整个社会的不满情绪和危机现象此起彼伏。实际上,拉斯基对国家权力有一种超乎寻常的敏感,他从未停止过对利维坦怪兽的防范。他始终认为国家只是人类社会中形式多样的众多团体之一,无论它强迫服从的合法权利如何,它也没有任何道德的合法性。像任何其他团体一样,国家也必须以自身的成绩和能力争取成员的忠诚。也就是说,国家之所以能获得成员的忠诚,不是出于"先验的理由",而是依靠它的

"坚实的道德成就"①。然而不久，他也渐趋意识到这种观点的困境，开始有意识地强调国家在社会中的强制地位与作用，认为不管拒绝国家崇高地位多么必要，但国家本质不能仅由否定它的地位所决定，其他一些事务还是需要的。而且，20世纪的现实也证明只有国家才有能力成为社会治理和改革的必要工具。

　　资本主义危机除了加剧拉斯基对国家的不信任外，也促使他迅速相信，大规模的社会和经济改革比以往任何时候显得更为迫切。质言之，工人阶级生活条件大规模的改善是一个迫切的需要。他坚信，20世纪初危机的主要结果将使工人阶级处于一个新位置，而且这个新位置将会在日益显示出重要的工人阶级政党中找到政治表达。拉斯基的《政治典范》"可以说曾经是英国社会主义者企图给工党理想以具体意义的一种最全面的尝试"②。这种尝试的基本假设是，社会组织的目的是为了保障每个社会成员的充分发展他或她的个性的机会，仅受阻碍于自然才能和能力。所以，拉斯基坚称，社会主义社会作为比资本主义社会高一级的社会形态，除了要保证言论自由、集会结社自由、法律面前人人平等等权利人人可享外，还必须承认工作的权利、合理工资的权利、休闲的权利、教育的权利、选举的权利、疾病和年纪老迈免受不安全感的权利，以及分享对企业的管理和控制权等权利，因为他们对个人人格的完善都同等重要。然而，在一个被分裂为通过拥有关系而生活和完全通过自身劳动而生活的资本主义社会里，这是难以实现的。因为在这个社会里，努力和报酬不成比例，报酬主要依靠所有权而非功能、依靠财产而非服务；物资资源的使用，必须由拥有者决定，而且决定是基于寻求利润而不是基于公共福利。所以，不难看出，资本主义社会的结果之一是，"国家被迫粗暴地使用它的工具来保护富人的财产免受穷人侵犯"③。这就是说，不管民众正式的权利如何，只有财产所有权和控制权依然集中在私人和不负责任的人手中，他们的生活仍然滞后和低劣。

　　换言之，任何社会，若各阶级之间经济上的差异太大，往往会颠倒国家的目的，而仅为富者求利益。所以，拉斯基进而明确指出，社会主义社会首先"必须

　　① Harod J. Laski. *Studies in the Problem of Sovereignty*. New Haven: Yale University Press,1917:17.
　　② K. Martin. *Harold Laski*（1893—1950）: *A Biographical Memoir*. London: Victor Gollancz Ltd. ,1953:71.
　　③ Harold J. Laski. *A Grammar of Politics*. London: George Allen and Unwin Ltd. ,1925:176.

使成员之间经济大致平等。只有通过把身份建基于我们的制度和差异化社会功能必要性的答案，我们才能让我们的社会呼吁个性的发挥"①。当然，更大的经济平等的实现，将会涉及缓慢而痛苦的实验。但改革的渐变性质和工人阶级通过政党对国家持续压力，必将保证它们最终的成功。其次，社会主义社会发展初期，不可避免地会导致国家权力的大量增加，但问题的关键不是否认国家权力增加，而是要处理好授予国家以必要权力的同时，对国家权力施以有效的控制与管理。控制与管理国家权力的本身虽然限制了为善的能力，不过也限制了为恶的机会。为此，拉斯基认为理想的国家是由地域团体及职业团体组织的联治性国家，主张以联邦系统对抗中央集权化的绝对主义，以消减国家权力的膨胀，防止权力趋于专横，同时积极提高个人地位，并加强各种社团的功能。也就是说，社会中储备着公民的责任心和才能，普通的人对自己命运能够做出重大贡献；人们必须被允许和实际上必须被鼓励最大限度地参与权力的运行和分享影响他们作为生产者、消费者和公民的决定。因此，社会主义必须是以社会化为本质特征的一种新型社会形态，若没有社会化，社会主义所谴责资本主义邪恶的可能会弱化；没有社会化，资本主义肯定会对社会特征继续产生有力的影响，社会主义也就无法完成对资本主义的超越和替代。这就要求，"社会主义者必须停止用这种信念欺骗自己，那就是把理论意图与实际实践分开，认为具体社会改革措施就是社会主义的代名词，并试图逃避所有权问题和作为平等根本问题的经济权的控制权问题"②。这种"半社会主义的政策必然带来灾难性后果"③。因此，社会主义社会唯有确保经济平等和增进人民福利，才能日益成为以全民利益为基础的公正社会，人类也才始能享受"自由、平等与博爱"④之生活方式。

二、资本主义与社会主义

面对资本主义经济大萧条、英国国民内阁事件和法西斯势力的日益猖獗，

---

①　Harold J. Laski. *A Grammar of Politics*. London: George Allen and Unwin Ltd. ,1925:160-161.

②　Ralph Miliband. Harold Laski's Socialsim. *Socialist Register*. 1995,31:239-263.

③　Harold Laski. *The Labour Party and the Constitution*. London: Socialist League,1932:1.

④　H. Deane. *The Political Ideas of Harold J. Laski*. New York: Columbia University Press, 1955:340。

拉斯基认为传统自由时代已经过去,资本主义旧文明业已危机四伏,统治者若不能认识这一时代趋势、不从社会与经济根本上进行彻底改革,人类一向珍惜之自由与民主必将成为暴力革命之牺牲品。

拉斯基指出,自由主义其实是随着资本主义的兴起而产生的一种哲学、一种思维、一种情绪,是新兴的资产阶级对自由贸易中的私有财产进行意识形态方面的辩护。它宣称个人主义和免受古老的严格等级制度束缚的自由,坚持理性并对迷信和偏见予以宽容,以进步反对停滞、以进取心反对习俗、以科学研究对抗神圣无知、以宪政攻击专断等为荣。自由主义所取得的巨大胜利"代表着一次真正深刻的进步","也是检验社会信念与社会思想的最高衡量标准"①。当然,拉斯基也注意到,自由主义在长期进化过程中实际上已经进行了重大修正,最初否定国家在经济生活中的职责,已经发展到国家行动应该更积极的观点;开始于狭隘的有限政治参与的概念,逐渐把普选权作为一个重要组成部分。但是,"自由主义从来没有能够认识到的这个潜在的事实。它没有意识到由它促成的政治民主是建立在这样一个无须明说的假定上的,即它不会去碰生产资料的私人所有制"②。也就是说,民主只停留在政治领域,而未表现在经济领域。如若听任这种情况极端地发展,代价是巨大的,必将收获沮丧的结果。也就是说,虽然自由、平等、民主等原则伴随资本主义,为资本主义所肯定,但资本主义其实是一个内含否定这些原则的逻辑的社会,随着它的发展,它与这些原则之间的冲突就会日益尖锐,其结果或是民众用自己的自由、平等、民主权利去否定资本主义,或是资产阶级为维护自己的特权,去背弃自由、平等、民主原则。由此,拉斯基的推论是,要坚持自由、平等、民主的原则,并使这些原则成为现实,就必须变革资本主义,建立一个新的、真正体现这些原则的社会,那就是社会主义社会。

拉斯基指出,就英国而言,作为社会变革力量的工党的出现,改变了整个19世纪两大财产性政党交替掌权的局面。实际上英国财产性政党的统治可以追溯到1689年,"自1689年以来我们国家总体而言依然是由一个政党统治,那个

---

① 拉斯基:《思想的阐释》,张振成、王亦兵译,贵阳:贵州人民出版社,2001年,第40—41页。
② 拉斯基:《思想的阐释》,张振成、王亦兵译,贵阳:贵州人民出版社,2001年,第18页。

政党就是财产性政党"①。工党与财产性政党的差异是多方面的,但他们之间的危险和冲突不是基于具体政策而是基于社会经济生活的本质。这种情况"使面临巨大挑战的财产性政党使用它所有的影响,或直接或隐藏,来消除它的反对者"②。在那条路的尽头,冲突必定迅速使宪政常规程序的延续成为不可能。因此,拉斯基强调,工党不能无限期推迟放弃原则的选择或试图将它们转化为实际政策。因为,英国工党政府从私人企业获得合作主要是依靠利益一致的维持。并没有充足的证据表明,如若这种一致不存在,工党政府不会面临来自私人企业和其政治代言人的最大的敌意。"如果前面有危险,在我看来,似乎在于使用强大的金融和工业力量来阻止选民选择政府的结果生效……这是邀请所有各政党蔑视宪政传统。"③事实上,没有什么可以表明拉斯基的警告是错误的,"二战"后多年的经验也并没有证明资本主义愿意接受选民的判决,尤其是当那个判决深深影响他们的财产和特权时。可见,社会主义对资本主义的否定和超越任重道远。

三、民主与社会主义

拉斯基深信社会主义与民主密不可分,强调社会主义是民主政治的必然结果。虽然他曾一度接受了暴力革命难以避免的思想,但他始终坚信:"理性的道路尽管缓慢却比暴力的道路更为可取。"④因此,他断言暴力"将会引起一个残酷的时代",它所带来的只能是"一种暴政代替另一种暴政",是民主的废除,而不会是社会主义的实现。从 20 世纪 20 年代起,拉斯基就不断地谴责苏联社会主义模式是社会主义唯一绝对正确的模式的论说,认为苏联社会主义模式其实是社会主义应该抛弃的非民主模式。它的代价是政治创新的窒息,其结果肯定是无法洞察任何特定国家的特殊需求和传统。实际上,社会主义可以有而且应该有不同模式,"我们必须以综合差异呈现我们的革命,以及深刻关注拥有资产阶

①　Harold Laski. *Parliamentary Government in England*. London: George Allen and Unwin Ltd. ,1938:105-106.

②　Harold Laski. *Parliamentary Government in England*. London: George Allen and Unwin Ltd. ,1938:28.

③　Harold Laski. *Reflections on the Constitution*. Manchester: University of Manchester,1951:93.

④　Harold J. Laski. The State in the New Social Order. *Fabian Society*,1922,No. 200:38.

级自由主义的英美人民已经建造的需要深刻思考习惯制度，我们不能逃避自己
的历史正如俄罗斯人不能逃避他们的历史一样”①。我们必须建立在我们的基
础之上，和认识到不管我们从俄罗斯经验中获取多少经验教训，应用他们的方
法和当我们已经完成了任务的时候他们应用的结果似乎是英国的、法国的或美
国的。因此，有必要在某个或同一时间反对改革主义的沾沾自喜和革命的刻
板，因为沾沾自喜可能会带来灾难，而对程式的严格依赖必然导致与生活现实
的脱离。

拉斯基深信，在一个普选制的宪政国家里，民主不应仅仅被视为方便使用
的武器，而应该被看作一种有效的政治机制。社会主义者要明白民主制度的崩
溃除了代表悲剧外不代表任何事情。不同于专制独裁永远必须依赖武断的运
用，民主“是表白人民疾苦的一个极好机关”②，它“能从合理的条件上寻求最高
限度的同意，并能尽可能以公平相待的方式对待那些要求重新规定他们权利的
人”。实际上，这正是民主政治的最高美德之一：“它提供了其他任何制度都无
法做到的这种空气。”③事实也表明，作为一种制度选择，民主具有其他任何制度
所没有的“永恒价值”，它是组织政治生活和社会生活、实现个人自由的最佳手
段：它使民众懂得，民主意味着人人有着同等的政治经济权利，有着同等满足自
己政治要求、利益的机会和条件；同时，民主原则的承认、民主制度的建立，也意
味着民众有权力、有能力、有条件利用政治手段，去增进物质福利、去干预经济
生活。所以，社会主义不要轻易将这种先天具有价值、后天成功运转的民主制
度抛弃掉，而应通过坚持民主制度、利用民主制度和把民主政治推向彻底，以实
现“执政为民、为民所治”的社会理想。

拉斯基在生命最后 10 年更为清晰地意识到，新的社会秩序的广泛计划需
要社会主义政府必须拥有更大的权力。社会主义社会权力滥用的危害之所以
不是那么大，是因为对它负责的人们有令人钦佩的意图。但不可否认，良善的
意图并不足以预防和消除权力滥用，“不论是谁行使权力，总有滥用权力的倾

① Harold Laski. *Democracy in Crisis*. London：George Allen and Unwin Ltd.，1933：254.
② 拉斯基：《民主政治在危机中》，王造时译，北京：商务印书馆，1940 年，第 54 页。
③ 拉斯基：《民主政治在危机中》，王造时译，北京：商务印书馆，1940 年，第 185 页。

向"①。所以,要防止权力滥用,社会主义社会就必须把最大限度的行政分权和最小限度的统一融合起来,不仅要求权力是责任的,而且政府也必须是联治的,只有如此,国家行事才能益见成效。与其他社会一样,社会主义社会依然必须通过各种途径获取机敏而有见识的公众意见;它必须说出真相,并允许真相被说出。他说,在英国工人阶级历史中也没有任何事情可以表明,信任和真理必定会激起公众的回应,这种回应将极大地依赖于他们政府。历史经验表明,正是公民训练有素的主动性和虔诚等天赋,使英国有明显的机会形成一个既是社会主义又是自由主义的社会秩序。因此,拉斯基坚信,"所有的民主主义者不会无缘无故地是社会主义者,所有的社会主义者也不必然是民主主义者,只有社会主义和民主的联姻,才能给两者以全部含义。"②

四、小结

从上述论述中,我们可以看出,拉斯基不是象牙塔形的学者,而是一个集学者和活动家于一身的知识分子。他把研究政治与参与政治紧密地结为一体。作为"在马克思主义与传统的自由主义之间最融会贯通的一位思想家"③,拉斯基对社会主义思想理解固然没有免于歧义和自相矛盾,但是其对与社会主义相关的几对概念阐释独到而深刻,无疑具有重要的理论意义和现实价值:社会主义是在经济形态、政治形态和文化形态上力图超越资本主义的一种社会形态。社会主义目标是确保经济平等、增进人民福利和追求"自由、平等与博爱"基本价值的实现。为了实现这些目标,社会主义者必须充分认识到,社会主义乃民主政治的必然结果,必须珍视民主的价值,通过坚持民主制度、利用民主制度和把民主政治推向彻底,以拓展民主的边界和确保公民各项权利的实现;必须明白以"联治""分权"等方式防止"权力的腐蚀性",以使权力更好地为公众服务;同时也要更为清醒地意识到实现社会主义的道路有多种,采取一种缓进式的、非暴力的合法渐进的理性路径可能更为理性和可取,等等。总之,拉斯基社会

---

① 拉斯基:《现代国家中的自由权》,何子恒译,北京:商务印书馆,1959 年,第 46 页。

② Ralph Miliband. Harold Laski's Socialsim. *Socialist Register*,1995,31:239-263.

③ Michael Newman. *Harold Laski:A Political Biography*. Hampshire:Macmilllan Press,1993,Introduction:X.

主义思想是其渐进主义社会改造观与"十月革命"以来的激烈的社会历史矛盾运动相结合的产物,是按照理性原则和用折中主义方法进行探索与阐释的社会主义思想,适应了欧洲各国社会民主党以至整个社会党国际的政治发展的需要,为推动社会主义在英国乃至世界的传播做出了重要贡献。

第三节　自由主义与社会主义之间：
民主社会主义社会思想的阐释

拉斯基毕生以改变现实国家中的罪恶和建立一种"新社会秩序中的国家"为自己的使命,其最终寻觅的理想国家是通过"同意的革命"而建立的"计划化民主"社会,即民主社会主义社会。

一、民主社会主义社会的路径选择:同意的革命

马克思主义认为,从旧的社会形态向新的社会形态的转变,必须通过社会革命来实现。拉斯基并不否认社会变革必须通过革命的方式来实现,但是他的革命并不是指暴力革命,而是"同意的革命"。拉斯基的"同意的革命"理论,集中地反映了他在如何实现民主社会主义社会问题上的立场与态度。

（一）何谓"同意的革命"

"同意的革命"论是拉斯基政治思想发展的逻辑结果,是拉斯基为实现"社会主义"所谋求的理想之路。早在 20 世纪 20 年代,拉斯基就考察了资产阶级民主制的历史和现状,日益意识到,资本主义由反对封建专制的进步制度,逐渐沦为否定资本主义文明和民主的腐朽制度。尤其是第二次世界大战爆发和德意法西斯主义的崛起,他对资本主义民主制的危机感日盛,以至于得出"两次大战标志着以宗教改革开始的时代的终结"[1]的结论。在自由民主深陷危机的特殊历史时期,拉斯基不仅为资本主义的没落而不安,而且担心因共产主义对"生

---

[1]　拉斯基:《我所了解的共产主义》,齐力译,北京:商务印书馆,1961 年,第 129—130 页。

活不安和一般前途无望的人"的强大"诱惑力"而爆发暴力革命。因而,他一再重申,为消灭法西斯主义的专制独裁和抵抗共产主义的"诱惑力",统治阶级"必须首先让步,改变现行的社会制度","使民主精神在各种社会生活中都能顺利实现"[1],以自动消灭社会制度的病根,即它的种种不公平。拉斯基深信,"资本主义的历史如今已进入这一阶段:阶级结构与生产潜力之间的矛盾,已不是现行的社会秩序所能解决的了"[2],资本主义社会变革已势在必行。拉斯基虽然承认在现代资本主义国家,若统治阶级不顺应形势进行必要的社会变革,"革命不可避免地要成为社会改革的催生婆"[3]。但是,拉斯基同时又明确指出,在现代社会条件下,"现代国家的实际措施绝少容许有胜利的革命"[4],俄国革命的成功仅是一个例外、"一桩奇迹"。它主要有赖于四个因素:第一,俄国的资产阶级人数少,政治上也不成熟,他们不知道在复杂的政治环境下如何对付无产阶级;第二,俄国的无产阶级长期深受沙皇政府和贵族阶级的压迫和剥削,他们具有强烈的阶级意识和革命觉悟;第三,有一个强有力的无产阶级政党和列宁这样杰出的领袖人物来组织和领导这场革命;第四,俄国政府在战争中失败,不满的情绪遍布全国,军队也不再忠于政府。因此,俄国成功的革命是"特殊的经济环境的产物"[5],要靠极其罕有的各种环境的配合,在我们所能预料的一般正常状态下是不会有的。而且这些"暴力革命纵使获得成功,也必然会停止民主的程序……我们从1789年和1917年的经验知道,它会步入一个残酷的时代。如果暴力的革命失败,它就会把人们……带进一个可怕的丛林,人的尊严将被权力的欲望牺牲掉。"[6]

拉斯基坚信,在英、美等发达的资本主义国家里,上述条件并不存在。首先,英美等国具有较深厚的民主传统。这种传统"已经在我们的经验中深深扎下了根,决不可能把它随便放弃掉"[7],由于受宪政传统的影响,通过合法斗争争

---

① 拉斯基:《论当代革命》,朱曾汶译,北京:商务印书馆,1965年,第179页。

② 拉斯基:《国家的理论与实际》,王造时译,北京:商务印书馆,1959年,第123页。

③ 拉斯基:《国家的理论与实际》,王造时译,北京:商务印书馆,1959年,第89页。

④ 拉斯基:《国家的理论与实际》,王造时译,北京:商务印书馆,1959年,第211页。

⑤ 拉斯基:《国家的理论与实际》,王造时译,北京:商务印书馆,1959年,第210页。

⑥ 拉斯基:《论当代革命》,朱曾汶译,北京:商务印书馆,1965年,第176页。

⑦ 拉斯基:《论当代革命》,朱曾汶译,北京:商务印书馆,1965年,第187页。

取民主权利已经成为人们的传统和习惯。因此,他认为,在这些国家进行社会改革时不能漠视这种传统。他说:"我们不能完全抹杀一种国家传统,除非有许多事实表明它已失去了惯有的力量。"①其次,英、美等国家的无产阶级不具备俄国无产阶级那样强烈的阶级意识。拉斯基分析了产生这种状况的原因,认为它是因为这些国家的工人阶级生活条件比俄国工人阶级优厚的结果。"他们常常拥有一座房屋,或者一本储蓄银行存折,一辆汽车,或者一份保险单,他们怎么会有这种意识呢?"②资本主义经济的发展已经使一部分工人阶级"资产阶级化"了。"受害的意识是零散的,而非普遍性的"。拉斯基认为,无产阶级的阶级意识和革命觉悟一定要在压迫和剥削的状况下才能产生。在英、美等发达的资本主义国家里,"只有巨大事变的压力"才能使无产阶级"认清他们的目的是与资本主义阶级结构不相容的"③。当工人没有一种深受冤屈的意识时,就不可能产生一种革命的阶级觉悟。因此,拉斯基反对在无产阶级没有阶级意识和革命觉悟的状况下进行无产阶级的革命暴力。第三,军队不会支持无产阶级革命,"而现代革命成功与否,要看军队的态度"④。只要军队不是站在无产阶级一边,或者至少在革命爆发时它保持中立,革命就毫无成功的希望。他说:"如果工人们用革命或总罢工这类不合宪法的方法去征服国家,只要军队依然效忠于当时的国家,而政府的正常机构依然有效地进行工作,那么他们总是要失败的。"⑤由此,拉斯基得出结论是,英、美等发达的资本主义国家实行社会变革不能走暴力革命的道路,"同意的革命"是一条最合理、最令人满意、最不会引起社会震荡的道路。它既是"实现希望的可靠办法,也是借以避免灾难的可靠办法"⑥。

拉斯基虽然认为暴力革命不可能在英、美等发达资本主义国家获得胜利,但他同时承认在现代资本主义国家,"形势的发展将会引起革命","革命的企图是不可避免的"⑦。因此,"革新我们国家基础的时刻已经到来……我们要利用

---

① 拉斯基:《民主政治在危机中》,王造时译,北京:商务印书馆,1940年,第188页。
② 拉斯基:《国家的理论与实际》,王造时译,北京:商务印书馆,1959年,第195页。
③ 拉斯基:《国家的理论与实际》,王造时译,北京:商务印书馆,1959年,第195页。
④ 拉斯基:《国家的理论与实际》,王造时译,北京:商务印书馆,1959年,第189页。
⑤ 拉斯基:《国家的理论与实际》,王造时译,北京:商务印书馆,1959年,第189页。
⑥ 拉斯基:《论当代革命》,朱曾汶译,北京:商务印书馆,1965年,第407页。
⑦ 拉斯基:《国家的理论与实际》,王造时译,北京:商务印书馆,1959年,第123页。

战时实施的必要措施来为和平时期打好基础的时刻已经到来⋯⋯我们要利用今后岁月的痛苦经验来推行必要的激进改革"①,而进行改革的最佳方略是进行一场基于同意的革命,"这种革命不仅可以达到暴力革命相同的目的,还可以避免暴力带来的苦难。虽然这种革命在历史上是罕见的,而且也不能保证它是否能真的得以实现,但却是我们这一代人所面临的一种现实选择。"②这就是拉斯基所极力倡导的"同意的革命"。所谓"同意的革命",就是基于统治阶级和被统治阶级在重大社会问题上的高度一致感,用和平的方式,以协商而不是暴力来改造国家的各项基本原则,在各阶级的充分合作和一致同意下重新确定共同的伟大的生活目标。"同意的革命""能在更广大的地区以更大的力量肯定民主的各项原则",③"重新开辟日益增长和福利的前景"④。显然,所谓"同意的革命"的实质就是倡导阶级合作,反对暴力革命,宣扬和平改良,试图用和平手段建成一个资产阶级民主政治加社会主义国有化与计划经济的"社会主义"社会,以实现社会的平等和公民的最大福利。拉斯基的"同意的革命"论,无论在形式上还是在内容上,都与传统的改良主义有着很大的区别。它"是在某种程度上以与渐进主义互相对立的第三条道路的形式而提出来的,它是改良主义在新形势下的进一步发展,它预示了改良主义的新的发展阶段,这个阶段就是民主社会主义阶段。"⑤

(二)"同意的革命"的实现条件

在如何实现"同意的革命"的问题上,拉斯基认为,"同意的革命"的实现取决于多种因素的综合。

第一,基于人类相互结合的"共同本性"。拉斯基认为:"各种制度的和平演进之所以能够实现,有赖于能够同意于他们所抱定的目的,他们的和衷共济就是那种同意的作用。"⑥而且,人类"天生有一种互相了解的力量⋯⋯大家都争取中间立场";特别是战争时期的"条件使人们记得他们的共同点而不是记得他们

① 金斯利·马丁:《拉斯基评传》,奚博铨译,北京:商务印书馆,1995年,第164页。
② 邹永贤、俞可平等:《现代西方国家学说》,福州:福建人民出版社,1993年,第313页。
③ 拉斯基:《论当代革命》,朱曾汶译,北京:商务印书馆,1965年,第176页。
④ 拉斯基:《论当代革命》,朱曾汶译,北京:商务印书馆,1965年,第193页。
⑤ 邹永贤、俞可平等:《现代西方国家学说》,福州:福建人民出版社,1993年,第315页。
⑥ 拉斯基:《国家的理论与实际》,王造时译,北京:商务印书馆,1959年,第219页。

的差别"，"人们能够超越他们的经济地位强加于他们的思想的种种限制"而趋向"和解"。① 可见，拉基斯充满阶级调适色彩的"同意的革命"是其现实政治策略的一种灵活表现，属于典型的调适主义观点。

第二，资本主义"民主政治"，尤其是议会制和普选制为此铺平了道路。拉斯基明确指出："在实行民主政治的地方，国家掌握在人民的手里，人民得随着自己意志来塑造它。"②后来拉斯基对上述主张作了一定修正，认为，这样的"人民国家"还有待于通过议会制和普选制去"夺取"，不过这是容易做到的，因为拉斯基"发现"了："中产阶级（按：应该作垄断资产阶级）的政府具有许多优良的品质：积极、勤勉、稳健甚至于宽大。"③谁怀疑这一点，谁就是"无视现实"。

第三，政党制度是推动"同意的革命"的有力杠杆。拉斯基深信，通过政党可以集中反映它们各自所联系与代表的特定阶级、阶层、群体或利益集团的意志与利益；通过政党间的竞争机制与监督机制，可以调节政治权力之间及其与公民权利和自由之间的关系。因而，在拉斯基看来，"在行动方面，各政党间的差别总是程度问题而不是性质问题"，"这种对基本事物的一致，是政党制度的实质"。④ 也就是说，不同政党之间在"意见"上的互相"赞成"是很自然的事情。

第四，生产力和科技的发展创造了条件。拉斯基倡言，"我们不能忽视这样的可能性，工业组织的改善和科学发明的远景也许会使资本主义成为能够满足工人主要需要的制度。到那个时候，工人就会放弃政权来换取物质福利，就好像今天美国工人似乎在做的那样。"⑤由此，拉斯基认为，既然工人阶级同意放弃政权要求以换取福利，资产阶级当然也会欣然"同意"进行必要的社会变革。

第五，美国"新政"的推行提供了有力的外部环境。拉斯基说："的确，'新政'的命运是与我们据以决定我们未来的那些原则休戚相关的。"⑥"在战时，我们所以能够举国一致，是由于承认了罗斯福总统那么激动人心地谈到的四大自由（按：即言论自由、信仰自由、免于匮乏的自由、免于恐惧的自由），把它们作为

---

① 拉斯基：《论当代革命》，朱曾汶译，北京：商务印书馆，1965年，第191、190页。
② 拉斯基：《我所了解的共产主义》，齐力译，北京：商务印书馆，1961年，第133页。
③ 拉斯基：《论当代革命》，朱曾汶译，北京：商务印书馆，1965年，第35页。
④ 拉斯基：《论当代革命》，朱曾汶译，北京：商务印书馆，1965年，第394页。
⑤ 拉斯基：《我所了解的共产主义》，齐力译，北京：商务印书馆，1961年，第133页。
⑥ 拉斯基：《论当代革命》，朱曾汶译，北京：商务印书馆，1965年，第213页。

各阶级间的共同立场。"①这就为基于各阶级间的共同立场的"同意的革命"奠定了坚实的基础和提供了千载难逢的好机会。

(三)"同意的革命"的实施策略

在论证"同意的革命"的实现条件的基础上,拉斯基提出了实现"同意的革命"的具体策略。

首先,要充分利用议会民主制实行社会改革。拉斯基深信,民主社会主义以民主为首要任务,对民主国家工人阶级而言,"在没有战争和革命的情况下",争取议会民主的胜利比暴力革命的意义更大。因为,"宪法手段里包含的种种利益,比革命手段里包含的种种利益,虽然来得迟缓,却要深刻得多"②。而且,工人阶级在议会民主中的获胜"必然意味着工人阶级政党获得选举胜利,除非它的对手能给予人民大众以不断增长的物质福利,使得那种胜利看来并没有什么特殊的必要"③。因此,拉斯基力倡走议会民主道路,利用议会民主制实施社会变革,并争取社会变革在议会内获致胜利。而利用议会民主制实行社会变革,必然意味着进行社会变革必须采取合法的、民主的方法。拉斯基认为,在一个以普遍选举为基础的宪政民主国家内,任何政党之所以存在以及拥有民主权利,都是由于"民主制度给了它机会"④。拉斯基深信,如若民主国家人民享有的基本政治权利,真足以使反对意见变为正统意见,那么公民在实施暴力革命之前,"都有义务把国家宪法上供他运用的方法都一一尽量加以使用"⑤,以明了宪法是否为其问题的解决提供了办法。他强调,"在任何一个社会里,反对党的权利只有在它尊重社会的各项基本原则的情况下才有效。要改变这些原则只有两种可能,要末大家一致同意作出这种改变,要末那些反对改变的人力量不够,不能用暴力阻止它;就是说,这种改变容许民主方法继续存在下去。如果不是大家一致同意,或者反对派决心用暴力斗争,这个社会就既没有自由,也没有民主可言了。"⑥因此,工人阶级政党要实施旨在变动根本的社会变革,有义务要在

① 拉斯基:《论当代革命》,朱曾汶译,北京:商务印书馆,1965 年,第 184 页。
② 拉斯基:《国家的理论与实际》,王造时译,北京:商务印书馆,1959 年,第 140 页。
③ 拉斯基:《论当代革命》,朱曾汶译,北京:商务印书馆,1965 年,第 32 页。
④ 拉斯基:《民主政治在危机中》,王造时译,北京:商务印书馆,1940 年,第 184 页。
⑤ 拉斯基:《国家的理论与实际》,王造时译,北京:商务印书馆,1959 年,第 184 页。
⑥ 拉斯基:《论当代革命》,朱曾汶译,北京:商务印书馆,1965 年,第 373 页。

选民们提出它的新办法时才能这么做，否则，"任何不同的态度都是否认了那种民主的基础"①。不仅如此，拉斯基还主张通过议会民主制来壮大无产阶级政党的力量，强调凡是旨在变更社会经济基础的任何政党尤其是无产阶级政党"必须尽可能地维持一个容许公开养精蓄锐，扩充实力的宪政制度"②，并"因势利导地使它们采取一种满意的政策。除此之外，任何方法都是马克思警戒工人阶级所说的'以革命做儿戏'"③。

其次，应采取和平的、说服的方法使统治阶级同意实施社会变革。拉斯基认为，在民主国家里，统治阶级的"合作"、资产阶级的"同意"是社会变革得以实现的重要条件，一个政党若想成功实施改变社会的性质变革，就必须使"统治阶级对它提议的改变表示同意"。拉斯基在《民主政治在危机中》中就曾明确指出："统治阶级和平接受社会主义……是最满意的办法，因为它是最合理的。它避免了暴烈的内战恐怖。他又使我们得以避免把一个民主的议会制度和它已经创造的很有能效的行政机构一笔勾销，而代之以一种独裁政治——这至少将有一个时期使全社会民众感受到痛苦——的种种耗费不经济。"④在《论当代革命》一书中，他又提出："中产阶级必须在重要的改革方面和工人合作，就像一个世纪前贵族阶级在选举法改革案方面相当明智地做过的那样，哪怕是在最后关头才做的，否则就会发生暴力革命，所采取的手段很可能使冲突双方抱定的目的改变掉。这是我们所面临的最后选择。至少让我们心里有数，我们是不得不去作这种选择的。"⑤也就是说，对统治阶级来说，它对工人阶级提出社会变革的要求应当学会容忍、妥协，因为这本身不独可取，而且政治上也属明智，因为"更没有其他的活动气氛，能够提供和平调整的保证了"⑥。对工人阶级来说，为了使统治阶级和平地接受社会主义，必须采取说服的方法，他认为，"在历史上没有一个革命时期扼杀了不同的意见的政府，能够得到什么好处。那种坚决认为

① 拉斯基：《民主政治在危机中》，王造时译，北京：商务印书馆，1940年，第184页。
② 拉斯基：《国家的理论与实际》，王造时译，北京：商务印书馆，1959年，第212页。
③ 拉斯基：《国家的理论与实际》，王造时译，北京：商务印书馆，1959年，第203页。
④ 拉斯基：《民主政治在危机中》，王造时译，北京：商务印书馆，1940年，第177页。
⑤ 拉斯基：《论当代革命》，朱曾汶译，北京：商务印书馆，1965年，第40—41页。
⑥ 拉斯基：《现代国家中的自由权》，何子恒译，北京：商务印书馆，1959年，第156页。

无法进行说服的革命的主张,是缺乏可以支持这种主张的创造性的根据的。"①在拉斯基看来,一种社会价值体系用暴力来推行是不可取的,因为"在现代社会这样一个微妙复杂的组织中,要想在长时期内用暴力推行一个价值体系,永远别想成功"②。其实,"凡属成功的社会改革,泰半是并不怎样压迫那些利益的保护人,不致使他们宁愿冲突斗争,而不愿放弃为改变所牵及的东西。职是之故,凡属成功的改变,最容易在不必偿付巨大代价的时期做到,因为这时期可以迅速适应新的环境。"③因此,要使资产阶级同意合作,并且心悦诚服地接受社会变革,"必须用说服的方法,而不能强制"④。同时,为了有效地说服资产阶级,拉斯基认为,应该对资产阶级的愿望加以"合理地"重视,因为,"从合理的条件上寻求最高限度的同意,可使反对者非常难于反对"⑤。什么是合理的条件呢? 这就是不把统治阶级的既得利益马上消灭掉。拉斯基认为,像在其他地方一样,审慎乃政治行为的第一美德,因此,对于既得权利之既定愿望加以合理重视的一种社会主义,"比主张马上把他们消灭的一种社会主义是更有成功希望的"⑥。

　　最后,要重视工人阶级的团结一致,强调工人阶级政党对社会各方面力量组织能力的提升。拉斯基指出,俄国革命那样的成功只有在俄国革命那样的环境里才能再度演出;资本主义民主国家在没有俄国革命那样的历史条件与环境的时候,"各工人阶级无论党派组织间有怎样的不同,必须保持着团结一致,才能取得政治权力。因为他们的实力就在于他们的团结力量"⑦。但是一旦他们丧失了这种力量,不仅各自分裂,而且互相仇恨,那么"他们采取攻势的权力就落到了他们的敌人手里"⑧,"他们的敌人就能利用他们的分裂来击败他们"⑨,"他们的失败在正常情形里也就几乎免不掉的"⑩。因为,"他们的不团结不仅能

①　拉斯基:《现代国家中的自由权》,何子恒译,北京:商务印书馆,1959年,第84页。
②　拉斯基:《论当代革命》,朱曾汶译,北京:商务印书馆,1965年,第405页。
③　拉斯基:《民主政治在危机中》,王造时译,北京:商务印书馆,1940年,第159页。
④　拉斯基:《现代国家中的自由权》,何子恒译,北京:商务印书馆,1959年,第156页。
⑤　拉斯基:《民主政治在危机中》,王造时译,北京:商务印书馆,1940年,第185页。
⑥　拉斯基:《民主政治在危机中》,王造时译,北京:商务印书馆,1940年,第185页。
⑦　拉斯基:《国家的理论与实际》,王造时译,北京:商务印书馆,1959年,第202页。
⑧　拉斯基:《国家的理论与实际》,王造时译,北京:商务印书馆,1959年,第201页。
⑨　拉斯基:《国家的理论与实际》,王造时译,北京:商务印书馆,1959年,第202页。
⑩　拉斯基:《国家的理论与实际》,王造时译,北京:商务印书馆,1959年,第200页。

够极度削弱他们自己的力量，而且还有这个联带结果：使为数众多的劳动者爽
性对双方一概嫌弃，因为他们的争论显出他们双方都是不足凭信的；于是这些
劳动者假如不像成千上万的德国工人那样接受了法西斯主义的惑人的口号，就
会变得厌恶政治"①。在某种程度上说，"把工人阶级分化，就是使他们纷乱
化"②。因此，"同意的革命"的实现，不仅要重视工人阶级的团结一致，还要及时
地把各社会各方面力量组织起来。只有在保持工人阶级的团结一致的基础上，
并"把那些迄今还不了解它的主张的集团争取过来，使这些集团赞助计划化民
主，特别是要把计划化民主的成功主要依靠其贡献的那些集团争取过来，使这
些集团赞成计划化民主"③。如此，"同意的革命"实现的机会将会大为增加。

（四）"同意的革命"的评价

拉斯基"同意的革命"论，是拉斯基政治思想合乎逻辑的发展结果，在某种
程度上说，它是其现实政治策略的一种灵活体现。拉斯基从生产关系与生产力
矛盾的原理出发，分析资本主义社会变革的必然性，并依据英、美等发达资本主
义国家不具备暴力革命的社会政治条件，得出暴力革命目前不能在英、美等发
达资本主义国家取得胜利的结论。应该说这个结论是符合客观实际的。对于
拉斯基倡导英、美等国的工人阶级走议会民主道路、采取和平方式实行社会变
革，我们也不能一概予以否定。其实，马克思主义理论家在他们的经典著作中
用大量篇章论述暴力革命的必要性，但并没有绝对否定和平道路绝对行不通，
也设想了在特定历史条件下有和平过渡的可能性。马克思曾明确指出："工人
总有一天必须夺取政权，以便建立一个新的劳动组织；他们如果不愿意像轻视
和摒弃政治的早期基督教徒那样，永远失去自己在尘世的天国，就应该推翻维
护旧制度的旧政治。但是，我们从来没有断言，为了达到这一目的，到处都应采
取同样的手段。我们知道，必须考虑到各国的制度、风俗和传统；我们也不否
认，有些国家，像美国、英国——如果我们对你们的制度有更好的了解，也许还
可以加上荷兰——工人可能用和平手段达到自己的目的。"④虽然，拉斯基在

---

① 拉斯基：《国家的理论与实际》，王造时译，北京：商务印书馆，1959 年，第 200 页。
② 拉斯基：《国家的理论与实际》，王造时译，北京：商务印书馆，1959 年，第 201 页。
③ 拉斯基：《论当代革命》，朱曾汶译，北京：商务印书馆，1965 年，第 221 页。
④ 马克思、恩格斯：《马克思恩格斯全集》（第 18 卷），中共中央编译局编译，北京：人民出版社，1974
年，第 179 页。

"同意的革命"的理论中提出说服统治阶级与工人阶级合作,共同实行社会变革,充满乌托邦色彩,但他在许多弱小国家遭到法西斯势力的淫威而逼迫屈服,在英国面临法西斯势力侵略的危急关头,他能够摈弃狭隘的阶级意识,积极呼吁不同阶级、阶层,甚至不同国家的人们团结起来结成联盟,通过和平、民主的道路实行社会变革,应该是一种值得肯定的有益探索。这既为工党在关键问题上指明了应该采取的立场,顺应了国际社会共同抗击法西斯势力的趋势,同时又没有偏离自己左翼知识分子的立场,所以更容易激起人们的共鸣与支持。

二、民主社会主义社会的理想目标:计划化民主社会

拉斯基"同意的革命"论是与他的"计划化民主"思想密不可分的。如若说前者是手段,那么后者则是这一手段要达到的目的,"同意的革命"所要实现的理想目标是建立一个自由与公道型社会,即"计划化民主"社会。拉斯基深信,"竞争的资本主义时代已经完结。一个民主国家不外乎是个人人平等的社会,它为全体人民的消费而有计划地进行全员生产。"①

(一)何谓"计划化民主"

拉斯基毕生尊崇自由主义政治理念和代议制民主政治,认为代议制民主政治是人类历史上无与伦比的、最好的社会制度,是人们信仰的价值。然而,代议制民主政治在现实中却和与之对立的资本主义制度结合在一起,代表特权者利益的资本主义正在摧毁着代表人民大众利益与价值的民主制。若要保存这种最好的民主政治制度,就必须消灭资本主义的私有制,而将民主制与社会主义结合起来。因此,拉斯基宣称,他既要从根本上改造资本主义,又要消除苏联社会主义的专政;亦即摈弃资本主义的生产资料私有制,而保留其民主制,摒弃苏联式社会主义国家的专制制度,而采纳其生产资料的公有制。这种新的社会制度既克服了资本主义和社会主义两种制度的最大弊端,又吸取了两者的合理因素,把民主与社会主义结合了起来。因为在拉斯基看来,公有制意味着计划化,因此,他把这一理想社会称之为"计划化民主"社

---

① 金斯利·马丁:《拉斯基评传》,奚博铨译,北京:商务印书馆,1995 年,第 187 页。

会。所谓"计划化民主"社会其实是一种社会主义和民主完美结合一体的社会：一方面，它是对资本主义的否定，是资本主义生产资料私有制的消灭，是生产资料的社会拥有与控制，是经济生产计划化，是为社会需要和人民福利而生产的社会；另一方面，这个社会与苏联不同，它不是无产阶级专政的社会，而是民主政治的社会。

拉斯基认为，"计划化民主"的前提是重要生产资料由社会拥有和控制。在拉斯基看来，资本主义的"根本毛病"在于资本主义私有制，"假使我们要为一个能增进福利的社会实行计划，就显然必须大大触动所有权的基础。除非我们重新组织生产关系，改变社会的各种目的，增进福利的能力就会遭到既得利益的抵抗而被打垮。因为这种能力并不是一种真空中起作用的抽象的善意的作用，而是一种具体的善意的作用，有可能在它活动的社会组织内实现"①。"如果那些拥有和控制财产的人（特别是在大股份有限公司的时代）能够获得特权或独断独行，我们就休想做到经济权民主化。除非重要的生产资料由全社会拥有和控制，直接为其本身利益服务，就很难想象怎么能阻止这些习惯的发展。因为，舍此而外，再没有别的方法能终止匮乏经济。"②当然，拉斯基也深知，生产资料的国有化并不意味着所有生产资料收归国有，主要是指"几个重要的基础应该掌握在社会手里"③。这些重要基础主要有四个："第一，也是最重要的，国家必须控制资本和信贷的供应。因为，再没有其他方法能保证投资直接地和经常地联系到公众的需要而不是联系到私人的利润。我们必须把这种投资当作一种旨在重新装备我国，使它在战后世界起作用的经济计划的自觉工具。实际上，这意味着在给予商业贷款时实行一项优先制度，根据这项制度，贷款将决定于发起人所抱持的目的对经济计划的重要性。如，穷人的住房比富人的豪华公寓重要；学校比电影院重要；支援改善农业的贷款比促进一样新的化妆品或新的专利药的制造和倾销的贷款重要。第二，国家必须拥有和控制土地。因为，国家对土地的拥有和控制有利于三个目的：它是适当设计城市（特别是被闪电战摧毁的地区）所必不可少的；它是使农业在国民经济中占有适当地

---

① 拉斯基：《论当代革命》，朱曾汶译，北京：商务印书馆，1965年，第182页。
② 拉斯基：《论当代革命》，朱曾汶译，北京：商务印书馆，1965年，第340页。
③ 拉斯基：《论当代革命》，朱曾汶译，北京：商务印书馆，1965年，第341页。

位所必不可少的;它是取得英国工业的适当布局和保持合乎审美要求的舒适所
必不可少的。第三,国家必须管制进出口贸易。唯有对进出口贸易进行合理管
制,才能保证国家为了国民利益而组织大宗原料的购买和大宗出口货物的销
售。第四,运输、燃料和电力也须由国家拥有和控制。因为这些部门都与国计
民生密切相关,如让其控制在私人手中,就会因相互间的竞争而使整个社会受
害,他们只有在国有制下才能使目前享受不到便利的无数人家享受到好处。"①
由此可知,拉斯基所理解的生产资料的国有化主要是指国家对重要生产资料
的控制和国有,因此他实际上把生产资料的国有化等同于社会主义生产资料
的公有。这样,拉斯基就忽视了一个极为重要的事实,即国有化本身并不意
味着社会主义,因为社会主义有国有化,资本主义也有国有化。然而,它们无
论在实现途径、目的、性质、内容和形式等方面都迥然不同。实际上,拉斯基
之所以仅强调重要生产资料的国有化,原因在于,他深信,这些措施是实现社
会主义的基础,也只有在此基础上才能建立起一个将社会置于持续改善人民
的物质生活条件之上的社会主义社会,民主政治也才能名副其实地建立在人
民的同意之上。

　　因而拉斯基坚信,一旦这些重要生产资料由社会拥有和控制,一旦这些重
要生产资料掌握在社会手里,并"保证为多数人而不是为少数人的利益服务,就
可以用议会民主的历史性方法来掌握这些重要基础,并在这样确定的体制内发
展经济了"②。这就是说,"计划化民主"下一步的任务就是认真地着手进行经济
权的民主化,即用保留下来的政治民主制——议会民主制所体现的民主方法对
国民经济进行管理。他认为,仅仅把所有权从私有变为共有,并力图使生产过
程计划化,是无法真正解决经济民主化问题的。"计划化民主"所面临的问题要
复杂得多,复杂之处在于"以这种方式计划社会的全部经济,使每个工人都能够
尽自己力之所及来协助确定计划中他以生产者身份出现的那一部分目的和手
段,而作为消费者和公民则能够根据自己对计划实施结果的切身体会来参与审
查计划的执行情况。这样就显然一定要在生产和消费两方面都成立权力下放

---

①　拉斯基:《论当代革命》,朱曾汶译,北京:商务印书馆,1965 年,第 341－342 页。
②　拉斯基:《论当代革命》,朱曾汶译,北京:商务印书馆,1965 年,第 341 页。

的咨询机构"①。鉴于此，拉斯基认为，仅仅改变一个社会里的所有权形式是不够的，还必须使它们民主化，以避免经济权力的滥用与官僚化，从而承认公民对共同福利的同样的需要享有同样的权力并使公民能够和生产管理权力发生接触并施加影响。当然，"经济权的民主化"除了必须给予公民以管理权和参与权、"借助民主在经济领域内的发展来打倒食利者和财阀的肆无忌惮的特权"外，②还必须关注以下两件事：首先，选定合格的管理人员。经济权的民主化很多地方要仰仗这种制度所指望的管理人员。这些管理人员不能像目前形式的战时管制者一样，对自己所管理的工业的现在和将来有着切身利害关系。在新制度下的管理人员，"显然应该是实业家，对所涉及的工业有直接的和丰富的知识"，同时，他们"唯一效忠对象必须是他所服务的国家"③。其次，科学设置专门的委员会管理经济生活。"计划化"的经济生活需由在内阁中成立的以管理有关生产部门的大臣为委员的委员会来管理。"这个委员会很像苏联的国家计划局，需要有一批老练的干部，其任务是准备材料，委员会就根据这些材料做出最后的决定提交内阁，而内阁又为它们取得议会的一致批准。"④拉斯基认为，除了专门委员会之外，其实没有必要再设立一个如威廉·贝佛里季爵士所设想的只制定计划却无权决定计划是否切实可行的经济参谋本部，因为"管理体系中多一层关系，不但不会增添反而会减损它的明确性，并且肯定还会耽误那些由于性质关系往往需要尽快做出的决定"。其实，"对决定负责的机构越明确，就越能直接判断决定的价值"⑤。

　　拉斯基同时还明确指出，无论重要生产资料的国有化还是经济权的民主化都必须遵循"把自由纳入平等"的原则。在拉斯基看来，平等并不意味着统一性；我们没有理由要求对不同的人给予同样的待遇，就好比不能要求身材不同的人穿同样的衣服或口味不同的人吃同样的食物；但平等确实意味着"人们对满足同样的需要具有同样的权利，任何一个公民都没有特权可以剥夺别人满足那种需要的权利。它意味着在社会组织中承认一些使大家获得普遍满足的标

① 拉斯基：《我们时代的难题》，朱曾汶译，北京：商务印书馆，2001 年，第 87 页。
② 拉斯基：《论当代革命》，朱曾汶译，北京：商务印书馆，1965 年，第 339 页。
③ 拉斯基：《论当代革命》，朱曾汶译，北京：商务印书馆，1965 年，第 342—343 页。
④ 拉斯基：《论当代革命》，朱曾汶译，北京：商务印书馆，1965 年，第 343 页。
⑤ 拉斯基：《论当代革命》，朱曾汶译，北京：商务印书馆，1965 年，第 343 页。

准,使同样需要的最低限度的满足达到能够使个性日益获得解放的水平"①。然而,在资本主义社会,自由与平等是相背离的,自由实际上意味着不平等,它总是为了那些享受到权利的人的利益而牺牲享受不到权利的人的利益,这种自由只是一种"消极的自由"。这种"消极的自由""被限制在生产资料私有制的范围内,必须充分保护所有主的权利,使之不受侵犯","它的内在逻辑就是,有产阶级可以自由使用它的财产,不受国家干涉;而使干涉合法的条件则是为凌驾一切的和最终的利害关系作出微小的让步。"②在某种程度上说,"消极自由的政治无论对内对外都是强权政治。它是用暴力(无论是公开的或不明说的)保卫某些人靠排挤他人而取得特权。"事实上,"消极自由的实质是强行维持太多的不平等"③,"拆穿了说,资本主义使人民大众在经济领域内依靠非个人的市场法则,在经济领域之外则依靠资本主义的特性所需要的价值。那些价值不会表达人民大众自身的经验,而只会表达统治着资本主义社会有产阶级的经验。因此,人民大众作为个人来说,势必感到自己微不足道;他们不向那些仅仅把他们当作工具看待的制度挑战,就无法肯定自己。"④然而,在"计划化民主"社会,自由的概念是积极的,它被确定在生产资料公有制的范围内,谋求自由是为了最充分地实现自我和发展公共财富。也就是说,这种"积极自由"抱有"消极自由"完全不同的目的,"它设法组织机会使个人的目标与社会的目标调和起来,它于是设法创造出一个环境,在那里,人民大众能够拥有完美的个性"。⑤ 在拉斯基看来,在匮乏经济的条件下,人们不可能有完美的个性;匮乏经济所统治的社会必然要把那种可能性(除非对于极其特殊的人)让给那些握权的人,因为他们拥有作为权利基础的财产。而且,在一个以匮乏经济为基础的社会里,绝大多数人的命运必然是不安定、贫困和屈从;这种情况意味着,对于这些人来说,自由之门是关死了的,除非他们加入所有者阶级。因此,拉斯基认为,"资本主义要能够为大众服务,就必须从消极自由过渡到积极自由。要这样做,就一定要能

---

① 拉斯基:《论当代革命》,朱曾汶译,北京:商务印书馆,1965年,第205页。
② 拉斯基:《论当代革命》,朱曾汶译,北京:商务印书馆,1965年,第395页。
③ 拉斯基:《论当代革命》,朱曾汶译,北京:商务印书馆,1965年,第396页。
④ 拉斯基:《论当代革命》,朱曾汶译,北京:商务印书馆,1965年,第397页。
⑤ 拉斯基:《论当代革命》,朱曾汶译,北京:商务印书馆,1965年,第396-397页。

够使它保卫的权利关系到个性而不是关系到财产。"①也就是说，"计划化民主"
社会是有理性的、立宪的，它的内在逻辑促使它把自由纳入平等的范围之内，公
民不仅具有平等的权利，而且社会还给予他发挥个人创造性的一切机会；公民
能够贡献的越多，他能够获得的也越多。因此，只要"把自由纳入平等"，"把民
主的边界从它们目前停留着的政治领域扩展到社会和经济领域中去"②，用生产
资料公有制来代替资本主义私有制，这样，才能确保政治民主，经济平等，赋予
自由概念以积极的含义。

　　拉斯基深知，他关于变革资本主义，建立以保卫民主、自由、平等为核心的
计划化民主社会的设想，势必受到计划化社会是"自由的否定""实质是独裁"
"意味着一个专制国家""必然会破坏人作为独一无二的人的个性"等观念的挑
战。这些观念认为：法西斯主义的德、意两国和布尔什维克俄国实行计划化的
结果是政治上的独裁，要坚持民主、自由的价值体系，仍然需要以自由市场为基
础的"天赋自由的简单体系"这一由亚当·斯密创造的理论，即仍应保留传统的
资本主义制度。拉斯基驳斥说：希特勒法西斯主义等反革命"正是我们的传统
制度的特性所造成的"，"普天下的人民大众越来越懂得传统制度所推行的信仰
的虚伪，价值的空虚"③。这正是造成当代人情绪不稳定的根源，它也在某种程
度上警告那些主张以传统制度的名义去打败希特勒法西斯主义等反革命的人：
"未来的社会如果想避免对外战争继之以国内革命战争的悲剧，就必须下定决
心在平等的基础上谋求自由"④，并要抓紧时机为"计划化民主"奠定基础。拉斯
基进而论证了推行计划化民主与维持自由原则的相容性。他说："当一个社会
接受了实行计划的决心之后，就为自己提供了一个高于一切的目标，对于这个
目标的总原则，人民大众必须一体遵从。他们的自由受制于为实现这个目标所
需要的各种事项；他们那种可以允许的主动精神的范围是由目标的固有逻辑所
决定的。"⑤他认为，在计划化民主的国家里，如无计划社会里那种形形色色的投
资自由当然要被消灭，在涉及群众福利的重要领域是非由国家垄断不可的。而

---

　　① 拉斯基：《论当代革命》，朱曾汶译，北京：商务印书馆，1965 年，第 397 页。
　　② 拉斯基：《论当代革命》，朱曾汶译，北京：商务印书馆，1965 年，第 161 页。
　　③ 拉斯基：《论当代革命》，朱曾汶译，北京：商务印书馆，1965 年，第 365—366 页。
　　④ 拉斯基：《论当代革命》，朱曾汶译，北京：商务印书馆，1965 年，第 366 页。
　　⑤ 拉斯基：《论当代革命》，朱曾汶译，北京：商务印书馆，1965 年，第 374 页。

公民们将在为他们一致同意的至高无上的伟大目标的服务中获得自由。这时,自由的概念不再是垄断资本统治下的"消极自由",而已转变为"积极自由":消极自由是用暴力(无论是公开的或不明说的)靠排挤他人取得特权,其实质是强行维持那么多的不平等,只是少数资产者的自由;而积极自由是设法组织种种机会,使个人的目标与社会的目标和谐地调和起来,在那里,人民群众能够有完美的个性。拉斯基相信,在计划化民主的社会制度下,能使每个人感到有欢欣鼓舞的事业,也感到每个人有出人头地的无限机会,那么,这个人在社会上就是自由的了。因此,拉斯基断定:"自由的实质在于我所谓的不断创新的感觉,在于确信我们每个人,哪怕卷入一个超越我们的私人目标之上的社会目标,也仍然能够为他作出独特的贡献。"①简言之,自由是知道我们每个人既是工具又是目的,知道社会上有着使我们出人头地的无限机会。他由此指出:"我看不出有什么证据可以认为,从资本主义民主过渡到计划化民主,就势必要暂时地或永久地丧失自由。"②其实,"社会上各种制度的作用就是使一个人抱有一种创造性的希望,鼓励他去完成一项使他感到有重要意义的和欢欣鼓舞的事业,那么这个人在社会上就必定是自由的了。"③

拉斯基深信,"计划化民主"社会的重要特征是自由、平等、民主与公正,国家已不再是阶级专政的工具,其最大的目的是使公民获得最大的福利。因此,"计划化民主"的重要目标就是构建平等的"福利国家",使社会成员享有平等的政治、经济和文化权利。在他看来,所谓"福利国家"就是能为公民提供必要的社会保障和最大的社会福利的国家。拉斯基认为,"福利国家"的实现首先必须确立两种观点:第一,福利政策不仅正当而且必要。在英国,社会保障和福利制度的前身是属于教会掌握的济贫院和社会救济体制,其主要资金来源是上层贵族和富商的捐赠,带有浓厚的慈善性质;另一方面,"以合理工资干合理钟点工作的权利,已经成为民主社会里一个固定不变的信念,人民群众越来越倾向于按照政治制度和经济制度实现那个信念的能力来判断它们的有效性"④。社会

① 拉斯基:《论当代革命》,朱曾汶译,北京:商务印书馆,1965年,第380页。
② 拉斯基:《论当代革命》,朱曾汶译,北京:商务印书馆,1965年,第380页。
③ 拉斯基:《论当代革命》,朱曾汶译,北京:商务印书馆,1965年,第380页。
④ 拉斯基:《论当代革命》,朱曾汶译,北京:商务印书馆,1965年,第141页。

上大多数人把接收教会救济看作是一种耻辱，他们只是在生活被逼无奈时才接收这种救助。而且，"当国家援助在相当程度上发展起来的时候，受援助的人们就成了那些交税以使这种援助成为可能的人的眼中钉"①。拉斯基坚决反对把社会福利看作是一种施舍行为，认为财富的再分配不能和公民的社会地位挂钩，特别是在历史步入 20 世纪之后，随着工业生产规模的扩大，垄断组织的进一步加强，由国家出面实行某种形式的福利保障措施已经非常必要。第二，广泛的公平制。"计划化民主"社会的目的是，"通过扩大一个社会的统治者对之负责的那些人的数目，来扩大那些分享福利的好处的人的数目"②，以平等地满足其全部公民的欲望。在这个社会中，"大家公认：其中的公共福利或者平等增长，或者另照合理办法，就各人对于公共福利的总额的贡献的能力来决定其不同的报酬。"③拉斯基确信这种强调"广泛的公平制"的"计划化民主"社会的实现必须做好三方面的工作：首先，国家应当公平地分配社会财富，保障劳动者生活所需要的起码收入，满足人们的基本生活要求，如衣食住行。其次，国家要反对经济上的特权，即反对少数财产所有者的特殊权力。最后，要大力发展社会生产力，满足社会消费需要，为此"就得把社会的生产力从目前束缚着它的桎梏中解放出来，另外还得有意采取一种丰裕的经济来替代限制的经济"④。同时，拉斯基深信，强调"广泛的公平制"的"计划化民主"社会的实践可以取得许多资本主义社会难以取得或无法取得的成就，解决了资本主义社会无法解决的难题，这突出表现在两个方面：第一，所有社会成员的基本社会条件获得了保障。这是因为，国家的资源被指向服务于这个目的，同时人们的报酬的获得取决于人的工作，而不是所有权。因此，人们不再有经常失业的恐惧，人们获得了享有医疗卫生等劳保福利的权利，获得了自由经济制度做不到，资本主义社会中劳动人民广泛缺乏的经济安全感。第二，由于广大劳动群众获得了经济安全感，因此他们获得了掌握自己命运的权力，他们的生活积极性和工作创造性由此得到了极大的提高。劳动者不是为雇主的利润而生产，而是为自己的幸福而生产；

---

① 拉斯基：《论当代革命》，朱曾汶译，北京：商务印书馆，1965 年，第 141 页。
② 拉斯基：《论当代革命》，朱曾汶译，北京：商务印书馆，1965 年，第 280 页。
③ 拉斯基：《现代国家中的自由权》，何子恒译，北京：商务印书馆，1959 年，第 25 页。
④ 拉斯基：《论当代革命》，朱曾汶译，北京：商务印书馆，1965 年，第 200 页。

生产管理不是少数人的私事,而与所有人的权利、利益密切相关。由此而产生的结果是:由于摒弃了生产的营利动机,由于实行了计划生产,由于人民的积极性的发挥,因而经济生产获得了良性发展,摆脱了资本主义所固有的经济危机现象。此外,由于人民的经济安全得到了保障,由于经济权力不再为少数人所有,因此社会分裂和阶级对抗的现象不复存在。社会成员产生了共同的价值标准和共同的生活目标,他们不再以排他性竞争,而是以互助性合作作为社会发展的驱动力。因此,拉斯基断定,"计划化民主"社会的社会保障和社会福利制度能在一定程度上缩小贫富差距,缓和阶级矛盾,维护社会稳定。但是拉斯基也承认,社会保障和社会福利制度说到底只是起到一种社会矛盾"缓冲器"的作用,难以从根本上解决资本主义社会的种种痼疾。因此,"计划化民主"社会发展模式有待进一步探索。

（二）"计划化民主"的评价

民主社会主义是一种主张在民主体制里进行社会主义运动的政治意识形态。它的基本理念和追求的基本价值是自由、平等、公正、合作互助;它的目的是建设政治民主、社会民主、经济民主、文化民主并推进国际民主的"社会主义";它实现这一目的的政治手段是民主。"计划化民主"社会思想表明了拉斯基所倡导的民主社会主义的特质。它既不同于传统的资本主义,又有别于现实的社会主义,是介于资本主义(包括法西斯主义)和苏联社会主义之间,试图将西方传统民主与社会主义计划经济相互融合的第三种选择,也可以说是一种把资本主义宪政民主和社会主义经济平等调和起来的新制度。这种新制度既保留了资本主义的政治"民主",又摈弃了苏联式社会主义的"专制",是一种自由、平等与公正的民主社会主义制度。尽管拉斯基认为"计划化民主"社会是一种尽善尽美的社会,但是在实践中,他的理想社会也只能是一种在资本主义社会条件下寻求点滴改良的美好愿景。对此,拉斯基本人也曾有预感。在他看来,任何政党要变革资本主义社会的性质,"就要统治阶级(它拥有重要的社会力量)对它的提议表示同意"[1]。尽管这个政党在理论上可以大讲社会主义,但"在行动方面,各政党间的差别总是程度问题而不是性质问题"[2]。因此,不可否认

---

[1]　拉斯基:《论当代革命》,朱曾汶译,北京:商务印书馆,1965年,第394页。
[2]　拉斯基:《论当代革命》,朱曾汶译,北京:商务印书馆,1965年,第394页。

的是,拉斯基这套理论是与实践相脱节的,尽管他本人一开始就强调政治哲学要从实际出发。

第四节　拉斯基民主社会主义思想评析

从上述一系列有关民主社会主义思想的论述中,我们可以看出,拉斯基面对 20 世纪上半叶大危机和大变革的历史情景,为使西方文明免遭法西斯专制独裁与暴力革命的毁灭,决心承袭自由民主传统和社会主义理论并结合自己对新形势的估量——即通过对现代资本主义制度和法西斯主义的批判,得出必须变革社会基础的结论;通过对俄国革命的批判与反思,得出西方国家应走一条与暴力革命道路相异的变革旧社会、建设新社会的路径的结论——提出了具有自身特质的"同意的革命""计划化民主""福利国家""法治国家"等思想,较为完整地勾画出民主社会主义的理想蓝图,标志着拉斯基民主社会主义思想的正式形成。与其他民主社会主义思想家的思想相比,拉斯基民主社会主义思想具有鲜明的过渡性质。这种过渡性及其重要作用主要体现在三个方面。①

第一,在社会变革的方式、途径的问题上,拉斯基反对暴力革命,主张在宪政民主制度范围内,利用现存民主制度,以和平、民主、非暴力的方式进行和平、民主、非暴力的社会变革。"同意的革命"是拉斯基为实现"社会主义"性质的社会变革所谋求多年的理想路径,拉斯基的"同意的革命"虽然依然强调以和平、民主、非暴力的方式实施社会变革,但其无论在形式上还是在内容与于传统改良主义存在着很大区别。他摒弃了传统改良主义"一步一步推动,一点一滴改良"的经典公式,而主张,在宪政民主制度范围内对资本主义制度进行大规模的、根本性的改造,承认社会革命的不可避免性,甚而在一定程度上承认暴力革命的可能性。由此可见,拉斯基的"同意的革命"论,"是在某种程度上以与渐进主义互相对立的第三条道路的形式而提出来的……它预示了改良主义的新的

---

① 骆沙舟:《现代西方政治思潮评析》,厦门:厦门大学出版社,1996 年,第 327—328 页。

发展阶段，这个阶段就是民主社会主义阶段"①。

第二，在社会主义与资本主义的关系问题上，拉斯基在一定程度上认同费边社会主义"社会有机体论"和伯恩斯坦"和平长入社会主义"论，认为社会主义是人类社会更高级的形式，是资本主义"自然而然"演进的结果进。但拉斯基并没有局限于这种社会有机体的连续渐变论，而是主张各阶级携手合作进行一场"同意的革命"，建立一种"为民主和自由而计划"的"计划化民主"社会。这种新社会，既不同于现存的资本主义，也不同于苏联式社会主义，而是对两者的"扬弃"，是一种集中两者优点而抛弃两者缺点的完满的、理想的社会，其旨在寻求一种介于资本主义国家与苏联式社会主义之间的第三种社会类型。拉斯基所倡导的这种新社会理想奠定了第二次世界大战后民主社会主义思想的基本内容，并在实践上指导着各国社会党和工党的政策，对当代民主社会主义思想产生了重要影响。

第三，在民主与社会主义的关系问题上，拉斯基深信社会主义与民主密不可分，强调社会主义是民主政治的必然结果。虽然拉斯基与其他民主社会主义者一样把政治民主看作是实现理想社会的基本手段和理想社会在政治上的目标。但是，拉斯基对社会主义下的民主内涵作了拓展，主张建立政治民主、经济民主、社会民主、国际民主相结合的社会主义社会。拉斯基力倡政治民主与经济民主并驾齐驱，认为经济民主是实现理想社会的必要前提，主张通过"经济的计划化"和"经济权的民主化"等举措，谋求以民主化的经济秩序来取代少数私有者集中控制经济权力的状况，并以此来为实现自由与公道型社会提供基本保障。同时拉斯基还希望通过"公平分配"和"国家福利"等方式实现社会领域的民主。拉斯基对民主内涵的拓展，对社会主义下的政治民主、经济民主、社会民主、国际民主的强调，丰富和发展了民主社会主义民主理论，为第二次世界大战后民主社会主义理论发展起来起到了准备和过渡作用。

总之，拉斯基民主社会主义思想是资本主义危机时期和战争年代的特殊产物，是渐进主义社会改革观与"十月革命"以来的激烈的社会历史矛盾运动相结合的结果，是按照理性原则和用折中主义方法进行探索与阐释的社会主义思

---

① 邹永贤、俞可平等：《现代西方国家学说》，福州：福建人民出版社，1993年，第315页。

想。这种富有特色的民主社会主义思想抓住了时代脉搏，顺应了"二战"前后英国社会和其他国家"左倾"潮流，为民主社会主义在英国乃至世界的传播作出了重要贡献，正如霍布斯鲍姆所说，"尽管（拉基斯）……是某种类型的英国左翼思想家的悲剧，然而，如果没有他，英国在 21 世纪最重大的而且最具人性的改革政府能否出现呢？"①

---

① 艾瑞克·霍布斯鲍姆：《非凡的小人物：反抗、造反及爵士乐》，王翔译，北京：新华出版社，2001年，第 226 页。

第六章
拉斯基政治思想的特征

　　拉斯基是一位知行合一的政治思想家,他所要解决的是20世纪上半叶"极端的年代"自由民主危机所面临的一系列实际社会政治问题,他对自由民主政治理论的考察也是着眼于他们对社会政治生活的实际作用与影响。因此,拉斯基政治思想可以在某种意义上说是行动中的政治思想。拉斯基政治思想亦因此而常随着实际社会政治的变化呈现出多重面孔。在许多研究者看来,拉斯基"永远是一个有争议性的人物",其政治思想的流变性也直接导致其政治思想几经沉浮。在1950年拉斯基去世之前,他在欧美以及亚洲的印度、中国和新加坡等国思想界名噪一时,有着重大的影响。大约在拉斯基晚年尤其是其逝世后,由于冷战格局加剧、意识形态对峙日重以及其所持的左翼立场等原因,拉斯基名望迅速下滑,并遭受多方批评与抨击。但是在20世纪60年代,尤其是1993年拉斯基的百年诞辰之后,人们开始重新审视拉斯基的政治思想,并把他列于20世纪上半叶探讨自由民主危机的重要政治思想家之列。我们不必过于探寻拉斯基声誉的兴衰,我们只需注意到,拉斯基所面临的时代难题,即自由与权威、自由与平等、自由与民主、自由主义与社会主义、自由主义与资本主义的冲突与调适等问题,时至今日仍然影响着我们。拉斯基政治思考不以某个单一的、特定的理论原点为前提,不以构建封闭的、严密的理论大厦为目标,而是根据现代社会政治生活的转型与思想文化氛围的变迁不断地予以反思、调整与修正,体现了拉斯基政治思想务实性、流变性和调适性的特征。

第一节　务实性

　　拉斯基并非书斋式的政治思想家，其秉持了英国人务实重行的特质，具有强烈的入世情怀，其政治思想不满足于抽象理论，总是设法寻求理论构想与社会现实的契合点，具有强烈的务实色彩。拉斯基推崇马克思关于理论与实际相结合的原则，认为"政治哲学，按其本性，是实用主义的"①。理论应立足于现实，学术生活决不应局限于"象牙塔"，政治思想家应该关照现实政治生活，并乐见理论的实践结果。作为一位崇尚务实的政治思想家和政治活动家，拉斯基力图在实际经验的框架内而不是在抽象的原则内观察世界、阐释问题。他的政治思想总是聚焦社会现实，以解决时代难题为己任，甚而一些观点与主张可以说就是纯政策性的。他的精力尤其是后期的精力主要用于研究现实政治与时代难题，他的自由主义、民主主义、政治多元主义、民主社会主义等思想都建立在对人类生活的切实改善与积极关怀上。可见，拉斯基不是一位理想主义政治思想家，而是一位坚定的实用主义政治思想家。纽曼声称，拉斯基在其生活中的每一个阶段，都试图将从经验中所学到知识融入思想，并付诸实践，"他从来没有成为一个理论的囚犯"②，他总是愿意承认自己的错误和根据变化了的政治和经济状况修改他的政治思想，而且，他在对任何政治、经济或社会问题的态度都是非教条主义的。纵观他的一生，他终极关怀的问题是自由与权威、自由与民主、自由与平等等问题，总的信念是任何政治理论与社会制度必须有利于个人完善与社会发展，他真诚对待个人自由和人类社会进步事业。

　　拉斯基不断告诫他的学生和读者，在讨论政治问题时，"不要形成教条主义世界观，对事物的判断要以他们在社会生活中的有用性为依据"③，否则无法对事物予以合理阐释。所以，拉斯基对国家的研究，不仅关注其理论，更关注其实

---

① Michael Newman. Reputations：Harold Laski Today. *Political Quarterly*，1996，67(3)：229-238.
② Marc Karson. Complicated Man. *Progressive*，1994，58(3)：41-45.
③ http//yabaluri.org/TRIVENI/CDWEB/political philosophy of h j laski jan63.htm.

际。拉斯基强烈反对赋予国家某种道德或者伦理色彩,主张以国家的实际运作与现实状况来研讨国家。在拉斯基看来,国家与政府尽管有区别,但是在现实的职能行使和功能领域里,国家与政府总是纽结在一起,难以明确区分,国家授权政府,政府代表国家;作为国家代理机关的政府,是实现自由的工具,其职能是"运用其权力以便最大限度地满足或促使满足人们的需要"①,必须规定最低工资、工作时间、卫生设备条例、失业保障、义务教育、妇孺福利、住宅和公用事业,等等。这表明拉斯基已经摒弃了古典自由主义优先考虑个体的狭隘公式,强调由原先的"警察国家"转变成的"社会服务国家"、由"消极国家"转变成的"积极国家",应该积极作为,干预经济,控制财富的生产和分配,着手增进全社会福利,实现社会各阶级的和谐达到消除任何个人在社会中自由发展的障碍的目的。这也是一种政治训诫:"文明生活的核心问题就是政府的权力与被管理者的自由的关系问题。"②人们正是通过与政府的互动作用感受着国家的权威与力量。后期的拉斯基之所以趋向费边主义和马克思主义,除却自由主义核心理念未变之外,就是由于他对现实问题的极大关注所致,或者说是其政治思想务实性的逻辑结果。纽曼告诉我们,拉斯基是一位"严谨而诚实的人",他有时没有隐藏对人们讲真话的难处,他"准备冒着不得人心和个人艰难的危险把他的观点变成现实"③。

第二节　流变性

拉斯基十分关注世界的变化,关注时代的发展,致力于新现象、新情况的探索,因而,其政治思想并非一贯且稳定,前后相差甚大,一直处在不断变化发展的动态过程中。学界多用"善变""混杂""流质易变""无持续性和统一性"等来

---

① Harold J. Laski. *Studies in Law And Politics*. London：George Allen & Unwin Ltd.，1932：245.
② 萨尔沃·马斯泰罗内:《欧洲政治思想史——从十五世纪到二十世纪》,黄华光译,社会科学文献出版社,2001年,第348—352页。
③ Marc Karson. Complicated Man. *Progressive*,1994,58(3):41-45.

形容概括。[①] 拉斯基政治思想"流变性"不仅增添了我们阐释其政治思想的难度，而且逃脱了人们试图将其政治思想体系化的努力。拉斯基不断根据政治实际修正自己的观点，不断根据时代与形势的变化改变或发展自己的政治思想，而不求助于先验的或固定的原理与规则。对于拉斯基而言，没有停滞不前的思想，没有恒久不变的理论，没有游离于历史与实际之外的政治理论，他愿意使自己的政治思想远离抽象体系和绝对真理，希望自己的政治思想处于永远的探索和实践之中。

作为一个敏感而务实的政治思想家，拉斯基政治思想从不把目标聚焦于某个原点之上，也从不以建构一个无懈可击的政治思想体系为目的，他的政治思想处于不停的变革与修正之中。就拉斯基政治思想发展脉络来看，学术界有不同的划分方式，有的把它分为三个阶段：政治多元主义、费边社会主义、民主社会主义；有的把它分为四个阶段：多元主义、费边主义、准马克思主义和民主社会主义；有的以 1914—1925、1925—1926、1926—1929、1929—1932、1932—1939、1939—1950 六个时段考察拉斯基的政治思想。拉斯基对自己思想发展的基本判断是：以 20 世纪 30 年代为转折点，其思想大致经历了"民主社会主义"（"多元主义"，pluralism）和"准马克思主义"（quasi-marxism）两大阶段。拉斯基政治思想的这种流变性，民国知识界也予以了关注。王造时就说："（拉斯基政治思想）这几年来有急剧的变化。回想一九二九至一九三〇年我在伦敦听他的讲，与他在一块讨论的时候，他的思想还是不出进步的自由主义的范围。现在我译完这书（《国家的理论与实际》）之后，我很诧异他的思想前进程度的深远了。"[②]萧公权也有类似的看法，他认为："拉斯基思想中本包含自由主义与社会主义的成分，早期的著作如《主权的问题》《现代国家中之权威》《政治典范》《服从之危险》《现代国家中之自由》等书大体皆发挥自由主义的精神，而到《危机中之民治》和《国家的理论与实际》时，社会主义的成分上升，由自由主义转变为着眼于社会中之经济平等与正义。"[③]张奚若对拉斯基政治思想流变的原因予以了

① Marc Karson. Complicated Man. *Progressive*,1994,58(3):41-45.

② 拉斯基：《国家的理论与实际》，王造时译，北京：商务印书馆，1937 年，译者序。

③ 萧公权：*The State in Theory and Pratice* 书评，清华大学《社会科学》，1935 年第 1 卷第 1 期，第 260—271 页。

解释:"拉斯基教授是一个反抗现状者,是一个提倡合理的社会生活者。他爱自由,他爱正义。因为爱自由,所以他是最近二十年来世界上一个著名的,或者也可说最著名的多元主义者。因为爱正义——爱经济的正义——所以他最近三四年来变成了一个马克思主义者。"①而 Marc Karson 则把拉斯基政治思想流变归结于:"他不可避免地受到 20 世纪 30 年代和 40 年代的政治动荡和戏剧性事件——大萧条、新政、麦克唐纳工党政府的垮台、弗朗西斯科·弗朗哥推翻西班牙共和国、希特勒和墨索里尼的上台、苏联的集权主义本质、第二次世界大战、大屠杀、艾德礼政府反对增加巴勒斯坦的犹太移民、冷战开始——的影响。这些事件和他自己的个人成长和经验改变了他的政治思想。"②

拉斯基作为一位处于历史巨变、各种政治势力此起彼伏时代的著名人物,其思想的流变性体现了转型时代错综复杂的思想形态。一方面拉斯基的思想显现出了转型时代的杂乱和多变的特点;另一方面也显现出其思想未定于一尊时所表现出的多向度探索的思考。正如约翰·斯特雷奇明确指出的,拉斯基政治思想的流变性无碍于他政治思想的价值,"贯串于他的著作、文章及演讲中的未定主题……(正是)他主要的力量所在。正是这一点使他吸引了英国工人运动的整个一代人"③,"他身上保持不变的东西是,一个开放的思维,对真理的热爱"④。拉斯基的思想流变性告诉我们,我们不能从一本书、包括他的书中寻找解决我们当前问题的完美答案,他只是给予了我们要寻找的可能路径之一。为了在现代社会中维持自由民主,我们必须处于永远的智力探索和理智努力之中。当然,在注意到拉斯基政治思想流变性的同时,我们不能忽视他政治思想中存在的连续性。从拉斯基一以贯之的态度和原则来看,拉斯基政治思想虽然复杂多变,但在其思想底层仍有不变之处,他毫不妥协地捍卫个人自由、思想自主和民主制度;极力倡导建立一种既不同于现存的资本主义,也不同于苏联式的社会主义,集中两者优点而抛弃两者缺点的完满的、理想的社会——"计划化

① 张熙若:*The Rise of European Liberalism* 书评,清华大学《社会科学》,1936 年第 2 卷第 3 期,第 599—601 页。

② Marc Karson. Complicated Man. *Progressive*,1994,58(3):41-45.

③ 艾瑞克·霍布斯鲍姆:《非凡的小人物:反抗、造反及爵士乐》,王翔译,北京:新华出版社,2001年,第 223 页。

④ Marc Karson. Complicated Man. *Progressive*,1994,58(3):41-45.

民主国家"。总之，在拉斯基政治思想中，既存在流变性，也存在着连续性，实际上，"在其思想中，连续性和变化性的平衡对理解拉斯基作品至关重要"①，从本质上看拉斯基各个阶段的思想具有一定程度的内在统一性与联系性。

第三节　调适性

拉斯基政治思想的一个鲜明特征，就是试图把各种思想、观点调适在一起，他强调国家、社会与个人的关系平衡处理，注重调适自由与权力、自由与民主、自由与平等、改良与革命、个人自由和公共福利、自由主义与社会主义、民众权力与行政专家行为等之间的矛盾，旨在使国家握有权力、社会维持公道、个人享有自由。

以拉斯基国家思想为例。他试图实行资本主义与社会主义的联姻，从而提出了"计划化民主国家"的概念；他设想将议会道路、和平改良与社会主义革命结合起来，从而提出了"同意的革命"的主张；他力图将马克思主义国家学说与其早先的多元主义与费边社会主义加以调和，从而形成了一种独特的民主社会主义思想。导致这种调适性的现实根源在于，资产阶级政府的某些让步和改良，既有利于资产阶级，又获得了人民群众的某些好感。这使得拉斯基以为，资产阶级与无产阶级可以通力合作，在保存代议民主制的条件下，完成从资本主义向社会主义的过渡。再如，拉斯基对国家权力的立场是调适性的，拉斯基一方面极力反对国家权力的过度集中，另一方面他又极力主张在一定程度上维护国家权力的权威，可以说，拉斯基调适了传统的绝对的国家主权理论与极端的自由主义理论的观点，赋予国家一定的职能，即为各种社团和组织的合作创造必要的社会和政治条件，国家的存在与活动是为了弥补市场经济的缺陷，但同时拉斯基又为国家规定了活动的范围，决不能让国家权力逾越应有的界限。②

① Peterb Lamb. *Harold Laski*：*Problems of Democracy*，*The Sovereign State*，*and International Society*. New York：Palgrave Macmillan，2004：4.
② 王威海：《政治社会学：范畴、理论与基本面向》，上海：上海人民出版社，2008 年，第 216 页。

拉斯基在论述个人利益、团体利益和社会利益三者之间关系的问题上，其立场亦具有典型的调适性。拉斯基认为，任何权利体系都有三方面为其立论的出发点："第一曰，个人之利益……第二曰，各种社团之利益，即各个个人人格所由以发表之途径是也。第三曰，全社会之利益，即种种社会势力相竞相胜之总结果是也。"①我们不能听任社会中之各社团以竞争之方法，画定其权利，也不允许个人权利问题以这样的方式解决。"人类生活，必有共同规则焉，吾人应建立一种机关，以执行此规则，以解释此规则"，而这个机构要尽可能顾及个人与群体两方面，使其在制度上保证个人和群体的自由和平等。但是，任何一种制度，都"易流于偏护一方之利益"，总会有些有权力的个人或群体"常好宰割其他个人或社团之懦弱者"，因此，我们努力要做的事"即在求一调和之策，使最大多数之人物或团体，遂其发展之愿，而社会之心思才力，得以维持于不弊耳"②。

由上述可知，难怪乎，萧公权认为，拉斯基的政治思想"既非旧式之个人主义者，亦不采极端之社会主义。就其全部思想观之，实为一种折中综合之新论"③。张君劢也有同感，认为拉斯基政治思想"虽以英国现代思想之先导言之，不如槐氏麦氏，然集合各派之长，而汇成一系统，非他人所能及也"④。上述概括虽然不一定正确，但确有一定道理，它说明了调适性与复杂性是拉斯基政治思想的重要特质。但不可否认的是，这种调适性是一把双刃剑，一方面增强了他政治思想的可接受性，另一方面也使他难以找到现实的政治团体或政治运动来实现自己的社会变革方案。正是这种调适性特征导致了他政治思想阐释有力而实现乏力，也常使他两面不讨好，成为学者、政客们批判其政治思想的重要依据。其实，政治本身就是妥协的产物，正是因其善于调适，拉斯基才成为一个思想丰富和视野开阔的政治思想家，我们今天也才能在他开阔的思想宝库中寻找到许多有益的思想资源。

---

① 拉斯基：《政治典范》，张士林译，北京：商务印书馆，1931年，卷上二，第73页。
② 拉斯基：《政治典范》，张士林译，北京：商务印书馆，1931年，卷上二，第74页。
③ 萧公权：《评张士林译赖斯基〈政治典范〉》，《天津益世报·政治副刊》，1930年5月27日。
④ 拉斯基：《政治典范》，张士林译，北京：商务印书馆，1931年，赖氏学说概要，第2页。

结　语
追寻自由民主的理路

拉斯基政治思想，是他与所处时代的对话，是对 20 世纪上半叶"极端的年代"自由民主危机所进行的反思与求索。拉斯基政治思想不在于构建一种封闭的、严密的自由民主理论大厦，而是将重点放在如何革新传统自由民主理论以使其能更好地适应新的社会实际和真正体现自由民主的原则与宗旨。拉斯基以独特的视域审视、研读与探寻自由民主理论，无疑是对传统自由民主理论的修正与超越，同时也是对人类理想社会的一种求索与追寻。

第一节　革新自由民主理论

拉斯基政治思想承续了西方自由主义传统，始终将自由民主作为其政治思想的逻辑原点、价值基础和理论归属，其富有特色的政治思想是根据特定历史情境与现实关怀对"密尔逆转"（所谓"密尔逆转"，按任剑涛教授所述，指的是英国在约翰·洛克和亚当·斯密那里奠定的政治-经济自由主义的完整理论，丧失了它对 17 世纪中后期以来英国社会政治思想的支配性影响，由密尔出来将自由主义与社会主义进行妥协，从而让渡出了自由主义的理论地盘。[①]）以来自由民主理论的承续、修正与革新。

---

① 任剑涛:《思想的钝化:中国现代政治理念的英国导向》,《政治思想史》,2012 年第 2 期,第 39—69 页。

首先，主张个人与社会相辅相成。个人主义是古典自由主义的精神基础和核心价值。古典自由主义的个人主义倾向十分强烈，个人是其政治思维的逻辑起点，它将个人置于至高无上的地位，主张以个人及个人权利为基点考量与阐释国家权力的起源、性质、功能与权限，甚或不惜把个人与国家、个人与社会对立起来，割裂开来。亦即，古典自由主义的"个人主义既是本体论意义上的又是伦理意义上的术语。这涉及将个人看成是第一位的，是比人类社会及其制度和结构更为'真实'或根本的存在。也涉及将更高的价值隶属于个人而非社会或集体性团体。以这种思维方式而论，个人在任何意义上都先于社会而存在。他比社会更为真实"。[①] 拉斯基承续了古典自由主义对个人主义的相关阐释，认为个人主义是自由主义本体论的内核和基石；政治中最基本的事实，就是人类意志的殊异性，每个人都有属于个人自己的、来自他特殊经验的意志；假使权力所遭遇的只是服从，那它迟早就会认为自己是正确不谬的，到那时，不论它宣称的意志怎样，权力所追求的福利，就只会是自身的福利，不会是受影响者的福利；个人是否服从国家的权威和法律，完全依据于国家的权威和法律对他的经验所发生的效果，决定于个人遵循自己的道德信条和良知判断国家的权威和法律能否服务于、有利于个人的自我发展。因此，拉斯基坚称，"个人的最佳发展、自我的最充分实现"具有最高价值，它理应成为而且必须成为"检验社会信念与社会思想的最高衡量标准"[②]，也是衡量社会制度优劣和社会变革成功与否的根据。

虽然拉斯基自由民主思想秉承了古典自由主义、个人主义核心理念——个人自治（personal autonomy）与自我决定（self-determination），但是他对古典自由主义"原子式个人主义"倾向持否定态度，认为个人并非原子式的、自治的、先在的个人，而是作为社会一分子的、权利与义务并重的个人。拉斯基反对把个人简单地置于社会之上，完全让个人去独自奋斗、自行其是，强调个人对国家和社会的相互依存。其实，自由并不必然与束缚相对立，相反，没有一定程度的束缚就没有个人的真正自由，个人若脱离了社会就会失去自我。真正的自由应该不与公共利益相悖、不与社会发展逆向而行，个人的自我实现与发展有赖于社会的进步。将自由解释为个人不受压迫、限制和阻碍，只是说到了自由的纯消

---

①　安东尼·阿伯拉斯特：《西方自由主义的兴衰》，曹海军等译，长春：吉林人民出版社，2004年，第18页。

②　拉斯基：《思想的阐释》，张振成、王亦兵译，贵阳：贵州人民出版社，2001年，第40—41页。

极的条件。免于压迫、限制和阻碍固然是实现自由的重要条件，但这绝不意味着对自由没有任何压迫、限制和阻碍，完全不受压迫、限制和阻碍的自由不过是一种消极自由，事实上也妨碍自由作用的发挥。拉斯基强调，人只有参与到社会中，履行社会和国家给予他的功能时才具有价值和意义。也就是说，人类的福祉不仅在于个体的自由福祉，更在于全面地平等地享受人类创造的各种物质的和精神的财富。由此，与把个人同社会割裂、否认社会利益存在的古典自由主义不同，拉斯基强调个人的社会性，承认社会公共利益的存在，并力图把个人利益与社会利益统一起来，力倡自由必须为社会全体成员平等地分享，主张在保持个人自由的前提下实现广泛的社会经济平等、建立公平公正的社会秩序。拉斯基对个人与社会关系的新阐释，不仅为其政治思想奠定了主体论基础，而且代表了"大灾难时期"的进步主义精神，修正了古典自由主义"原子式"个人主义的某些偏执之处，亦使"密尔逆转"以来的自由主义继续向纵深发展。

其次，力倡自由与平等的内在关联。自由与平等的价值及两者的关系是任何政治理论都无法回避的问题，但对这一问题的回答却不尽一致。古典自由主义虽然把自由与平等并列，但其所提倡的平等主要是政治上的权力平等，而在实际的社会生活中，这种抽象的政治平等很容易就被经济上的不平等所消解。拉斯基对古典自由主义重自由、轻平等的主张持否定态度，认为自由与平等的关系是相互促进的，两者"非唯不相反对，而且相助相成"，以平等为基础的自由才是真正的自由，建立在不平等之上的自由必定是特权。合理的社会应当是平等的社会，国家必须以满足而且是平等地满足全部公民的欲望为宗旨，即在积极方面，使各个人的基本欲望和迫切需要达到相当的限度；在消极方面，努力减少限制个人人格发展的机会。拉斯基强调，在任何国家，要使自由权能够向着指定的目标进行，重要的条件是必须有平等，一个充满不平等事实的社会是必然要否定自由的，"凡存在着特殊权益或多数人专制的任何社会，就存在着对自由的危险"[①]。由此，他的结论是：良好的社会必须是所有社会成员之间经济上大致平等的社会，"公民的社会权利愈平等，他们也就愈能把他们的自由权运用于值得探究的领域中。当然，特殊权益的废除

① 拉斯基：《现代国家中的自由权》，何子恒译，北京：商务印书馆，1959年，第35页。

史，也就是在我们的遗产方面普遍人都有享受机会的事务的扩展史，一般来说，
一个国家的平等程度愈高，我们就愈能行使我们的自由"①。因此，拉斯基宣
称，真正的自由必须建立在平等的基础上，如若自由失去了平等的基础，它将
只是一种漂亮的辞藻，并在实际上成为一种特权，自由也就毫无意义；自由之
路，就在将社会制度形式安排得没有什么特权可以牺牲，并有意识地将权益
的平等化作为社会努力的一种可取的目标，那就可能减少对于自由权的打
击，给自由以尊重，赋予人们生活以完美。

　　再次，强调国家干预的重要性与必要性。"传统自由主义者出于对封建专
制的憎恨和政府滥用权力的忌惮，始终对国家权力抱着一种怀疑和不信任的态
度，把国家视为对自由的极大威胁，认为政府管得愈多，个人自由就愈少，政府
管得愈少，个人自由就愈多，因而极力限制国家权力的运用。"②因此，在古典自
由主义主看来，国家或政府的重要职能只是充当个人生命、自由、财产安全的
"守夜人"，除了维护社会秩序以外，国家不要管得太多，"管得越少的政府，才是
越好的政府"。与古典自由主义者观点相左，虽然拉斯基在他早期完全否认国
家存在的意义与作用，国家被视为与工会、教会、商会、俱乐部等其他社会团体
在性质上相同的团体，国家只是社会中各种力量的平衡器，但是，随着历史情境
的嬗变，拉斯基修正了多元主权国家思想，明确指出，20 世纪的资本主义国家已
经从"警察国家"变为"社会服务国家"、从"消极国家"变为"积极国家"，国家实
际已经成为维护自由的工具、实现自由的手段，不仅社会的稳定和发展与国家
的作用须臾不可分离，而且国家有义务尽其所能地满足，而且平等地满足全体
公民的欲望与目的。也就是说，"国家的行动应该是为了它全体公民的利益而
不得有所偏颇。假使它对于公民有差别待遇，那末作为一个国家，它就不能完
成它的目的，除非是能够证明那些受差别待遇的人，由于受差别待遇也同样受
到好处"③。因而，在拉斯基看来，国家不应该是"消极的""放任的"，而应该是
"积极的"，国家干预权力的加强和活动范围的扩大并不意味着个人自由受到侵
害，国家干预的目的在于为公民的自由、民主、平等和发展创造条件，以便公民

　①　拉斯基：《现代国家中的自由权》，何子恒译，北京：商务印书馆，1959 年，第 36 页。
　②　肖滨：《新自由主义的自由观剖析》，《中山大学学报》（哲学社会科学版），1991 年第 4 期，第 44—49 页。
　③　拉斯基：《国家的理论与实际》，王造时译，北京：商务印书馆，1959 年，第 45 页。

最终能够依靠自身努力获得所需要的一切。

最后，注重自由与民主的相关性。在拉斯基看来，自由与民主是两个难以分割的概念，两者无论在过去、现在还是将来都必定是一个彼此加强的领域，有着紧密的相关性。他始终坚信，作为自由主义的表现形式和制度选择的民主政治是迄今最有利于保障和扩大公民个人自由的政体，是人类历史上最公正、最有效率的政治制度，赋予自由理念以强劲生命力。民主的内在逻辑是把自由纳入平等的范畴，在所有关涉个人发展、个人幸福的事务中，同等地衡量个人幸福的要求，同等地把福利提供给人民，每个人有着平等的参与权、影响权。在拉斯基眼中，民主政体虽然不是最敏捷的政府，亦不是最能够产生巨大思想的政府，然而民主政体是迄今保护人民自由权、保证政治权力良性运转的最佳政体。它的价值主要体现在两个方面：第一，人民有机会定期以和平方式选择他们的统治者和设立自己在其下生活的政府。要自由，人民就必须能够在一定期间选择自己的统治者，因为只有如此，人民的需要——他们所经验的那些需要——才能受到注意。如若所授权力是永久的，政府就会漠视其所以被授权的目的，而只顾到操权者自身的福利；而民主政体中的责任政府正因为始终生存在失败的阴影中，所以才能殷切地满足那些把命运委托于它的人民的愿望。[①] 因此，民主政体的统治者必须能够经常对人民履行其实际责任，而不必使用暴力。第二，政府所颁布的法律对一切人都有同样的拘束力，依靠法治保障每个人的自由民主权利。一个民主社会是靠维持一种任何人都不能超越其上的法治而存在下去的[②]。政府颁布的法律能否反映和保障人们的民主权利，是法律正当与否的标准。因此在民主政体的国家里，法律必须毫无畏惧、毫无偏私地对所有的人都有拘束力，从而使社会成为法治社会。这不仅有利于扩大公民的责任观念，更有利于个人的发展和社会的稳定。总之，在拉斯基看来，民主政治在促进和保证所有社会成员平等地实现自己的自由权方面的作用是历史上其他政体望尘莫及的，保障政治自由是民主政府的当然责任，而为人民谋福利，增进其幸福也是民主政府的应有责任。对于民主的理解，拉斯基的独特之处还在于，不但强调政治民主，而且强调经济民主，主张把"民主的边界从它们目前停留着的政

---

① 拉斯基：《现代国家中的自由权》，何子恒译，北京：商务印书馆，1959年，第47页。
② 拉斯基：《论当代革命》，朱曾汶译，北京：商务印书馆，1965年，第179页。

治领域扩展到社会和经济领域中去"①，力促政治民主与经济民主并驾齐驱、相辅而行。拉斯基强调，民主大厦不是政治民主一柱独撑，民主是多方面的，其至少必须包括政治民主与经济民主两部分，少了任何一部分，都是残缺不全的；单纯的政治民主有它的弱点和短处，必须用经济民主的形式来补充政治民主；经济上不民主，经济上不平等，政治上的民主往往是虚假的，没有实际意义；把民主的边界从政治领域扩展至经济领域是民主的题中之意，也唯有两者合而为一，民主才是真实、可靠的。因为，唯有实现了经济权力的民主化，即实现了社会的经济平等，人们的自由权利才能有切实的物质保障。拉斯基对民主边界的扩展是对资本主义社会尖锐的社会不平等、不公正问题的回应，不仅凸现出其责任感和对民众的拳拳之心，也显示了其经济民主的诉求和调和自由与平等关系的宗旨。对经济民主的关注是拉基斯民主理论中最为突出的思想特质。拉斯基深信，政治民主与经济民主是相辅相成、缺一不可的，唯有两者并驾齐驱、相辅而行，才能促成自由与平等的融合，才能保障大多数人民最低的生活需求，也才能为构建一种自由与公道型社会奠定扎实基础。拉斯基这种以社会公正为目标的民主追索，无疑对战后欧洲社会民主党社会主义理论——国家干预社会经济生活、建立混合制经济、注重人民福利的提高——的产生与形成提供了极具价值的重要参照。

　　总之，作为 20 世纪上半叶"大灾难时期"对自由民主危机进行反思与求索的重要政治思想家，拉斯基在反思与批判"旧个人主义""旧自由""旧民主"等一系列观念基础上发展出其"新个人主义""新自由主义""新民主"构成其新自由民主思想的基本架构，是其对自由民主理论的另一种求索。从理论上来说，拉斯基并未建构出自由民主思想的新体系，其政治思考不以某个单一的、特定的理论原点为前提，不以构建封闭的、严密的理论大厦为目标，而是根据现实政治的发展变化不断地反思、调整与修正自己政治思想，其政治思想的重要性在于他的具体阐释，这些阐释把握住了时代发展的脉搏，回应了时代的要求，对自由主义思想予以了独特修正。首先，拉斯基承续了古典自由主义的传统，保持着古典自由主义的基本特质，即"它是个人主义的(individualist)，因为它主张对于

①　拉斯基：《论当代革命》，朱曾汶译，北京：商务印书馆，1965 年，第 161 页。

任何社会集体之要求的道德优先性；它是平等主义的（egalitarian），因为它赋予所有人以同等的道德地位，否认人们之间在道德价值上的差异与法律秩序或政治秩序的相关性；它是普遍主义的（universalist），因为它肯定人类种属的道德统一性，而仅仅给予特殊的历史联合体与文化形式以次要的意义；它是社会向善论（meliorist），因为它认为所有的社会制度与政治安排都是可以纠正和改善的，认为所有的社会群体和政治安排都是趋向进步的。"①其次，根据特殊历史语境与时代难题，拉斯基对古典自由主义予以了重大修正。他认为，自由不仅是"免于束缚"，更是个人的自由发展与自我完善的现实；平等不仅意味着某种平均化的过程和没有特权，而且意味着所有人都有充分的机会；民主不仅意味着人们平等地握有政治权力，而且意味着人们平等地握有经济权力；国家不应该消极无为，而应该积极干预社会经济事务，为公民的自由、平等、民主和发展创造条件。由此可见，作为20世纪上半叶修正的自由民主理论的代表人物，拉斯基接过了密尔以来新自由主义的重任，提出的"积极自由""国家干预""自由与民主的连襟""自由与平等相统一""个人与社会相辅相成"等"革命性"的主张，并非是对传统自由民主理论的否定，而是一种承续、修正、补充和发展。拉基斯修正的自由民主思想虽然未能获得立即的政治实践，但在思想史的脉络上，却可视为新自由主义的延续和民主社会主义思想的前驱。这种具有鲜明的实用化趋向的自由民主理论，为其后继者所阐扬。他们结合时代的具体要求，从不同的角度和不同的层面进行阐释、发挥、扬弃、发展，日益成为20世纪西方政治思潮的主流思想。但是，拉斯基的局限性表现在他缺乏综合把握思想的创见，关于革命与改良，积极自由与消极自由、自由主义与社会主义、主权国家与多元国家等的阐释也都体现出他的思想的模糊性。但不管怎样，拉斯基以其对自由民主理论的强有力的辩护而为世人所铭记。

---

① 约翰·格雷：《自由主义》，曹海军、刘训练等译，长春：吉林人民出版社，2005年，第2页。

第二节　追寻自由民主的理路

一、调适自由主义与社会主义两大思潮

基于对自由民主理论的新阐释以及对自由主义和社会主义原则的双重忠诚，拉斯基着眼于社会政治生活的实际、致力于解决现实社会政治难题，提出诸种富有特色的社会变革方案。拉斯基的政治思想尤其是后期政治思想的发展与流变正是在"调适自由主义和社会主义的传统"[①]的过程中沿着两条路径前行的，即：用自由民主理论批判资本主义，由自由主义转向社会主义；用自由民主理论分析、批驳苏联式社会主义，由社会主义转向民主社会主义。

自由民主理论是拉斯基批判和否定资本主义的重要标尺。在拉斯基看来，自由民主理论与资本主义的联姻是非常偶然的。在资本主义社会，自由民主理论"主要功能就是为商业文明中的私有财产提供意识形态上的保护"[②]，它实际上是资产阶级在为自己赢得太阳底下的位置所付出努力的一个副产品。虽然资本主义曾在自由民主理论的指引下塑造了人类文明和促进了社会进步，然而，从本质上说，资本主义和自由民主理论所倡导的自由、民主、平等、公正等原则的真正内涵是格格不入的。在资本主义扩张时期，其内在原则与自由民主理论所倡导的自由、民主、平等、公正等原则的和谐共存并不困难；而当资本主义走向衰微时，它与所倡导的自由、民主、平等、公正等原则之间的内在矛盾便会表面化，就必然要把他们当作是和资本主义的本质不相容的原则予以抛弃和否定，以维持自己的生存。[③] 资本主义国家，虽然标榜自己的政治是自由民主政治，但实际上，自由民主尤其是危机时代的自由民主已经成为徒具虚名的空架子，不自由、受奴役的现象随处可见，"资本主义已差不多把一切自由的痕迹都

---

① 拉斯基：《思想的阐释》，张振成、王亦兵译，贵阳：贵州人民出版社，2001年，第18页。
② 拉斯基：《思想的阐释》，张振成、王亦兵译，贵阳：贵州人民出版社，2001年，第11页。
③ 拉斯基：《现代国家中的自由权》，何子恒译，北京：商务印书馆，1959年，第9、15页。

破毁了……并使民主成为一种滑稽"①。具体表现为两种情况：第一，资本主义社会的自由民主，总是服务于有资产的人，并未惠及所有社会成员。"自由主义的主要功能就是为商业文明中的私有制提供意识形态上的辩护"②，只是保证了有产者拥有最大可能的自由，而大部分民众则依然枷锁在身，迫于生活贫困、地位低下和可行能力的丧失，人们不仅无法自由表现自我、实现个人的最佳发展，甚或不得不放弃固有权利，屈从于外在权威力量的支配。第二，资本主义社会的自由民主理论的原则与理想多存在于、体现于政治领域内，而多数领域则是特权盛行。自由主义"总是对社会活动抱反对的态度……总是更喜欢守护着个人的创新，不认同政治权力谋求社会一致性；总是倾向于在自由和平等之间谋求反论"③。因此，拉斯基强调，资本主义社会之所以无法真正实现自由民主的原则与理想，根本原因在于资本主义蕴含着否定自由民主理论的内在逻辑，自由民主理论正是在为财产辩护的过程中形成"导致其最终毁灭的条件"④。

拉斯基亦深知，自由主义的历史不是一部"有意识地不懈追求"好的自由主义目标的历史，而好的自由主义目标的实现其实都是在非故意和无意识下产生的副产品。"我们过去的自由权的特征，几乎在每一个重要方面由于我们生活其下的经济制度的内在关系而成为它的限制。我们的自由权，因为必须从属于财产权利，始终遭到限制和阻碍。"⑤它的必然结果是经济权力的不平等，而经济权力的不平等又关涉着政治权力的不平等分配与占有。这种状况结局必定是，自由权的不真实、不完全，即个人不自由和社会不自由。关于个人不自由，拉斯基承认，虽然只有财产不足以令人自由，"但是知道穷人的日常生活——天天为明天而恐慌、时时感到灾难临头，一切美梦终归幻灭——的人就会充分地了解：没有经济的安全，即使有了自由权，也是徒然的。人们可能是自由的，但它不能实现自由的目的。"⑥也就是说，若无经济上的平等，人们的人格和智力必然会受到压抑与破坏，无可避免地就会造成人们的不自由、受压迫甚或畸形发展，自由

① 邹永贤、俞可平等：《现代西方国家学说》，福州：福建人民出版社，1993年，第363页。
② 拉斯基：《思想的阐释》，张振成、王亦兵译，贵阳：贵州人民出版社，2001年，第11页。
③ 拉斯基：《思想的阐释》，张振成、王亦兵译，贵阳：贵州人民出版社，2001年，第13页。
④ 拉斯基：《思想的阐释》，张振成、王亦兵译，贵阳：贵州人民出版社，2001年，第11页。
⑤ 拉斯基：《现代国家中的自由权》，何子恒译，北京：商务印书馆，1959年，第24页。
⑥ 拉斯基：《现代国家中的自由权》，何子恒译，北京：商务印书馆，1959年，第34页。

民主的实现当然也就无从谈起。关于社会不自由,拉斯基强调,经济上的不平等,不仅会造成个人不自由、不完整,而且必将使社会分化为两个思想相异、利益对立的群体,使得社会经常陷入自由的对立面——冲突与斗争之中,"这种对立必然要演成暴力的冲突,除非少数人能够完全控制多数人,或者时时对多数人让步,直到不平等的状况切实地和缓,从而得到和缓"①。而且,在一个不平等的社会里,理智占优势的机会一定是很少的。与利益相比较,理智总占劣势,因为利益是和激情相结合的,尤其是在财产的问题上,凡是激情出现的地方人们就很难看到真理。他们只看他们要看到的东西,同时只将可以帮助他们愿望获得胜利的目标的东西作为真理。贫穷的人们对经济上的不平等与自由民主权利在经济领域受限的状况经常会感到愤懑。对他们而言,自由的目的或价值,就是"趋向于平等的运动",即"要求享受他们统治者所享受到的东西的自由"②。而统治者和富裕的人们所竭力反对的正是这种平等。因为,对他们而言,平等意味着放弃权力的行使,且放弃由于权力的行使而得来的一切快乐。因此,他们决意为维护经济上的特权,反对民众对其权利的侵犯。此时,所谓公道,只是强者的规律,自由权只是强者所容许的法律。拉斯基由此断言:经济上不平等的社会从一开始蕴含了导致自由主义"最终毁灭的条件"③,摧毁了民众对于共同生活的信心和达成共识的理性基础,总不免要酿成社会猜忌、仇恨、内讧的局面,自由主义的另一种面孔——激进的、实验性的、乌托邦式的自由主义也就没有了生存空间,自由主义的失坠也就在所难免。

同时,拉斯基坚称,虽然民主政治是资本主义社会的产物,民主制度亦是人类历史上最公正、最可行的政治制度,但是,资本主义本质上是反民主的,其不仅未使民主政治的作用充分彰显,而且其与民主间存在着内在的和不可消解的张力甚或矛盾。第一,民主与资本主义经济原则相抵触。在拉斯基看来,民主意味着所有社会成员拥有平等的机会、享受平等的权利,也就说,"平等是理解民主运动的钥匙,民主政治的真意,是在凭着社会制度,同等地衡量个人幸福

---

① 拉斯基:《现代国家中的自由权》,何子恒译,北京:商务印书馆,1959 年,第 133 页。
② 拉斯基:《现代国家中的自由权》,何子恒译,北京:商务印书馆,1959 年,第 129 页。
③ 拉斯基:《思想的阐释》,张振成、王亦兵译,贵阳:贵州人民出版社,2001 年,第 11 页。

的要求"①。然而，资本主义社会的基本原则却是通过肯定生产资料的私人占有，让少数人享有经济上的特权，决定着社会财富的分配，广大民众则毫无民主权利可言。第二，经济领域的不平等与特权威胁着民主政治的生存。民主的内在逻辑是，承认并保证所有社会成员具有同等的政治权利，承认并保证国家是由人民把持、为人民谋幸福的工具，其"暗示着它的成员有用政治权力来改良物质环境的权利"。而资本主义则是一种承认并保证人们发财牟利的制度，其内在逻辑是，保护少数人的经济特权，反对经济权力的民主化。资本主义为了自己的生存，尤其是在资本主义经济萎缩时期，由于资产阶级再无力向人民的要求让步，面对人民对其权力的挑战，摆在他们面前的道路只有两条，必须择其一：要么向人民让步，设法改变经济制度；要么废除民主制度，取消人民进攻资本主义的途径。鉴于切身利益的考量，资产阶级倾向走毁灭民主政治之路，这样就威胁着民主的生存，使民主政治深陷危机。

因此，拉斯基坚称，虽然自由民主理论会随着资本主义的产生与扩张亦会蓬勃发展，但是，本质而言，资本主义蕴含着否定自由民主理论基本原则的内在逻辑。当自由民主理论超越其原初狭窄财产范围的有意识的普遍性主张时，资本主义社会的统治者则会以废除自由民主理论基本原则作为回应。"因而，人们应该明白：自由民主理论只有在资本主义经济扩张而不是萎缩的条件下才能欣欣向荣。"②因为，资本主义深信，"单是私人利益的冲突，便可以产生一个秩序良好的共和国家"，也即它确信"既然自己能够获利，他的种种习惯便是正当的；所以任何批判评议，假如攻击了该制度的根本，他就愤怒或诧异起来"③。拉斯基断言，随着资本主义的发展，它与自由民主理论基本原则间的冲突必将日趋尖锐，最终结局或是人民用自由民主原则去否定资本主义，或是资产阶级为维护自己的特权而去背弃自由民主原则。据此，拉斯基的结论是：资本主义生产关系尤其是萎缩时期的生产关系必然破坏自由民主理论的基本原则，要使自由民主理论永续发展，就必须对资本主义社会予以革新，建立一种能真正体现自由民主理论原则的社会，此社会就是社会主义社会。

---

① 　拉斯基：《现代国家中的自由权》，何子恒译，北京：商务印书馆，1959 年，第 133 页。
② 　拉斯基：《论当代革命》，朱曾汶译，北京：商务印书馆，1965 年，第 229 页。
③ 　拉斯基：《民主政治在危机中》，王造时译，北京：商务印书馆，1940 年，第 7 页。

　　在拉斯基看来,社会主义的特质与优势在于,敢于直面资本主义的局限,强调经济平等和倡导经济权的民主化。社会主义之所以产生与发展就是为了纠正资本主义社会不当事实与弊端,即:"自由主义理想虽然保证了中产阶级拥有最大可能的特权,但无产阶级却仍然是枷锁加身。"①拉斯基深信,资本主义虽然曾经大肆宣扬自由民主理论,但是其内在逻辑却又促使其背弃乃至毁灭自由民主理论的基本原则,走向不公、特权、高压与专制。但是,应该指出的是,拉斯基所阐扬的社会主义并非苏联式社会主义。在拉斯基看来,苏联式社会主义并非真正的社会主义,因为他坚信,以暴力革命方式实施社会变革、构建与发展社会主义,结果亦是以牺牲自由民主为代价。他认为,苏联社会主义虽然曾取得显著成就,即"他们在推翻俄皇统治的十年后,能够将生产制度充分社会主义化……消灭了失业,扫除了文盲,它那蓬蓬勃勃发展的生产力与那资本主义国家故意造成的贫乏,形成了一种惊人的对照"②,但是,这些显著成就无法否认这一事实:他们所宣扬的苏联式社会变革方式,即暴力革命方式,在人们获致的自由民主权利之上投下了浓重阴影,最终可能会导致人们自由民主权利名存实亡。之所以会产生这种状况,原因在于,"许多布尔什维克领袖们,特别是斯大林",没有像西欧社会民主党领导人那样的民主作风和传统,"根本不了解西欧的社会主义,不懂得一个建立在宪法传统里的运动意味着什么。他们当中很少有人了解民主政治的重要性,就因为民主政治的势力,无论在理论上或实践上,从来没有深刻影响到他们直接参与的经历。他们只不过看到它的表面,并且如列宁的情况所清楚表明的,他们是最透彻地按照马克思和恩格斯所体会的严重失望来看待它的,因为两人对迫在眉睫的革命的期望总是经常落空……他们……不懂得自治习惯的生命力和重要性"③。正因如此,当时布尔什维克领导人并未充分重视自由民主理论的价值与意义,而主张以暴力的、突变的方式实施社会变革、解决时代难题。拉斯基斥责此种社会变革方式是为了达到高尚目的而不择手段,它必然会背弃自由民主的基本原则,中断自由民主政治的历史进程,毁灭自由、民主与人类文明,使人类进入一个黑暗时代。

①　拉斯基:《思想的阐释》,张振成、王亦兵译,贵阳:贵州人民出版社,2001年,第240页。
②　拉斯基:《现代国家中的自由权》,何子恒译,北京:商务印书馆,1959年,第27页。
③　拉斯基:《论当代革命》,朱曾汶译,北京:商务印书馆,1965年,第56页。

　　同时,拉斯基对苏联式无产阶级专政也提出了质疑。他认为,苏联式无产阶级专政是"巴贝夫的产物",它最终无法摆脱专制的命运。理由之一是,使用铁和血的手段建立和维持的政权不可能"产生伟大的开明的时代";苏联式无产阶级专政是社会主义应该抛弃的践踏民主的极权制度,它决不意味着"自由"、"平等"、"民主"与"正义",只能是意味着"专制"、"特权"与"不公"。理由之二是,苏联式无产阶级专政必然会使掌握专政大权的领袖不可避免地为权力所腐蚀,从而与社会主义原则和目标背道而驰。"掌权人是要受权力的毒害的,这是历史上的老生常谈,没有特别理由可以认为,无产阶级专政的专政者将要在这一点上不同于其他人。任何一群实行专制权力的人,的确不能保持民主政治责任心的习惯。"①因此,拉斯基预言,苏联式无产阶级专政,与其他一切专制政体、恐怖统治的结果一样,必然会导致以下恶果:第一,面临着为无限的专断的权力所毒害的危险。不受制约的权力必然致使权力的扩张性得不到适度的控制,而使权力易于滥用和走向腐败,人民的自由民主权利也常会因此而受到侵犯,社会可能利用的精力和才能也常会因此无法充分释放尤其是发挥出来。第二,依靠强制手段维持自身生存。权力行使若不以理性和法治为原则,而仅仅依靠赤裸裸的强制为手段,人民不仅无法影响和支配国家权力、国家决策,而且合理、正当权利与要求也将无法得到真正满足。第三,权力高度集中于少数人之手。权力集中于少数人之手,这意味着多数人的愿望、意见与需要难以获得充分的考虑,广大民众也会因此而缺乏自由表现自己、发展自己的机会和条件。

　　因此,拉斯基呼吁人们放弃暴力革命和苏联式无产阶级专政,坚持走宪政民主之路。拉斯基倡言,宪政民主之路,虽然效果较慢,路程较长,但价值更大,意义更深刻。因为它是一种建设性的、积极的方法,它使改造旧世界与建设新世界和谐统一,从而避免了暴力革命可能带来的恶性循环效应。正是在反思与批判苏联式社会主义暴力革命和无产阶级专政思想的基础上,拉斯基日益信奉"既保留资本主义民主制,又吸纳社会主义公有制的一种新制度"——民主社会主义。拉斯基对民主社会主义的尊崇,植根于这样一种信念:"社会主义是自由、平等、民主原则的真正体现,但苏联式社会主义背弃了自由、平等、民主原

---

① 拉斯基:《我所了解的共产主义》,齐力译,北京:商务印书馆,1961年,第64页。

则,正在并最终会使社会主义变得面目全非。"①他深信自己所构想的民主社会主义,能够克服资本主义与苏联式社会主义两种的弊端,能够真正体现自由民主理论的基本原则,因而是真正值得追求的社会主义"理想国"。

由上述可知,拉斯基政治思想尤其是后期政治思想,致力于调适自由主义、社会主义两大思潮,具有浓郁的调适色彩。关于自由主义,拉斯基针对其过度放任之弊,给予了社会主义色彩的修正,突出和强化了平等原则与价值,把自由纳入平等的范畴。关于社会主义(注:此处社会主义主要系指苏联式社会主义),拉斯基肯定其对经济平等尊重与强调,批驳了其非民主的、暴力的社会变革方式和无产阶级专政等对自由民主原则的背弃与否定。在对两大思潮予以调适的基础上,拉斯基构建了其富有特色的社会主义"理想国"——民主社会主义社会,即:在经济民主的基础上建立真正的政治民主,实行一种既不同于资本主义又不同于社会主义而是结合资本主义民主制和社会主义公有制的新社会。拉斯基断言,社会主义和资本主义互有长短,可以而且应该互相学习、彼此尊重、和睦相处。资本主义应该向社会主义学习通过经济计划化实现社会平等。他指出,社会需要组织,文明需要计划,无计划社会就是不平等社会,若听任社会整体利益和多数民众的生命财产由少数人的逐利动机、贪欲原则所支配,势必会毁了民众对于共同生活的信心,总不免要酿成社会猜忌、仇恨、内讧的局面,也必然会使人们的人格、智力和才能受到极不自然、极不正常的压抑和破坏,从而阻碍个人自由和社会发展。而社会主义应该向资本主义学习的则是必须充分重视自由民主理论的基本价值,这主要蕴含三层含义:第一,权力应该受到有效的监督与制约。权力受到约束与监督,才能防止权力异化、错位、腐败、蜕变,保证权力运行规范、科学、合理、公正,以及确保权力为公民个体利益和社会公共利益服务。第二,国家的统治应当是同意的统治。权力的取得、维持和更替,必须基于和平和人民的同意。人民认同国家源于他们对国家行动的效果所下判断,在于国家有能力最大限度地满足人民的欲望与需求。强使人民服从,只会招致人民不满和引发社会危机。第三,社会进步应以人的进步为基础。拉斯基认为,个人的最佳发展、自我的充分实现是社会的最高价值,是社会进步

---

① 薛刚:《从多元主义到民主社会主义:拉斯基政治观研究》,中国人民大学博士学位论文,第230页。

的目标和标志。因此，国家最为重要的职能之一就是积极创造条件确实保障、鼓励和帮助个人的最佳发展、自我的充分实现，以免破坏了人类社会最重要的进步——人的最佳发展。总之，拉斯基坚信，资本主义和社会主义，或曰自由主义与社会主义，只要互相学习、彼此尊重、取长补短，"用和平方式、以协商而不是以暴力来改造国家的各项基本原则"，将会使人们进入一个"自由、公正、和平、幸福、稳定"的崭新世界，最终必将建立起自由与公正型社会。

如若把拉斯基政治思想与吉登斯政治思想予以简括比较，或许可以更好地感知与理解拉斯基调适自由主义与社会主义两大思潮所付出的努力。虽然拉斯基和吉登斯调适性政治思想的具体内涵存有较大差异（见表1拉斯基和吉登斯政治思想的比较），但两人仍有诸多共识性论说。具体而言，首先，拉斯基和吉登斯均坚持干预经济社会生活是国家应尽的"政治责任"。他们对国家仅充当"守夜人""警察"角色的论点予以批驳。拉斯基深信国家是公民最完美自我与社会公共利益得以实现的"基本工具"，国家对经济社会事务的干预实质是保护公民个人权益与社会公共利益所必须履行的基本职能；为确保国家能够有效履行相关职能，就必须以"同意的革命"变革现存资本主义制度，建立多元主权的民主国家，使社会成员能够平等享有政治、经济和文化等各项权利。吉登斯亦强调"把国家职能消减为'看护人'（caretaker）角色的主张不能成立……要维持市场事实上赖以存在的社会和公民框架，国家必须起基础性的作用"[①]，国家的使命就是要促进和协调个人价值平等、机会均等、责任和社会意识。其次，拉斯基和吉登斯均力倡社会公正原则，致力于追寻自由与公正型社会的实现路径。倡导与捍卫"自由与公正原则"，是拉斯基与吉登斯成为"超越左右"的中左翼知识分子典型代表的重要标志。吉登斯坚称："革新后的社会民主党必须站在'中左'一边，因为社会正义和解放政治仍处在它的核心位置。但是'中间'不应被视为缺乏自己的主旨。相反，我们所谈论的是这样的一些联系：社会民主主义者可以将它们从生活方式多元化的各条脉络中编织而成。对于传统的以及新颖的政治问题，都需要以这种方式来进行思考。例如，一个经过改革的福利国家必须符合社会正义的标准，但它也必须认同和创造积极的生活选择，并

---

① 安东尼·吉登斯：《第三条道路及其批评》，孙相东译，北京：中共中央党校出版社，2002年，第59页。

与生态战略结为一体,以及对新的风险情形作出反应。"①最后,拉斯基和吉登斯都力倡自由的平等和平等的自由。他们拒绝"消极自由"概念,主张自由与平等的和谐共处。拉斯基认为,自由与平等相助相成,以平等为基础的自由才是真正的自由,建立在不平等之上的自由必定是特权。吉登斯也明确指出,实质自由"应当与社会能力——有助于幸福和自我实现的个人的积极能力相联系,这一立场反过来又要求对机会,更具体地讲也就是机会均等的集中关注"②。平等应与自由并重,国家"集中关注机会均等,但又强调机会均等同样要求经济再分配。它在努力回应不平等的多变模式的同时,又注意到影响不平等的多变因素。它认为,国家包括福利国家,不仅仅要对不平等和贫困作出反应,同时还要留意到相关个人和群体的生活环境"③。当然,每个政治思想家都有自身独到之处,他们把智慧之光观照现实与射向未来。拉斯基和吉登斯"超越左右"的调适性政治思想承续了前辈未竟事业,用自身思想探寻影响着思想世界与现实世界,他们不仅继承了前人,而且以睿智继续塑造着后继者的思想。

表 1　拉斯基和吉登斯政治思想的比较

	拉斯基	吉登斯
价值取向	调适自由主义(古典自由主义)与社会主义两大思潮。	调适传统民主社会主义与新古典自由主义两大思潮。
政府与市场	反对无计划自由竞争经济,强调国家对经济社会生活的干预,主张实施重要生产资料的国有化,推行限制市场的混合经济。	既反对国家对经济社会生活与市场的过度干预也反对把国家当敌人,强调国家、市场、公民间的约束与互动,主张"国家不应是划船人,而应是掌舵者",推行管制与解除管制之间的混合经济。

---

① 安东尼·吉登斯:《第三条道路:社会民主主义的复兴》,郑戈译,北京:北京大学出版社,2000年,第48—49页。

② 安东尼·吉登斯:《第三条道路及其批评》,孙相东译,北京:中共中央党校出版社,2002年,第50页。

③ 安东尼·吉登斯:《第三条道路及其批评》,孙相东译,北京:中共中央党校出版社,2002年,第124页。

续表

	拉斯基	吉登斯
福利国家	倡导保障型福利社会，主张经由国家福利为需帮助的人们提供符合人道尊严的生活，使他们享有平等的政治、经济和文化的权利。	提倡自主型积极福利社会，强调福利享受权与责任的平衡。
平等思想	以经济利益与基本权利的平等为主体的结果平等。	以机会平等为主体的"包容性"平等。

二、追寻自由民主的理路

20 世纪上半叶，世界形势急剧变化，危机频起，动荡不安，拉斯基面临着诸多时代难题，陷入两难境地。一方面，世界经济大危机的爆发和蔓延，使其对资本主义的怀疑进一步加深，但对资本主义社会所宣扬的个人自由、宪政民主等自由民主理念却依然留恋无比；另一方面，苏联式暴力革命社会变革方式与无产阶级专政使其对苏联式社会主义深感不安，但其却看到了苏联式社会主义由追求平等、实施生产资料公有制所带来的生产秩序的井然和生产力的发展。在转型时代的十字路口，拉斯基从历史和现实出发总结了资本主义社会自由民主理论发展的经验教训，提出变革资本主义社会、发展民主社会主义的理想愿景。这种理想愿景是一种既不同于现存的资本主义，也不同于苏联式社会主义，而是对两者的"扬弃"，集中两者优点而抛弃两者缺点的完满的、理想的社会——自由与公正型社会。此社会正是拉斯基追寻自由民主理路的逻辑结果，亦是拉斯基希冀建构的、能够调适自由主义与社会主义的"理想国"。具体而言，此"理想国"主要包含着以下价值内涵与基本取向。

首先，尊崇社会主义为发展路向。拉斯基深知，资本主义社会由于国家权力过大、过于集中的结构性弊端导致个人自由的被压迫，社会整体活力的被窒息，因此危机现象此起彼伏；资本主义社会民主也因未触及生产资料的私人占有，而只停留在政治领域，未表现在经济领域。因此，在他看来，要坚持自由民主理论的基本原则并使这些原则成为现实，就必须以社会主义为发展路向变革资本主义社会。因为社会主义不仅可以克服资本主义社会的弊病，而且在重大原则上优于资本主义。拉斯基深信，社会主义是力图在经济形态、政治形态和文化形态上全面超越资本主义的一种社会形态：社会主义以社会化为本质特征，社会主义应以重要生产资料的社会化（国有化）为基础，确保经济平等，谋求大众的幸福与福利；社会主义目标是确保经济平等、增进人民福利和追求"自由、平等与博爱"基本价值的实现；社会主义是民主政治的必然结果，社会主义珍视民主的价值、拓展民主的边界并注重确保公民各项权利的实现；社会主义明白以"联治""分权"等方式防止"权力的腐蚀性"，以使权力更好地为公众服务，等等。总之，拉斯基虽然认定社会主义是一种理想的社会制度，并且是最可能实现的理想社会制度，但必须指出的是，他所主张的社会主义既不同于传统的资本主义，又有别于现实的社会主义，是介于资本主义（包括法西斯主义）和苏联社会主义之间，试图将西方传统民主与社会主义计划经济彼此调适、相互融合的"第三种选择"。这一带有浓郁"调适"基色的政治思想不仅为西欧民主社会主义思潮的发展提供了新的理论基础，而且对 20 世纪 30 至 40 年代中国自由主义知识分子所倡导的"第三条道路"或"中间道路"产生了深远影响，尤其是对于在国共两党之间谋求中间路线的自由主义知识分子来说，几乎是一个盼望已久的福音，为他们所主张的"在政治方面比较上多采取英美式的自由主义与民主主义，同时在经济方面比较上多采取苏联式的计划经济与社会主义"[①]的"第三条道路"提供了理论渊源与精神指导。

其次，倡导和平、渐进、理性、民主的社会变革方式。在如何变革资本主义、实现社会主义的问题上，拉斯基断然反对暴力革命和苏联式无产阶级专政，主张在各阶级、各团体高度的"公共利益感和公共安全感"的基础上，依照宪法提供的手段，通过理性的、非对抗的、民主协商的方式实现社会变革。因为这种社会变革方式是一种建设性的、积极的方法，它使旧世界的改造和新世界的建设和谐统一起来。也唯有如此，社会变革才能为大多数人所接受，亦才能在不致打乱社会正常生活的基础上，在克服资本主义弊端与危机的同时，确保个人自由和民主传统不受破坏。但是他同时又警告说，如若统治者使用暴力、堵塞宪法程序的道路，暴力革命也可能将无可避免。由此，拉斯基深信，避免暴力革命的最佳方略是，"实行革新"，进行一场社会各阶级"一致同意的革命"。所谓"同

---

① 张东荪：《一个中间性的政治路线》，载《中国民主社会党》，北京：档案出版社，1988 年，第 97 页。

意的革命"，就是在设法维护文明社会里的那些民主过程的同时，切实尊重统治阶级和被统治阶级在重大社会问题上的高度意志感，用和平的方式，以民主协商而不是暴力革命来改造国家的各项基本原则，在各阶级人民充分合作和一致同意下，重新确定共同一致的伟大生活目标。

再次，宣扬"修正"的民主政治。拉斯基所主张的民主政治是一种"修正"的民主政治。此种"修正"的民主政治最为独特之处在于，注重经济民主，力促政治民主与经济民主并驾齐驱。拉斯基强调，民主大厦不是政治民主一柱独撑，民主是多方面的，其至少必须包括政治民主与经济民主两部分，少了任何一部分，都是残缺不全的；单纯的政治民主有它的弱点和短处，必须用经济民主的形式来补充政治民主；经济上不民主，经济上不平等，政治上的民主往往是虚假的，没有实际意义的；把民主的边界从政治领域扩展至经济领域是民主的题中之意，也唯有两者合而为一，民主才是真实、可靠的。拉斯基这种力倡以经济民主拓展民主的范围、力促政治民主与经济民主的并驾齐驱的民主思想，代表了以工党为代表的欧洲社会民主党思想理论的发展主流，对欧洲社会民主党社会主义理论——国家干预社会经济生活、建立混合制经济、注重人民福利的提高——的产生与形成，起了重要作用。

最后，推崇"福利国家"。拉斯基所建构的"理想国""计划化民主社会"或曰自由与公正型社会在实践中主要体现为福利主义。在拉斯基看来，"民主政治的真意义，是在凭着社会制度，同等地衡量个人幸福的要求"[①]，并"扩大那些分享福利的好处的人的数目"[②]。国家虽然可以按成员所履行的社会职责而给予不同的报酬，但财富再分配不能和公民的社会地位挂钩；国家更应该在诸如救济贫者、扶助弱者、规定最低收入标准和生活标准，提供各类社会保险，扩大公共教育等方面发挥积极的作用，以保障所有社会成员，尤其是贫者、弱者都能享受最低的生活水平。"成功的政府无非就是能够满足最大可能范围的要求的政府。"[③]因此，国家的职能不应该仅仅满足于保障公民的政治权利，还要积极创造条件，解决由于生产资料的私有带来的社会贫困和两极分化问题。拉斯基强

---

① 拉斯基：《现代国家中的自由权》，何子恒译，北京：商务印书馆，1959 年，第 133 页。
② 拉斯基：《论当代革命》，朱曾汶译，北京：商务印书馆，1965 年，第 280 页。
③ 拉斯基：《现代国家中的自由权》，何子恒译，北京：商务印书馆，1959 年，第 139 页。

调,在其所倡导的"计划化民主社会"能够通过推行国有化和在政府控制下的社会财富的再分配等举措使国家担负起协调个人利益与社会目标的角色,并保障公民获得最大的福利。国家的任务由此也"就在于了解:它越是充分地使公民能够作出最大的贡献,就越是使其他公民能够获得福利"①。总之,拉斯基福利国家的设想的主要目的是发挥现存国家的积极作用,在保证保护人民政治平等的基础上,"重新开辟日益增长的福利前景"②,促进人民在社会与经济上的平等与自由,并"设法维护我们文明社会里的民主进程"。上述主张为战后欧洲尤其是英国的福利国家建设奠定了坚实的基础。

拉斯基对"理想国"——自由与公正型社会的设想,回应了历史需要,反映了时代的要求,但是,他并没能够把他的政治理想和社会现实、历史条件紧密地结合在一起,而成为游离于历史条件之外的、具有浓厚的主观构建和逻辑推理色彩的政治理想。

批判和否定资本主义制度,是拉斯基自由与公道型社会构想的基本出发点。然而,他对资本主义作了过于简单的分析与批判,"低估了资本主义在创新、适应,以及不断提高生产力方面的能力"③,把资本主义的历史简单划分为扩张时期和萎缩时期,认为一旦资本主义进入萎缩时期,资本主义社会就失去了不断发展生产力、不断提高人民物质福利的能力,其内部矛盾便日益公开与表面化,资本主义就难免走到它的尽头。然而,历史事实是,资本主义的发展是一个历史过程,它经历了早期孕育、自由竞争、私人垄断和国家垄断四个阶段。资本主义每个阶段的更替,从根本上说是人类社会发展一般规律和资本主义经济规律相互作用的结果,都是为使生产力适应生产关系所作出的重大调整、修正与发展。1929—1933年经济危机虽然昭示着私人垄断资本主义穷途末路,而凯恩斯主义和罗斯福新政则促进了现代资本主义的成熟,分别从理论和实践上宣布了资本主义新阶段的到来。国家垄断资本主义是资本主义的新发展,是资产阶级国家同私人垄断资本相结合而形成的一种垄断资本主义,国家垄断资本主

---

① 拉斯基:《论当代革命》,朱曾汶译,北京:商务印书馆,1965年,第395页。
② 拉斯基:《论当代革命》,朱曾汶译,北京:商务印书馆,1965年,第193页。
③ 安东尼·吉登斯:《第三条道路——社会民主主义的复兴》,郑戈译,北京:北京大学出版社,2000年,第4页。

义是通过国家干预、调节经济，使自由放任的资本主义和私人垄断资本主义得
到一定程度的控制，使社会生产力摆脱生产关系的严重束缚，得到进一步发展。
拉斯基把自由竞争、私人垄断资本主义的危机误认为资本主义的总危机，尚未
充分认识到现代资本主义——国家垄断资本主义为资本主义开辟了新的发展
阶段，而主张以社会主义取代资本主义，以主要生产资料国有化拯救人类社会
危机。这种社会变革理论和设想显然未充分认识到资本主义向社会主义的过
渡是一个逐步的、复杂的历史进程，大大超前于客观历史需要和客观历史条件。

调适自由主义和社会主义两大思潮是拉斯基自由与公正型社会构想的另
一个出发点。拉斯基认为，无产阶级和资产阶级有能力实现理性妥协，能以"同
意的革命"的方式实施社会变革，挽救社会危机，解决时代难题。但是，拉斯基
这种主张在当时的历史条件下同样具有明显的虚幻性。首先，垄断资本主义迅
速走出危机的事实证明，资本主义并未腐朽与垂死，尚有潜力可挖，国家对生产
关系的干预与调整增强了资本主义自我调节和自我恢复能力，为生产力发展开
辟了较为广阔的前景，在一定程度上促进了资本主义的进一步发展。在这种境
况下，资产阶级肯定不会自动放弃特权、让渡自己的根本利益，更不会对资本主
义实施根本性的社会变革。其次，对于何谓自由民主、如何实现自由民主，不同
阶级有各自不同的见解，尤其是在阶级分化明显，社会成员经济地位悬殊的情
况下，双方的观点更是大相径庭。20世纪20年代末以来，资本主义政治经济矛
盾尖锐，阶级间的敌对意识和利益冲突日益剧烈，资产阶级"完全忘记了起初关
于社会公正的要求"①。在这种历史情境下，拉斯基认为资产阶级能够摈弃狭隘
阶级意识、放弃私有财产、谋求安全、自由、民主、平等和幸福的社会，这明显是
远离历史可能的一厢情愿，有其局限性和根本缺陷。但是，在大历史视野下，我
们能够看到拉斯基基于独特立场与视角——站在自由主义与社会主义两大思
潮之间，调适自由主义与社会主义两大思潮——所提出的自由与公正型社会，
即民主社会主义"理想国"，确实包含有许多积极的、有价值的思想。尤其是，在
资本主义获得新发展和世界日趋多元的现实面前，社会主义的生成和发展在空
间上正经历了一个与资本主义制度并存的共生期，在新的历史时期，社会主义

---

① 拉斯基：《思想的阐释》，张振成、王亦兵译，贵阳：贵州人民出版社，2001年，第254页。

的发展思路应克服对资本主义的片面性认识,全面地认识到与资本主义既存在矛盾和斗争的一面,又存在借鉴和合作的一面,确立"由着眼于短期对抗转变为着眼于长期竞争合作"的战略思路,在竞争比较中取长补短,在求同存异中共同发展。对于资本主义国家的社会主义力量来说,他们应该通过资本主义社会"体制内"选举、改良、改革等途径扬弃、否定资本主义因素,逐渐增加和积累社会主义"因素"和"质料",推动人类社会和平地向社会主义迈进。对于社会主义国家的社会主义者来说,他们必须改变原有对抗的政治思维,树立求同存异、共处竞争的意识,从本国的实际出发,广泛借鉴,走自己的路,努力搞好自身建设,以成功的实例来证明自己确实优于资本主义,为构建一个"安全、自由、平等、幸福、和谐"的新世界而不懈努力。

　　总之,拉斯基作为20世纪上半叶英国著名的政治理论家、费边社会主义思想代表人物、杰出工党成员和对西方现代自由民主危机和发展弊端进行反思与评判的重要思想家,虽然其政治思想具有鲜明的流变性,但是调适性是其政治思想不变的基色,注重调适自由与权力、自由与民主、自由与平等、个人自由和公共福利、政治民主与经济平等、自由主义与社会主义、民众权力与行政专家行为、改良与革命等之间的矛盾,主张国家、社会、个人之间关系的平衡处理,旨在使国家握有权力、社会维持公道、个人享有自由。拉斯基殚精竭虑的政治思想,在其生活的时代虽然信徒甚众、广受欢迎,但在实践上却收效甚微,他的深邃的政治智慧,亦因受到来自自由主义与社会主义的双重攻击而为人所忽略。当然,拉斯基政治思想在20世纪的曲折命运,绝不意味着他政治思想没有价值。诚如拉尔夫·米利班德所说:"菲利普·里夫(Philip Rieff)曾非常妙地形容弗洛伊德'打扰了人类的沉睡'。关于拉斯基,我们或许不能下这么大的断言。但是,他确实深深地扰攘了20世纪30和40年代的许多美国人和英国人的甜梦。他是公共知识分子的一个典范。今天左派急需更多这样的知识分子。"①卢锡荣也明确指出:"我们应该注意的,同时我们认为读者诸君亦应该特别注意的,不仅在他的学识,而在他的治学精神。我们研究他思想的人,总应该效法他的革命的精神,效法他的独立精神,效法他大无畏的精神。大胆而心细地批评一切

――――――――――
　　①　拉尔夫·米利班德:《哈罗德·拉斯基:公共知识分子的典范》,翁贺凯译,《政治思想史》,2012年第1期,第110—117页。

旧政治思想、乃至批评一切旧思想，一切旧文化。更大胆而心细地建设一切新政治思想，乃至建设一切新思想、一切新文化。我们努力，我们创造，我们也许与拉氏殊途同归，共同踏上创造文化的新路，共同踏上世界国家的新路。"①因此，在某种意义上可以说，拉斯基对个人自由和权利的强调、对幸福的追求、对平等的呼吁、对经济民主的尊重、对政治多元主义的倡导、对和平社会变革道路的推崇、对民主社会主义的宣扬，依然鲜活地生存于21世纪的政治思想与政治文化土壤之中，具有恒久的价值与意义，是人们必须追求的目标或遵循的原则。同时，拉斯基对自由与公正型社会的构想，也为我们反思和推进当下中国政治改革与政治发展提供有益的思想资源。历史已经步入了21世纪，中国的社会结构、历史条件、思想观念等都发生了深刻的变化，在当前全面建设小康社会的关键期，中国社会也面临着"拉斯基难题"，即，需要在保障经济发展的同时，尽可能地维护社会平等，满足民众的需求，让所有社会成员都能够获得自我实现的机会。

① 庐锡荣：《拉斯基政治思想》，上海：上海世界书局，1934年，第101—102页。

参考文献

一、中文文献

1. 埃弗尔·詹宁斯. 英国议会. 蓬勃,译. 北京:商务印书馆,1959 年.

2. 彼得·斯特克,大卫·韦戈尔. 政治思想导读. 舒小昀,等,译. 南京:江苏人民出版社,2005 年.

3. 狄骥. 宪法论. 钱克新,译. 北京:商务印书馆,1962 年.

4. 戴维·米勒,韦农·波格丹诺. 布尔什维克政治学百科全书. 邓正来,等,译. 北京:中国政法大学出版社,1992 年.

5. 戴维·伊斯顿. 政治体系. 马青槐,译. 北京:商务印书馆,1993 年.

6. 弗雷德里希·奥古斯特·冯·哈耶克. 通往奴役之路. 王明毅,等,译. 北京:中国社会科学出版社,1997 年.

7. 弗里德利希·冯·哈耶克. 自由秩序原理. 邓正来,译. 北京:三联书店,1997 年.

8. 圭多·德·拉吉罗. 欧洲自由主义史. 杨军,译. 长春:吉林人民出版社,2001 年.

9. 杭立武,陈少廷. 拉斯基政治多元论. 台北:台湾"商务印书馆",1987 年.

10. 胡修雷. 拉斯基的国家学说及其对英国工党的改造. 北京大学硕士研究生学位论文,2004 年.

11. 霍布豪斯. 自由主义. 朱曾汶,译. 北京:商务印书馆,1996 年.

12. 霍布斯鲍姆. 极端的年代. 郑明萱,译. 南京:江苏人民出版社,1998 年.

13. J. S. 密尔. 代议制政府. 汪瑄,译. 北京:商务印书馆,1982 年.

14. 金斯利·马丁. 拉斯基评传. 奚博铨,译. 北京:商务印书馆,1995 年.

15. 昆汀·斯金纳. 自由主义之前的自由. 李宏图,译. 上海:三联书店,
2004 年.

16. 卡尔·科恩. 论民主. 聂崇信,朱秀贤,译. 北京:商务印书馆,2004 年.

17. 拉斯基. 政治典范. 张士林(张君劢),译. 商务印书馆,1931 年.

18. 拉斯基. 政治. 邱辛白,译. 上海:新月书店,1931 年.

19. 拉斯基. 民主政治在危机中. 王造时,译. 北京:商务印书馆,1940 年.

20. 拉斯基. 现代国家中的自由权. 何子恒,译. 北京:商务印书馆,1959 年.

21. 拉斯基. 美国总统制. 何子恒,译. 上海人民出版社,1959 年.

22. 拉斯基. 国家的理论与实际. 王造时,译. 北京:商务印书馆,1959 年.

23. 拉斯基. 我所了解的共产主义. 齐力,译. 北京:商务印书馆,1961 年.

24. 拉斯基. 我所了解的共产主义. 齐力,译. 北京:商务印书馆,1961 年.

25. 拉斯基. 共产党宣言是社会主义的里程碑. 黄子祥,译. 北京:商务印书
馆,1964 年.

26. 拉斯基. 论当代革命. 朱曾汶,译. 北京:商务印书馆,1965 年.

27. 拉斯基. 我们时代的难题. 朱曾汶,译. 北京:商务印书馆,2001 年.

28. 拉斯基. 思想的阐释. 张振成,王亦兵,译. 贵阳:贵州人民出版社,
2001 年.

29. 拉斯基. 服从的危险. 罗隆基,译. 新月,1930,3(5、6):1—17.

30. 拉斯基. 共产主义的历史的研究. 黄肇年,译. 新月,1929(2):63—84.

31. 拉斯基. 政治. 邱辛白,译. 上海:新月书店,1931.

20. 庐锡荣. 拉斯基政治思想. 上海:上海世界书局,1934 年.

32. 李强. 自由主义. 长春:吉林出版集团,2007 年.

33. 罗伯特·达尔. 论民主. 李柏光,林猛,译. 北京:商务印书馆,1999 年.

34. 骆沙舟. 现代西方政治思潮评析. 厦门:厦门大学出版社,1996 年.

35. 玛格丽特·柯尔. 社会主义思想史. 何瑞丰,译. 北京:商务印书馆,
1981 年.

36. 玛格丽特·柯尔. 费边社史. 杜安夏,等,译. 北京:商务印书馆,1984 年.

37. 欧内斯特·巴克.英国政治思想——从赫伯特·斯宾塞到现代.黄维新,等,译.北京:商务印书馆,1987年.

38. 皮埃尔·勒鲁.论平等.王允道,译.北京:商务印书馆,1988年.

39. 乔万尼·萨托利.民主新论.冯克利,阎克文,译.上海:上海人民出版社,2009年.

40. 乔.柯尔.费边社会主义.夏遇南,吴澜,译.北京:商务印书馆,1984年.

41. 乔·萨托利.民主新论.冯克利,阎克文,译.北京:东方出版社,1998年.

42. 钱乘旦.在传统与变革之间——英国文化模式溯源.杭州:浙江人民出版社,1996年.

43. 萨尔沃·马斯泰罗内.欧洲政治思想史——从十五世纪到二十世纪.黄华光,译.社会科学文献出版社,2001年.

44. 斯塔夫里阿诺斯.全球通史:1500年以后的世界.上海:上海社会科学院出版社,1992年.

45. 斯特龙伯格.西方现代思想史.刘北成,赵国新,译.北京:中央编译出版社,2005年.

46. 孙宝毅.拉斯基论国家.再生,1935,3(7):71—88.

47. 孙宏云.民主社会主义与民国政治——拉斯基在中国的影响.政治思想史,2012(1):97—109.

48. 托马斯·迈尔,等.论民主社会主义.刘芸影,等,译.北京:东方出版社,1987年.

49. 薛刚.从多元主义到民主社会主义:拉斯基政治观研究.中国人民大学博士学位论文.

50. 肖伯纳主编.费边论丛.袁绩藩,等,译.北京:生活·读书·新知三联书店,1958年.

51. 萧公权.*The State in Theory and Pratice*(书评),清华大学社会科学,1935,1(1):260—271.

52. 萧公权.拉斯基政治思想之背景.清华学报,1932(2):1—18.

53. 谢宗范.拉斯基民主社会主义政治理论剖析.江西社会科学,1989(1):101—105.

54. 许纪霖. 上半个世纪的自由主义. 读书,2000(1):38—47.

55. 约翰·密尔. 论自由. 许宝骙,译. 北京:商务印书馆,1959 年.

56. 约翰·格雷. 自由主义. 曹海军,刘训练,译. 长春:吉林人民出版社,
2005 年.

57. 约翰·罗尔斯. 政治自由主义. 万俊人,译. 北京:译林出版社,2002 年.

58. 约翰·罗尔斯. 正义论. 何怀宏,等,译. 北京:中国社会科学出版社,
1988 年.

59. 应克复,金太军,胡传胜. 西方民主史. 北京:中国社会科学出版社,
2003 年.

60. 应奇,刘训练. 公民共和主义. 北京:东方出版社,2006 年.

61. 阎照祥. 英国政治思想史. 北京:人民出版社,2012 年.

62. 伊格纳季耶夫. 伯林传. 罗妍莉,译. 南京:译林出版社,2003 年.

63. 俞可平. 拉斯基国家思想演变初探. 厦门大学学报(哲学社会科学),
1985(3):66—74 页.

64. 殷叙彝. 拉斯基的多元主义国家观评述. 当代世界社会主义问题,2004
(2):3—27.

65. 詹姆斯·布赖斯. 现代民治政体. 张慰慈,等,译. 长春:吉林人民出版
社,2001 年.

66. 张熙若. *The Rise of European Liberalism*(书评). 清华大学社会科学,
1936,2(3):599—601.

二、英文文献

1. Anthony Arblaster. *The Rise and Decline of Western Liberalism*.
Oxford: Basil Blackwell,1984.

2. A. Ekirch Jr. Harold J.. Laski: The Liberal Manque or Lost
Libertarian? *The Journal of Libertarian Studies*,Spr(1980),IV(2):139-150.

3. A. Ekirch Jr. Harold J.. Laski: The Liberal Manque or Lost
Libertarian? *The Journal of Libertarian Studies*,Spr(1980),IV(2):139-150.

4. Bernard Zylstra. *From Pluralism to Collectivism: The Development of*

Harold Laski's Political Thought. Assen：Van Gorcum,1968.

4. Bernard Crick. Two Laskis. *The Political Quarterly*, Oct（1993）, 64：474.

5. Bernard Crick. *Political Theory and Practice*. London：Allen Lane The Penguin Press,1971.

6. Evan Frank Mottram Durbin. *The Politics of Democratic Socialism*. London：G. Routledge & Sons Ltd. ,1940.

7. Granville Eastwood. *Harold Laski*. London：A. R. Mowbray and co. Ltd. ,1977.

8. Gary Dean Best. *Harold Laski and American Liberalism*. New Jersey：New Brunswick,2004.

9. Harold J. Laski. *Studies in the Problem of Sovereignty*. New Haven：Yale University Press,1917.

10. Harold J. Laski. *Authority in the Modern State*. New Haven：Yale University Press,1919.

11. Harold J. Laski. *Political Thought in England：From Locke To Bentham*. New York：Henry Holt and Co. ,1920.

12. Harod J. Laski. *The Foundations of Sovereignty and Other Essays*. New York：Harcourt Brace and Company,1921.

13. Harod J. Laski. *Karl Marx：An Essay*. London：The Fabian Society and Allen & Unwin Limited,1922.

14. Harold J. Laski. The State in the New Social Order. *Fabian Society*, No. 200,1922.

15. Harold J. Laski. *A Grammar of Politics*. London：George Allen and Unwin Ltd. ,1925.

16. Harold J. Laski. *Socialism and Freedom*. London：The Fabian Society,1925.

17. Harold J. Laski. *Communism*. New York：Henry Holt and Co. , 1927.

18. Harold J. Laski. *The Dangers of Obedience & Other Essays*. New York: London: Harper & Brothers, 1930.

19. Harold J. Laski. *Liberty in the Modern State*. London: Faber & Faber Ltd. , 1930.

20. Harold J. Laski. *Socialism and Freedom*. London: The Fabian Society, 1930.

21. Harold J. Laski. *The Socialist Tradition in the French Revolution*. London: The Fabian Soceity, 1930.

22. Harold J. Laski. *An Introduction to Politics*. London: George Allen & Unwin Ltd. , 1931.

23. Harold J. Laski. *Nationlism and the Future of Civilization*. London: George Allen & Unwin Ltd. , 1931.

24. Harold J. Laski. *The Crisis and the Constitution*: 1931 *and After*. London: Leonard and Virginia Woolf at the Hogarth Press, 1931.

25. Harold J. Laski. *Studies In Law And Politics*. London: George Allen & Unwin Ltd. ,1932.

26. Harold J. Laski. *Nationalism and the Future of Civilization*. London: C. A. Watts and Co. ,Ltd. ,1932.

27. Harold J. Laski. *Democracy in Crisis*. London: George Allen and Unwin Ltd. ,1933.

28. Harold J. Laski. *Law and Justice in Soviet Russia*. London: Leonard and Virginia Woolf at the Hogarth Press,1935.

29. Harold J. Laski. *The Rise of European Liberalism*: *An Esmy in Lnlerpretalion*. London: Allen & Unwin, 1936.

30. Harold J. Laski. *The Spirit and Structure of German Fascism*. London: Victor Gollancz Ltd. , 1937.

31. Harold J. Laski. *Parliamentry Government in England a Commentary*. London: George Allen & Unwin Ltd. ,1938.

32. Harold J. Laski. *Introduction of Contemporary Politics*. Seattle:

University of Washington Book Store,1938.

  33. Harod J. Laski, in Clifton Fadiman, ed. , *I Believe: The Personal Philosophies of Twenty Three Eminent Men and Women of Our Time*. New York: Simon and Schuster,1939.

  34. Harold J. Laski. *Where Do We Go From Here?* New York: The Viking Press, 1940.

  35. Harold J. Laski. *The Dangers of Being Gentleman and Other Essays*. New York: The Viking Press, 1940.

  36. Harold J. Laski. *The American Presidency*. New York: Harper & Brothers Publishers, 1940.

  37. Harold J. Laski. *The Strategy of Freedom: An Open Letter to American Youth*. New York: Harper & Brothers Publishers, 1941.

  38. Harold J. Laski. *Reflections on Revolution of Our Time*. New York: Viking Press,1943.

  39. Harold J. Laski. *Faith, Reason, and Civilization An Essay in Historical Analysis*. New York: The Viking Press,1944.

  40. Harold J. Laski. *The American Democracy*. London: George allen & Unwin,1949.

  41. Harold J. Laski. *Trade Unions in the New Society*. New York: The Viking Press, 1949.

  42. Harold J. Laski. *Harold J. Reflections on the Constitution: The House of Commons, the Cabinet the Civil Service*. New York: The Viking Press,1951.

  43. Harold J. Laski. *The Dilemma of Our Times*. London: George Allen and Unwin Ltd. ,1952.

  44. Harold J. Laski. *Oliver Wendell Holmes, Holmes-Laski Letters: The Correspondence of Mr. Justice Holmes and Harold J. Laski*, 1916—1935. Mass: Harvard University Press,1953.

  45. Harold J. Laski. British Democracy and Mr. Kennedy. *Harper's*

Magazine, April(1941),182:464-470.

46. Harold J. Laski. Law and the State. *Economica*,(Nov. ,1929),No. 28:267-295.

47. Harold J. Laski. The State in the New Social Order. *Fabian Society*, (1922):25.

48. Harold J. Laski. The Personality of the State. *Nation 101*, July 22,1915.

49. Harold J. Laski. Democracy at the Crossroads. *The Yale Review*, (1919—1920),IX:788-803.

50. Harold Laski. *The Labour Party and the Constitution*. London: Socialist League,1932.

51. H. A. Deane. *The Political Ideals of Harold J. Laski*. New York: Columbia University Press,1955.

52. Henry Meyer Magid. *English Political Pluralism: The Problem of Freedom and Organization*. New York: Columbia University Press,1941.

53. Isaac Kramnick and Barry Sheerman. *Harold Laski: A Life on the Left*. New York and Harmondsworth: Allen Lane, Penguin Press,1993.

54. Jr. Sidney A. Perrson. *Harold Laski's The State: The Perils and Attractions of Social Science as a Predictive Science*, *The State in Theory and Practice*. London: Taylor & Francis, 1997.

55. Kinsley Martin. *Harold Laski* (1893—1950): *A Biographical Memoir*. London: Victor Gollancz Ltd. ,1953.

56. Kenneth R. Hoover. *Economics as Ideology Keynes*, *Laski*, *Hayek*, *and the Creation of Contemporary Politics*, *Lanham*. Maryland: Rowman & Littlefield Publishers, Inc. ,2003.

57. K. Callard. The Heart and Mind of Harold Laski. *The Canadian Journal of Economics*,May(1954),20(2):243-251.

58. Michael Newman. *Harold Laski: A Political Biography*. Hampshire: Macmilllan Press,1993.

59. Michael Newman. Class, State and Democracy: Laski, Miliband and the Search for a Synthesis. *Political Studies*, Jun(2006), 54(2): 328-348.

60. Michael Newman. Reputations: Harold Laski Today. *Political Quarterly*, Jul-Sep(1996), 67(3): 229-238.

61. Marc Karson. Complicated man. *Progressive*, Mar(1994), 58(3): 41-45.

62. Max Beloff. The Age of Laski. *The Fortnightly*, Jun(1950), Vol. CLXVII(New Series): 378-384.

63. Martin Peretz. Laski Redivivus. *Journal of Contemporary History*, Apr(1966), 1(2): 87-101.

64. Peter Lamb. Harold Laski (1893—1950): Political Theorist of a World in Crisis. *Review of International Studies*, Apr(1999), 25(2): 329-342.

65. Peterb Lamb. *Harold Laski: Problems of Democracy, the Sovereign State, and International Society*. New York: Palgrave Macmillan, 2004.

66. Peter Lamb. Laski on Rights and the Problem of Liberal Democratic Theory. *Politics*, Feb (1999), 19(1): 15-20.

67. Pemberton J-A. C. James and the Early Laski: The Ambiguous Legacy of Pragmatism. *History of Political Thought*, Jan (1998), 19 (2): 264-292.

68. Paul Hirst. *Collected Works of Harold Laski*. London: Taylor & Francis, 1997.

69. Ram Chandra Gupta. *Harold J. Laski: A Critical Analysis of His Political Ideas*. Agra: Ram Prasad, 1966.

70. Ralph Miliband. Harold Laski's Socialsim. *Socialist Register*, 1995, 31: 239-263.

71. S. H. Patil. *Modern Western Political Thought: From Hobbes to Laski*. Jaipur(India): Printwell Publishers, 1988.

索　引

致　谢

　　此书是我的博士学位论文修改稿与教育部人文社会科学研究规划基金项目研究成果的共同结晶。在此出版之际，我有诸多感慨和感谢一定要表达。

　　回首攻读博士学位和从事教育部人文社会科学研究规划基金项目研究的几年时光，深切地意识到著书立说的艰难，对指导、帮助我走过这段历程的人们的感激之情油然而生，千言万语、百般滋味只有化作感谢与祝福！

　　感谢恩师高力克先生。先生不仅以广博的学识、独到的见解启发我的心智，更以对学术的严谨执着、对社会的强烈责任感震撼我的心灵。能够聆先生的教诲，接受先生的耳提面命，对我一生的学术追求既是一种压力，更是一种动力。真诚地感谢先生对我的谆谆教海与循循诱导。

　　感谢恩师汪林茂先生。先生是我学术生涯启蒙人，正是在先生那里，我学到了成为一个学术研究者所必需的基本素养，养成了从事学术研究的志向。感谢先生为我开启了一生也难以穷尽的学术与人生之路。

　　浙江大学公共管理学院政治学理论专业的陈剩勇教授、毛丹教授、董小燕教授、潘一禾教授、冯钢教授和刘为副教授，论文答辩委员会的万斌教授、张国清教授、陈国权教授和段治文教授，也给予我诸多教益，使我受益匪浅，在此向他们表示衷心感谢。

　　感谢同门邵志择、龙长安、汤洪庆、王晓范、项松林、徐露辉、胡丽娟、肖海燕、张领、徐伟、秦绪娜、汪维佳、苏光恩、朱晶、葛玉丹等，每次聚会、切磋，都会产生思想火花、留下宝贵的记忆。赵光勇、刘彦朝、彭兵、张丙宣和曹彦鹏等同学也给我许多帮助和支持。

最后，感谢我挚爱的家人。正是由于父亲母亲、岳父岳母、哥哥嫂嫂、妹妹妹夫等一如既往的理解、支持和帮助，我才能在学校坐而论道。我要特别感谢我的妻子蔡晔，漫长的课题研究与论著撰写无疑影响了我对家庭所应承担的义务，她的宽容、理解与支持是我课题研究与论著撰写得以持续下去的动力。我也要感谢我的女儿徐蔡嘉，她的出生与成长带给我无限的快乐！

此书的完成，只是学术研究的一个开始，未来的路还很长，我将会继续努力，以学业上的不断进步回报所有关爱我的人！

徐木兴

2013 年 12 月 8 日